类似商品和服务区分表

基于尼斯分类第十版(2015文本)

本书编写组　编著

中国工商出版社

责任编辑：张俏岩　徐乃莹
统筹编辑：张亚丹
封面设计：纺印图文

图书在版编目（CIP）数据

类似商品和服务区分表：基于尼斯分类第十版（2015文本）/《类似商品和服务区分表》编写组编著.
—北京：中国工商出版社，2015.3
ISBN 978 - 7 - 80215 - 775 - 0

Ⅰ.①类…　Ⅱ.①类…　Ⅲ.①商标管理　中国　Ⅳ.①F760.5

中国版本图书馆 CIP 数据核字（2015）第 044768 号

书名/类似商品和服务区分表——基于尼斯分类第十版（2015 文本）
编著/本书编写组

出版·发行/中国工商出版社
经销/新华书店
印刷/北京翌新工商印制公司
开本/889 毫米×1194 毫米　1/16　**印张**/16.25　**字数**/316 千字
版本/2015 年 3 月第 1 版　2015 年 7 月第 2 次印刷

地址/北京市丰台区花乡育芳园东里 23 号（100070）
电话/（010）63730074，83670785　**电子邮箱**/zggscbs@163.com
出版声明/版权所有，侵权必究

书号：ISBN 978 - 7 - 80215 - 775 - 0/F · 883
定价：50.00 元

编 者 说 明

一、世界知识产权组织提供的《商标注册用商品和服务国际分类》(以下简称《国际分类》)第十版于 **2012** 年 **1** 月 **1** 日起正式使用。之后,世界知识产权组织对该版本进行了三次调整,形成《国际分类》第十版(**2015** 文本),并于 **2015** 年 **1** 月 **1** 日起正式使用。以此为基础,国家工商行政管理总局商标局对 **2012** 年制定的《类似商品和服务区分表》(以下简称《区分表》)作了三次相应调整,本书编写组据此形成《区分表》第十版(**2015**文本),全书由国家工商行政管理总局商标局审定。

二、类似商品是指功能、用途、所用原料、销售渠道、消费对象等方面具有一定的共同性,如果使用相同、近似的商标,易使相关公众认为其存在特定联系、使消费者误认为是同一企业生产的商品。类似服务是指在服务的目的、内容、方式、对象等方面具有一定的共同性,如果使用相同、近似的商标,易使相关公众认为存在特定联系、使消费者误认为是同一企业提供的服务。《区分表》中的类似商品和服务,是商标主管部门为了商标检索、审查、管理工作的需要,总结多年来的实践工作经验,并广泛征求各部门的意见,把某些存在特定联系、容易造成误认的商品或服务组合到一起,编制而成。《区分表》不可能穷尽所有的类似商品和服务项目。认定商品或服务是否类似,应以相关公众对商品或服务的一般认识综合判断。《区分表》可以作为商标审查人员、商标代理人和商标注册申请人判断类似商品或者服务的参考,也可以作为行政机关和司法机关在处理商标案件时判断类似商品或者服务的参考。

三、《区分表》共分为商品(第一类至第三十四类,共 **34** 个类别)和服务(第三十五类至第四十五类,共 **11** 个类别)两大部分。"目录"部分收录了各个类别的标题、各类似群号和类似群名称,以便检索。申请人在申请商标注册时,应填写具体商品或服务项目,不得填写类别标题和类似群名称(包括《区分表》正文部分中用方框框在内的类似群名称)。

四、《区分表》中每一类别的标题原则上指出了归入该类的商品或服务的范围。各类的【注释】,援引了《国际分类》的注释,为正确确定商品和服务项目的类别提供了思路。

五、《区分表》所列商品和服务项目名称,包括《国际分类》及我国常用但未列入《国际分类》的商品和服务项目名称,两部分内容分段表示,后者在段前用"※"标注以示区别。

六、《国际分类》中出现的与某一特殊类别有关的统称(涵盖某些商品或服务),不能排除这个统称同样在其他类别出现的可能性(涵盖其他的商品和服务)。它究竟归于哪个类别,应依该统称所表述的方式。在这种情况下的商品或服务名称(例如:服装,油漆)要标上星号"＊"。《区分表》也采用了该种表述方式。申请人在申请商标注册时,只填写商品或服务项目名称,不填写星号。

七、《区分表》将《国际分类》中使用的商品号和服务号排在商品和服务项目名称后,未列入《国际分类》的我国常用商品和服务项目名称后也编排了顺序号,用"**C**"标注以示区别。

八、一个类似群内的商品和服务项目原则上是类似商品和服务。若该类似群内的商品和服务项目并不全部判为类似,则按照类似关系将商品和服务项目分为若干部分,用中文(一)、(二)……表示,同一部分的商品和服务项目原则上判为类似,不同部分间的商品和服务项目原则上不判为类似。对于某些特殊情况,该类似群后面用加"注"的形式详细说明。类似的商品和服务项目之间应交叉检索。

九、《区分表》采用层次代码结构。第一层是商品和服务类别,用中文第一类、第二类……表示,共 **45** 个类别;第二层是商品和服务类似群,代码采用四位数字,前两位数字表示商品和服务类别,后面两位数字表示类似群号,如"0304"即表示第三类商品的第 **4** 类似群;第三层是商品和服务项目,代码采用六位数字,前两位表示商品和服务类别,后面四位数字为商品或服务项目编码,如"120092"为第十二类第 **92** 号商品,六位数字前面加"**C**"的代码表示未列入《国际分类》的我国常用商品和服务项目,如"**C120008**"为国内第十二类第 **8** 号商品。第四层的代码用中文(一)、(二)……表示各类似群中的某一部分;第五层的代码在各类似群后面的"注"中出现,用 1、2……区分各条说明。

十、对于移类的项目,如果需要交叉检索,则在移入的类别进行加注。例如第七版时"牙科用药"由第 5 类 0507 类似群移入 0501 类似群,则 0501 类似群加注"牙科用药与第六版及以前版本 0507 牙科用药交叉检索";第八版时第 42 类 4205 类似群中的服务项目分别移入 43 类 4305 类似群和 44 类 4403 类似群,则 4305、4403 类似群均加注"本类似群与第七版及以前版本 4205 交叉检索";第九版时第 1 类 0117 类似群所有商品项目全部移入第 4 类 0407 类似群,则 0407 类似群加注"本类似群与第八版及以前版本 0117 交叉检索"。

商品和服务项目正不断更新、发展,市场交易的状况不断发生变化,商品或服务的类似关系也不会固定不变,希望各方在实际使用中提出宝贵意见,我们将结合实际情况,总结经验,以使《类似商品和服务区分表》更加合理和完善。

本书编写组
二〇一五年一月

本书编写组

组　　长：吕志华

副组长：闫　实　　陈文彤　　李朝晖　　欧阳少华
　　　　吴　群　　夏　青

成　　员：庄培基　吴建平　刘艳红　孙张岩　张胜国
　　　　龚建中　周　正　张　文　陈　奎　何京萍
　　　　郑海燕　徐志松　彭　文　刘　琰　张永芳
　　　　李　勇　张笑蕾　刘　毅　于巍巍　戴山鹏
　　　　张俊琴　程　萌　熊　文　田明珠　杨剑宇
　　　　邹　剑　赵怿静　曹新伟　范亚利　王　燕
　　　　朱丹丹　李　焱　车德明　于立群　梅斯渝
　　　　程丽元　张　鹤　陈　辉　温海星　王海娜
　　　　王宝龙　朱冀龙　李　勤　肖翠兰　赖　莹

目 录

商 品

第六类

普通金属及其合金;金属建筑材料;可移动金属建筑物;铁轨用金属材料;普通金属制非电气用缆线;五金具,金属小五金具;金属管;保险箱;不属别类的普通金属制品;矿石。 ………… (38)

第七类

机器和机床;马达和引擎(陆地车辆用的除外);机器联结器和传动机件(陆地车辆用的除外);非手动农业器具;孵化器;自动售货机。 …………………………………………… (47)

第十类

服　务

商　品

第一类

用于工业、科学、摄影、农业、园艺和林业的化学品；未加工人造合成树脂，未加工塑料物质；肥料；灭火用合成物；淬火和焊接用制剂；保存食品用化学品；鞣料；工业用粘合剂。

【注释】

第一类主要包括用于工业、科学和农业的化学制品，包括用于制造属于其他类别的产品的化学制品。

本类尤其包括：

——堆肥；

——非食品防腐盐；

——某些特定的食品工业用添加剂（查阅按字母顺序排列的商品分类表）。

本类尤其不包括：

——未加工的天然树脂（第二类）；

——医学科学用化学制品（第五类）；

——杀真菌剂、除莠剂和消灭有害动物制剂（第五类）；

——文具用或家用粘合剂（第十六类）；

——食品用防腐盐（第三十类）；

——褥草（腐殖土的覆盖物）（第三十一类）。

0101 工业气体，单质

（一）氨＊010061，无水氨010066，氩010082，氮010092，一氧化二氮010093，氯气010183，氟010302，焊接用保护气体010326，工业用固态气体010328，干冰（二氧化碳）010333，氦010344，氢010359，氪010372，氖010401，氧010413，氡010457，氙010551

※液体二氧化硫C010001，三氧化硫C010002，液体二氧化碳C010003

（二）碱土金属010039，锑010074，砷010084，硼010086，钡010101，铋010125，碳010148，铑010153，铈010161，铯010163，镝010250，铒010276，铕010287，化学用硫华010299，工业用石墨010305，钆010318，镓010321，铪010345，化学用碘010365，工业用碘

3

010368,镧010375,锂010379,汞010387,准金属010390,钕010400,磷010430,钾010447,镨010449,铼010463,铷010466,钐010470,钪010473,硒010479,硅010483,钠010485,硫磺010493,锶010498,铽010516,碲010517,铽010519,稀土010526,铊010532,铥010534,镱010552,钇010553,碱金属010560,化学用溴010585

※钙C010004,工业硅C010005,结晶硅C010006,海绵钯C010007

注:1. 本类似群各部分之间商品不类似;

2. 氨,无水氨与0102第(二)部分工业用挥发碱(氨水),工业用氨水(挥发性碱)类似,与第九版及以前版本0102第(二)部分工业用挥发碱(氨),工业用氨(挥发性碱),工业用挥发性碱(氨水)交叉检索;

3. 碱土金属与0601镁类似。

0102 用于工业、科学、农业、园艺、林业的工业化工原料

注:本类似群各部分之间商品不类似;每部分内的商品根据功能、用途确定类似商品。

(一)酸＊010014,盐酸溶液010058,亚砷酸010085,硝酸010095,工业用硼酸010135,碳酸010150,盐酸010185,铬酸010191,氢氟酸010304,碘酸010367,无机酸010396,过硫酸010425,磷酸010433,磺酸010501,亚硫酸010502,硫酸010503,钨酸010541

※蓄电池硫酸C010008,氯磺酸C010009,铬酸酐C010010,钼酸C010011

注:本部分为无机酸。

(二)碱010037,苛性碱010038,氢氧化铝010048,碱(化学制剂)010106,工业用苛性碱010489,工业用苛性钠010490,工业用挥发碱(氨水)010558,工业用氨水(挥发性碱)010558

※氢氧化钾C010012,碳酸氢钠C010013,氢氧化锶C010014,氢氧化镁C010015,氢氧化铈C010016,氢氧化锂C010017,氢氧化镨C010018

注:1. 本部分为无机碱;

2. 工业用挥发碱(氨水),工业用氨水(挥发性碱)与0101氨,无水氨,0109商品类似。

4

（三）氧化锑 010075，氧化钡 010102，二氧化锰 010124，氧化铬 010189，氧化锂 010378，氧化汞 010389，氧化铅 010441，工业用二氧化钛 010536，氧化锆 010556，工业用氧化钴 010599

注：1. 本部分为金属氧化物；
　　2. 工业用二氧化钛与 0202 二氧化钛（颜料）类似。

（四）矾土 010046，铝矾 010047，硅酸铝 010049，氯化铝 010050，碘化铝 010051，明矾 010052，氯化铵 010057，氨盐 010060，氨明矾 010063，硫化锑 010076，砷酸铅 010083，苏打灰 010100，纯碱 010100，钡化合物 010104，二氯化锡 010118，重铬酸钾 010119，重铬酸钠 010120，碱式棓酸铋 010126，硼砂 010134，钾盐镁矾 010140，碳酸盐 010146，碳酸镁 010147，二硫化碳 010149，碳化物 010151，碳化钙 010152，稀土金属盐 010162，碳酸钙 010172，氯化钙 010173，氯酸盐 010182，盐酸盐 010184，铬酸盐 010187，铬矾 010188，铬盐 010190，蓝矾 010225，硫酸铜（蓝矾）010225，氰化物 010228，氰亚铁酸盐 010229，工业用白云石 010248，铁盐 010290，莹石化合物 010303，岩盐 010331，水合物 010356，次氯酸苏打 010360，连二亚硫酸盐 010361，碘盐 010366，硅藻土 010371，菱镁矿 010382，氯化镁 010383，锰酸盐 010384，汞盐 010388，工业用贵重金属盐 010391，工业用盐 010397，硝酸铀 010405，橄榄石（硅酸盐矿石）010408，氯金酸钠 010409，氯化钯 010415，过硼酸钠 010421，过碳酸盐 010422，高氯酸盐 010423，过硫酸盐 010424，碳酸钾 010446，碳酸钾水 010448，硝酸钾 010469，盐类（化学制剂）010475，原盐 010476，正铬盐 010477，硅酸盐 010481，硫化物 010486，煅烧苏打 010488，钠盐（化合物）010491，化学用次硝酸铋 010494，重晶石 010495，尖晶石（氧化物矿石）010496，滑石（镁铝合金硅酸盐）010506，钙盐 010510，榍石 010537，硫化剂 010549，碳酸钡石 010550，氯化物 010554，硫酸盐 010555，工业用碱性碘化物 010559，碱金属盐 010561，铵盐 010567，硝酸银 010569，硝酸盐 010572，硫酸钡 010574，化学用小苏打 010578，硅藻土 010632，氯化铵溶液 010678

※麦饭石 C010019，碳化铌 C010021，碳化钨 C010022，合成钡 C010023，工业用硝酸铋 C010024，重碳酸铵 C010025，轻质碳酸钙 C010026，镍盐 C010027，硅酸钾 C010028，硅酸钙 C010029，冰晶粉 C010031，锆酸钴 C010032，碳酸铜 C010033，碳酸锌 C010034，碳酸锂 C010035，钨酸铵 C010036，钨酸钙 C010037，钨酸锌 C010038，氟硅酸钾 C010039，锆氟酸钾 C010040，硫氢化钙 C010041，碳酸锶 C010042，氯化钴 C010043，氯化镉 C010044，硫化铁 C010045

注：1. 本部分为无机盐及其他金属化合物；

5

2. 氯化铵,硝酸钾与0109商品类似;

3. 尖晶石(氧化物矿石)与0104第(四)部分搪瓷着色化学品,玻璃着色化学品类似,与第十版及以前版本0104第(四)部分搪瓷或玻璃着色化学品交叉检索;

4. 硫化剂与0104第(十一)部分,0108第(二)部分类似。

(五)醋酸酐010010,酐010067,邻氨基苯甲酸010070,苯基酸010110,苯酸010112,焦木酸010133,木醋010133,儿茶010139,胆酸010186,工业用柠檬酸010199,冰醋酸(稀醋酸)010277,甲酸010310,制墨用棓酸010320,脂肪酸010340,乳酸010373,油酸010407,草酸010412,苦味酸010437,焦棓酸010453,水杨酸010468,癸二酸010474,硬脂酸010497,单宁010508,单宁酸010511,酒石酸010515,工业用谷氨酸010683

※冰醋酸C010046,蚁酸C010047,稀醋酸C010048,丙酸C010049,丁酸C010050,甲基丙烯酸C010051,琥珀酸C010052,己二酸C010053,氯乙酸C010054,环烷酸C010055,石油磺酸C010056,对苯二甲酸C010057,苯醋酸C010058,苯二甲酸酐C010059,顺丁烯二酸酐(即失水草果酸酐)C010060,二甲酸酐C010070,没食子酸C010073

注:1. 本部分为有机酸及酸酐类化合物;
2. 儿茶,单宁,单宁酸与0114商品类似。

(六)醋酸盐(化学品)*010007,草酸氢钾010123,醋酸钙010171,化学用酒石酸氢钾010219,一水草酸氢钾010410,草酸盐010411,醋酸铅010440,非药用酒石010514,工业用藻酸盐010564,乙酸铝*010565,醋酸铝*010565,工业用酒石酸氢钾010668

※米吐尔C010061,氯化苄C010062,蚁酸钠C010063,醋酸钾C010064,醋酸锌C010065,醋酸钴C010066,醋酸锰C010067,吐酒石(即酒石酸锑钾)C010068,酒石酸锑钠C010069,戊基醋酸盐C010072

注:1. 本部分为有机盐类化合物;
2. 非药用酒石与第九版及以前版本0104第(十九)部分非医用酒石乳剂交叉检索;
3. 工业用藻酸盐与第九版及以前版本0104第(十九)部分非食用藻酸盐(胶化和加压剂)交叉检索。

(七)乙炔010012,四氯乙烷010013,苯衍生物010111,甲基异丙基苯010230,乙烷010280,甲烷010394,萘010399,四氯化碳010528,四氯化物010529,甲苯010538,工业用甲基苯010576,甲基苯010577,工业用樟脑010638

※乙烯 C010074,丁烯 C010075,异丁烯 C010076,异戊二烯 C010077,乙基苯 C010078,苯乙烯 C010079,异丙苯 C010080,苯烷 C010081,轻苯 C010083,氯乙烯 C010084,氯丁二烯 C010085,二氯乙烷 C010086,环氧丙烷 C010087,一氯甲烷 C010088,二氯甲烷 C010089,工业用三氯甲烷 C010090,氯乙烷 C010091,三氯乙烯 C010092,过氯乙烯 C010093,偏氯乙烯 C010094,对二氯苯 C010095,邻二氯苯 C010096,二硝基氯化苯 C010097,对硝基氯化苯 C010098,邻硝基氯化苯 C010099,联苯 C010100,间二氯苯 C010101,环氧乙烷 C010120

注:1. 本部分为烃类及苯衍生物;

2. 甲苯,工业用甲基苯,甲基苯,轻苯与 0401 混合二甲苯,二甲苯,苯,粗制苯类似。

(八)酒精 *010040,乙醇 010041,戊醇 010065,木醇 010131,工业用甘油 010252,乙二醇 010337,酒精 010547

※精甲醇 C010102,异丙醇 C010103,丁醇 C010104,辛醇 C010105,丙二醇 C010106,氯乙醇 C010107,丙烯醇 C010108,异丁醇 C010109,叔丁醇 C010110,己醇 C010111,环己醇 C010112,一缩二乙二醇 C010113,二缩三乙二醇 C010114,季戊四醇 C010115,糖醇 C010116,山梨醇 C010117,单季戊入醇 C010118

注:本部分为醇类化合物。

(九)醚 *010281,乙醚 010282,乙二醇醚 010283,甲醚 010284,硫酸醚 010285
※联苯醚 C010119,异丙醚 C010121

注:本部分为醚类化合物。

(十)工业用酚 010426
※肉桂油 C010071,愈疮木酚 C010122,对硝基苯酚 C010123,对苯二酚 C010124,间苯二酚 C010125,对硝基苯酚钠 C010126,对氨基酚 C010127,间氨基酚 C010128,苯酚 C010129,2－萘酚 C010130

注:本部分为酚类化合物。

(十一)联氨 010358,对称二苯硫脲 010533,生物碱 *010562
※苯胺 C010082,一乙基苯胺 C010131,二苯胺 C010132,乙酰苯胺 C010133,苯乙酰胺

C010134,多乙烯多胺 C010135,甲萘胺 C010136,盐酸羟基胺 C010137,双氰胺 C010138,三聚氰胺 C010139,甲酰胺 C010140,一甲胺 C010141,二甲胺 C010142,二乙胺 C010143,乙二胺 C010144,三乙醇胺 C010145,二乙醇胺 C010146,一乙醇胺 C010147,硫脲 C010148,硝酸胍 C010149,硫酸肼 C010150,过氧化二苯甲醇 C010151,乙腈 C010152,三氯三聚氰 C010153,皂素 C010154,四甲基吡啶 C010155,溴化棕榈酸吡啶 C010156,丙烯腈 C010157

注:本部分为胺类及其衍生物。

(十二)丙酮 010011,酮 010164
※环己酮 C010164,对硝基苯乙酮 C010165,双乙酮 C010166

注:本部分为酮类化合物。

(十三)醛 * 010042,氨醛 010062,巴豆醛 010220,化学用甲醛 010311
※苯甲醛 C010158,丁醛 C010159,糠醛 C010160,庚醛 C010161,三聚甲醛 C010162,多聚甲醛 C010163,丙烯醛 C010167

注:本部分为醛类化合物。

(十四)乙酸戊酯 010064,酯 * 010279,甘油酯 010336
※硫酸二甲酯 C010168,乙酰乙酸乙酯 C010169,甲基丙烯酸甲酯 C010170,磷酸三丁酯 C010171,醛酯 C010172,醋乙酯丁酯 C010173,丙烯乙酯 C010174,丁酯 C010175,丙烯酸2－乙基乙酯 C010176

注:本部分为酯类化合物。

(十五)琼脂 010029,动植物白朊(原料)010033,碘化蛋白 010034,麦芽蛋白 010035,蛋白纸 010036,动物蛋白(原料)010069,磷脂 010429,蛋白质(原料)010452,卵磷脂(原料)010588,工业酪蛋白 010591,工业用卵磷脂 010664,工业用果胶 010666,工业用谷蛋白 010671

注:本部分为蛋白类及其他高分子化合物。

8

（十六）工业用淀粉 010055，纤维素 010155，糖苷 010335，碳水化合物 010357，工业用木薯粉 010512，工业用纤维素酯 010590，纤维素衍生物（化学品）010592，工业用纤维素醚 010593，工业用葡萄糖 010614，工业用乳糖 010673，乳糖（原料）010674

注：1. 本部分为碳水化合物及其衍生物；
  2. 工业用淀粉与 0104 第（十九）部分工业用面粉，工业用土豆粉类似。

（十七）工业淀粉酶 010244，工业用酶制剂 010272，工业用酶 010273，化学用酵素 010291

注：1. 本部分为工业用酶；
  2. 工业淀粉酶，工业用酶制剂，工业用酶与 0104 第（十九）部分催化剂，0106 生物化学催化剂类似。

（十八）表面活性剂 010518

注：本部分为表面活性化学剂。

（十九）过氧化氢 010414，二氧化氢 010414

注：本部分为过氧化氢。

（二十）蒸馏水 010247
※硅胶 C010020

注：1. 本部分为单一商品；
  2. 硅胶与 0104 第（十七）部分商品类似。

0103 放射性元素及其化学品

锕 010018，镅 010054，原子堆用燃料 010087，锫 010115，铟 010142，镄 010159，核反应堆减速材料 010179，可裂变的化学元素 010180，镉 010226，重水 010253，核能用可裂变物质 010297，钫 010314，工业用同位素 010369，锝 010402，铢 010442，钋 010443，钷 010450，镁 010451，科学用放射性元素 010456，科学用镭 010458，钍 010535，铀 010542，氧化铀 010543

0104 用于工业、科学的化学品、化学制剂，不属于其他类别的产品用的化学制品

注：本类似群各部分之间商品不类似，但所有商品与工业用化学品类似，与第十版及以前版本工业化学品交叉检索。

（一）纺织工业用上浆料 010077，纺织品上光化学品 010091，长袜用防抽丝物质 010105，漂白用润湿剂 010127，漂白用浸湿剂 010127，蜡漂白化学品 010128，罩面漆和底漆上浆料 010202，织物用防污化学品 010286，纺织工业用漂洗剂 010312，漂洗剂 010313，五倍子 010319，脂肪漂白化学品 010339，纺织品防水化学品 010362，纺织品浸渍化学品 010363，染色用润湿剂 010398，染色用浸湿剂 010398，纺织工业用漂白土 010525，纺织工业用润湿剂 010530，纺织工业用浸湿剂 010530

※染料助剂 C010177，印染用保险粉 C010178，印染用吊白粉 C010179，固色剂 C010180，印染用扩散剂 C010181，印染用溶解盐 C010182，印染用太古油 C010183，印染用渗透剂 C010184，增白剂 C010185，漂毛粉 C010186，防染盐 C010187，印染用净洗剂 C010188，匀染剂 C010189，印染用海藻酸钠 C010190，柔软剂 C010191，防皱剂 C010192，印染用整理剂 C010193，纤维润滑剂 C010194

注：五倍子与 0114 商品类似。

（二）混凝土用凝结剂 010030，混凝土充气用化学品 010116，除油漆和油外的混凝土防腐剂 010117，除油漆外的水泥防水化学品 010195，除油漆和油外的水泥防腐剂 010196，除油漆和油外的石建筑防腐剂 010380，除油漆和油外的砖建筑防腐剂 010381，除油漆和油外的砖瓦防腐剂 010540，除油漆外的砖石建筑防潮化学品 010617

（三）易燃制剂（发动机燃料用化学添加剂）010001，发动机燃料化学添加剂 010020，汽车燃料化学添加剂 010020，汽油净化添加剂 010021，喷雾器用气体推进剂 010026，内燃机抗爆剂 010071，防冻剂 010072，引擎脱碳用化学品 010089，液压循环用传动液 010197，油分离化学品 010233，燃料节省剂 010257，制动液 010315，刹车液 010315，石油分散剂 010351，油分散剂 010352，油漂白化学品 010353，油净化化学品 010354，油脂分离剂 010604，吸油用合成材料 010620，动力转向液 010643，传动液 010644，引擎冷却剂用抗沸剂 010645，运载工具引擎用冷却剂 010647，油类用化学添加剂 010654

※填漏剂 C010195，填隙剂 C010196，起动液 C010197，阻燃剂 C010199，润闸液

C010200,硅油乙基 **C010214**

（四）除颜料外的制造搪瓷用化学品 **010107**，膨润土 **010109**，陶瓷釉 **010160**，搪瓷遮光剂 **010262**，玻璃遮光剂 **010263**，搪瓷着色化学品 **010265**，瓷土 **010370**，高岭土 **010370**，制毛玻璃用化学品 **010386**，玻璃着色化学品 **010521**，水玻璃（硅酸钠水溶液）**010544**，制技术陶瓷用合成物 **010631**，烧结用颗粒状和粉状陶瓷物质 **010646**

注：1. 陶瓷釉与 0205 瓷釉（漆），瓷漆，釉料（漆、清漆）类似；
　　2. 搪瓷着色化学品，玻璃着色化学品与 0102 第（四）部分尖晶石（氧化物矿石）类似，与第十版及以前版本 0102 第（四）部分尖晶石（化学制剂）交叉检索。

（五）蓄电池用防泡沫溶液 **010006**，电池用防泡沫溶液 **010006**，促进金属合金形成用化学制剂 **010045**，镀银用银盐溶液 **010081**，镀锌液 **010098**，电镀液 **010098**，蓄电池充电用酸性水 **010251**，电池充电用酸性水 **010251**，原电池盐 **010261**，电镀制剂 **010324**，蓄电池硫酸盐清除剂 **010500**，电池硫酸盐清除剂 **010500**
　　※电刷镀溶液 **C010201**

（六）气体净化剂 **010275**，过滤材料（化学制剂）**010611**，过滤材料（矿物质）**010612**，过滤材料（植物质）**010613**，用作过滤介质的颗粒状陶瓷材料 **010621**

（七）铸造制模用制剂 **010307**，铸造用沙 **010467**
　　※铸粉 **C010202**

（八）水软化剂 **010023**，澄清剂 **010254**，净化剂（澄清剂）**010254**，离子交换剂 **010255**，絮凝剂 **010587**，水净化用化学品 **010608**，工业用软化剂 **010609**

（九）防水垢剂 **010073**，清洁烟囱用化学品 **010174**，生产加工用除脂剂 **010231**，除水垢剂 **010240**，生产加工用去污剂 **010241**，镜头防污剂 **010377**，工业用肥皂（含金属）**010472**，玻璃防污剂 **010522**，窗玻璃防污用化学品 **010523**，非家用除垢剂 **010635**，散热器清洗化学品 **010648**
　　※工业用洗净剂 **C010211**

注：防水垢剂，除水垢剂与第九版及以前版本 0104 第（十九）部分防水锈剂，除水锈剂交叉检索。

（十）制清漆用的羯布罗香膏 010343，制漆用化学品 010575，清漆溶剂 010606

注：清漆溶剂与 0205 油漆稀释剂，漆稀释剂，松节油（涂料稀释剂），稀料，松香水，天那水，信那水，0302 去漆剂类似。

（十一）硫化加速剂 010005，橡胶防腐剂 010145，非家用抗静电剂 010260，工业用炭黑 010597，橡胶用化学增强剂 010640
※促进剂 C010203，乌洛托平 C010204，抗氧剂 C010206，抗静电剂 C010210

注：本部分与 0102 第（四）部分硫化剂，0108 第（二）部分类似。

（十二）钻探泥浆用化学添加剂 010019，钻探泥浆 010136

（十三）和研磨剂配用的辅助液 010004

（十四）液化淀粉制剂（去胶剂）010056，分离和脱胶用制剂 010232，脱胶制剂（分离）010232，脱胶和分离用制剂 010232，脱胶制剂（溶胶）010234，胶溶剂 010234，墙纸清除剂 010653

注：墙纸清除剂与第八版及以前版本 0205 墙纸清除剂交叉检索。

（十五）动物炭 010068，动物炭制剂 010165，骨炭 010167，血炭 010168，兽炭 010568

（十六）非食品用防腐盐 010003，耐酸化学物质 010016，防霉化学制剂 010395
※化学防腐剂 C010260

注：化学防腐剂与 0104 第（二）部分除油漆和油外的混凝土防腐剂，除油漆和油外的水泥防腐剂，除油漆和油外的石建筑防腐剂，除油漆和油外的砖建筑防腐剂，除油漆和油外的砖瓦防腐剂类似，与第九版及以前版本 0206 防腐剂交叉检索。

（十七）活性炭 010025，过滤用碳 010166，吸气剂（化学活性物质）010332，工业用脱色剂 010580

注：本部分与0102第（二十）部分硅胶类似。

（十八）工业用亮色化学品010570，制颜料用化学品010679

（十九）未加工醋酸纤维素010008，化学冷凝制剂010015，钢材精加工制剂010017，铝土矿010108，防冷凝化学品010138，催化剂010154，节煤剂010169，工业用化学品010176，火棉胶＊010206，金属着色用盐010207，医药制剂保存剂010210，腐蚀剂010214，脱模制剂010237，去光材料010238，工业脱水制剂010239，唱片修复制剂010246，金属硬化剂010249，闪光灯用制剂010256，乳化剂010268，工业用面粉010289，加工螺纹用合成剂010295，石灰石硬化物010301，工业用灯黑010316，工业用红树皮010385，毒气中和剂010403，工业用土豆粉010444，工业用白雀树皮010454，制冷剂010459，工业用谷物加工的副产品010460，工业或农业用煤灰010499，工业用蒸煮激发剂010557，木醇蒸馏剂010582，化学用杂酚油010602，制唱片用合成物010603，金属腐蚀剂010633，工业用海水010636，纸用化学增强剂010639，工业用磁性液010642，车身填充物010649

※防水浆消泡剂C010205，荧光粉C010207，油墨抗凝剂C010208，固香剂C010209，探伤气雾剂C010212，松醇油C010213

注：1. 本部分根据商品的功能、用途确定类似商品；
  2. 未加工醋酸纤维素与0108第（一）部分类似；
  3. 催化剂与0102第（十七）部分工业淀粉酶，工业用酶制剂，工业用酶，0106生物化学催化剂类似；
  4. 工业用化学品与0104所有商品类似；
  5. 工业用面粉，工业用土豆粉与0102第（十六）部分工业用淀粉类似；
  6. 制唱片用合成物与第九版及以前版本0107制唱片用混合剂交叉检索。

（二十）镶玻璃用油灰010651，油石灰（油灰）010655

注：本部分与0205商品类似。

0105 用于农业、园艺、林业的化学品、化学制剂

除杀真菌剂、除草剂、杀虫剂、杀寄生虫剂外的农业化学品010031，花用保鲜剂010209，脱叶剂010236，杀虫剂用化学添加剂010308，杀真菌剂用化学添加剂010309，除杀真菌剂、

除草剂、杀虫剂、杀寄生虫剂外的园艺化学品 010347，预防小麦枯萎病（黑穗病）的化学制剂 010404，预防小麦黑穗病的化学制剂 010404，保存种籽物质 010480，除杀真菌剂、除草剂、杀虫剂、杀寄生虫剂外的林业用化学品 010505，预防藤蔓病化学品 010546，植物保护用蒽油 010586，植物用微量元素制剂 010637

※防微生物剂 C010215，赤霉素 C010216，增润剂 C010219

树洞填充物（林业用）010080，树木嫁接用蜡 010198，加工烟草用加味料 010471

※烟草用防霉剂 C010217，消辣剂 C010218

注：1. 第一、二自然段与 0505 第一、二自然段类似；
  2. 第一、二自然段与 0109 植物生长调节剂，0113 水果催熟用激素类似，与第九版及以前版本 0113 水果催熟激素交叉检索；
  3. 植物用微量元素制剂与 0109 商品类似。

0106 化学试剂

生物化学催化剂 010122，科学用化学制剂（非医用、非兽医用）010177，非医用、非兽医用化学试剂 010178，实验室分析用化学品（非医用、非兽医用）010181，实验室分析用化学制剂（非医用、非兽医用）010181，低温实验制剂 010221，非医用、非兽医用诊断制剂 010243，试纸（非医用、非兽医用）010259，化学试纸 010278，硝酸盐纸 010416，石蕊试纸 010419，非医用、非兽医用生物制剂 010579，非医用、非兽医用细菌制剂 010594，非医用、非兽医用细菌学研究制剂 010595，非医用、非兽医用微生物培养物 010596，非医用、非兽医用电泳凝胶 010650，农业生产用种子基因 010656，非医用、非兽医用干细胞 010657，非医用、非兽医用生物组织培养物 010658，非医用、非兽医用微生物制剂 010680

注：生物化学催化剂与 0102 第（十七）部分工业淀粉酶，工业用酶制剂，工业用酶，0104 第（十九）部分催化剂类似。

0107 摄影用化学用品及材料

摄影用还原剂 010027，自动着色纸（摄影用）010090，定影液（摄影用）010097，调色定影液（摄影用）010099，氧化钡纸 010103，摄影用化学制剂 010211，照相感光布 010212，感光板 010213，晒蓝图用溶液 010227，重氮纸 010245，摄影感光乳剂 010267，感光照相板 010269，铁板照相板（摄影用）010292，定影溶液（摄影用）010298，相纸 010322，摄影用明胶

010329,胶印用感光板 010406,光度测定纸 010417,感光纸 010418,摄影用果胶 010420,蓝图纸 010432,蓝图布 010434,摄影用显影剂 010435,摄影用感光剂 010436,未曝光的 X 光感光胶片 010464,调色盐(摄影用)010548,未曝光的感光胶片 010581,未曝光的感光电影胶片 010598

※光谱感光板 C010220,传真纸 C010221,晒图纸 C010222,热敏纸 C010223

注:1. 未曝光的 X 光感光胶片,未曝光的感光胶片,未曝光的感光电影胶片与 0923 商品类似;
   2. 传真纸,热敏纸与 1602 复印纸(文具),电传用纸类似。

0108 未加工的人造合成树脂,未加工塑料物质(不包括未加工的天然树脂)

(一)未加工环氧树脂 010274,未加工塑料 010438,未加工合成树脂 010455,未加工丙烯酸树脂 010461,未加工人造树脂 010462,硅酮 010484,硅氧烷 010484,过滤材料(未加工塑料)010610

※聚丙烯 C010224,赛璐珞 C010225,酚醛树脂 C010226,脲醛树脂 C010227,合成树脂塑料 C010228,酪素树脂 C010229,聚氯乙烯树脂 C010230,玛脂 C010231,电木粉 C010232,胶木粉 C010233,硅塑料 C010235,模塑料 C010236,塑膏 C010237,磷酸三甲酚酯 C010238,有机硅树脂 C010239,离子交换树脂 C010240,尼龙 66 盐 C010243

(二)增塑剂 010143,塑料分散剂 010605

注:1. 本类似群各部分之间商品不类似;
   2. 第(一)部分与 0104 第(十九)部分未加工醋酸纤维素类似;
   3. 第(二)部分与 0102 第(四)部分硫化剂,0104 第(十一)部分类似。

0109 肥料

海藻(肥料)010043,土壤调节制剂 010053,氮肥 010094,氰氨化钙(肥料)010141,肥料 010271,农业用肥 010271,肥料制剂 010293,鸟粪 010342,腐殖土 010355,磷酸盐(肥料)010427,矿渣(肥料)010428,过磷酸盐(肥料)010431,园艺用罐装泥炭 010445,盐类(肥料)010478,种植土 010524,壤土 010527,泥炭(肥料)010539,无土生长培养基(农业)010589,混合肥料 010622,植物生长调节剂 010634,腐殖质表层肥 010641,溶液培养的植物用多孔

黏土 010652,鱼粉肥料 010659,盆栽土 010681

※化学肥料 C010244,植物肥料 C010245,动物肥料 C010246

注:1. 本类似群与 0105 植物用微量元素制剂类似;

  2. 本类似群与 0102 第(二)部分工业用挥发碱(氨水),工业用氨水(挥发性碱)类似,与第九版及以前版本 0102 第(二)部分工业用挥发碱(氨),工业用氨(挥发性碱),工业用挥发性碱(氨水)交叉检索;

  3. 本类似群与 0102 第(四)部分氯化铵,硝酸钾类似,与第九版及以前版本 0102 第(四)部分卤砂,氯化铵,硝酸钠交叉检索;

  4. 本类似群与第六版及以前版本 3103 腐殖质高效肥交叉检索;

  5. 植物生长调节剂与 0105 第一、二自然段,0113 水果催熟用激素,0505 第一、二自然段类似,与第九版及以前版本 0113 水果催熟激素交叉检索。

0110 灭火用合成物

灭火合成物 010288,防火制剂 010294

※消防泡沫液 C010247,灭火药粉 C010248

0111 淬火用化学制剂

金属退火剂 010393,金属回火剂 010682

※淬火剂 C010249,淬火油 C010250

0112 焊接用化学制剂

铜焊制剂 010137,焊接用化学品 010487,铜焊助剂 010583,助焊剂 010584

0113 食品用化学品(不包括食品用防腐盐)

醋化用细菌制剂 010009,食物防腐用化学品 010044,酿葡萄酒用杀菌剂(制葡萄酒用化学制剂)010096,苯甲酸酰亚胺 010113,糖精 010114,啤酒澄清剂和防腐剂 010121,(未发酵)葡萄汁澄清剂 010200,葡萄酒澄清剂 010205,饮料工业用的过滤制剂 010296,熏肉用化学制剂 010317,水果催熟用激素 010346,保存食物用油 010348,化学用牛奶发酵剂 010374,

工业用嫩肉剂 010545，防止蔬菜发芽剂 010571，人造增甜剂（化学制剂）010607，啤酒防腐剂 010619，食品工业用酶制剂 010660，食品工业用酶 010661，食品工业用葡萄糖 010662，食品工业用卵磷脂 010663，食品工业用果胶 010665，食品工业用酒石酸氢钾 010667，食品工业用藻酸盐 010669，食品工业用谷蛋白 010670，食品工业用乳糖 010672，食品工业用牛奶发酵剂 010675，工业用牛奶发酵剂 010676，食品工业用酪蛋白 010677

注：1. 水果催熟用激素与 0105 第一、二自然段，0109 植物生长调节剂，0505 第一、二自然段类似；

2. 人造增甜剂（化学制剂）与 3003 天然增甜剂类似。

0114 鞣料及皮革用化学品

鞣料木 010130，皮革翻新用化学品 010175，使皮革软化的脱灰碱液 010208，除油外的皮革处理剂 010208，皮革鞣剂 010215，生皮鞣剂 010216，皮革表面处理用化学制品 010223，皮革浸渍化学品 010224，上浆剂 010270，鞣酸 010323，黑儿茶 010325，制革用油 010349，鞣革用油 010350，皮革防水化学品 010364，鞣革用漆叶 010504，鞣料（鞣革剂）010507，鞣革物 010509，皮革整理用油 010601

注：1. 本类似群与 0102 第（五）部分儿茶，单宁，单宁酸，0104 第（一）部分五倍子类似，与第九版及以前版本 0104 第（一）部分苦味五倍子交叉检索；

2. 上浆剂与第十版及以前版本 0104 第（一）部分上浆料（化学制剂）交叉检索；

3. 制革用油，鞣革用油，皮革整理用油与 0401 皮革用油脂类似，与第九版及以前版本 0401 制革用脂交叉检索。

0115 工业用粘合剂和胶（不包括纸用粘合剂）

工业用粘合剂 010002，外科绷带用粘合制剂 010022，工业用黄蓍胶 010024，粘贴海报用粘合剂 010028，补轮胎内胎用合成物 010032，工业用阿拉伯树胶 010078，树木嫁接用粘性制剂 010079，粘胶液 010157，冶金粘合剂 010158，鞋用粘合剂 010170，皮革粘合剂 010192，充气轮胎粘合剂 010193，轮胎粘合剂 010193，轮胎胶粘剂 010193，修补破碎物品的粘合剂 010194，裱墙纸用粘合剂 010203，墙纸用粘合剂 010203，皮革胶 010222，上浆糊精 010242，铸造用粘合物质 010306，工业用明胶 010330，粘鸟胶 010334，树木嫁接用胶粘剂 010341，增塑溶胶 010439，补轮胎用合成物 010465，非文具、非家用淀粉浆糊 010566，墙砖

粘合剂 **010573**,工业用胶 **010600**,非文具、非家用谷朊胶 **010615**,非文具、非家用胶水 **010616**,非文具、非家用、非食用鱼胶 **010618**

※聚氨酯 **C010251**,氯丁胶 **C010252**,聚醋酸乙烯乳液 **C010253**,固化剂 **C010254**

注:1. 本类似群与 **1701** 液态橡胶,橡胶水类似,与第九版及以前版本 **1701** 液体橡胶交叉检索;

　　2. 本类似群与 **1702** 补漏用化学合成物类似,与第九版及以前版本 **1702** 补裂缝用化学化合物交叉检索。

0116 纸浆

木浆 **010132**,纸浆 **010156**
※纤维素浆 **C010255**

0117 能源

注:本类似群第九版时移入 **0407**。

第二类

颜料,清漆,漆;防锈剂和木材防腐剂;着色剂;媒染剂;未加工的天然树脂;画家、装饰家、印刷商和艺术家用金属箔及金属粉。

【注释】

第二类主要包括颜料、染料和防腐制品。

本类尤其包括:

——工业、手工业和艺术用颜料、清漆和漆;

——服装染料;

——食品和饮料用着色剂。

本类尤其不包括:

——未加工的人造树脂(第一类);

——洗衣和漂白用上蓝剂(第三类);

——美容用染料(第三类);

——颜料盒(学校用文具)(第十六类);

——绝缘颜料和绝缘漆(第十七类)。

0201 染料,媒染剂(不包括食用)

媒染剂＊020002,茜素染料020006,木材媒染剂020027,木材染色剂020028,鞋染料020041,染色剂020047,着色剂＊020047,苯胺染料020052,制革用媒染剂020057,皮革染色剂020057,染料＊020058,姜黄(染料)020060,黄桑(染料)020074,靛青(染料)020086,复活节彩蛋用染色纸020096,藏红染料020099,染料木020111,染料木提取物(染料)020112

注:跨类似群保护商品:着色剂(0201,0202)。

0202 颜料(不包括食用、绝缘用),画家、装饰家、印刷商和艺术家用金属箔及金属粉

绘画用铝粉020008,石棉颜料020009,水彩固定剂020011,银乳剂(颜料)020015,金胺020018,赭石土(颜料)020029,绘画用青铜粉020032,铅白020038,炭黑(颜料)020039,氧

化钴（颜料）020044，胭脂虫红020045，着色剂＊020047，颜料020059，灯黑（颜料）020073，绘画用藤黄020076，氧化锌（颜料）020081，铅黄020089，黄丹020089，画家、装饰家、印刷商和艺术家用金属粉020090，画家、装饰家、印刷商和艺术家用金属箔020092，铅红020095，红丹020095，胭脂树橙（颜料）020098，烟灰色（颜料）020101，二氧化钛（颜料）020106

※色母粒C020001，立德粉（锌钡白）C020014

注：1. 二氧化钛（颜料）与0102第（三）部分工业用二氧化钛类似；

2. 跨类似群保护商品：着色剂（0201,0202）。

0203 食品着色剂

饮料色素020004，食用色素020005，食品用着色剂020005，黄油色素020023，啤酒色素020024，焦糖（食品色素）020034，麦芽焦糖（食品色素）020035，麦芽色素020048，利口酒用色素020088

0204 油墨

（一）制革用墨020033，印刷膏（油墨）020043，印刷合成物（油墨）020043，印刷油墨020066，动物打印记用墨020067，雕刻油墨020080，复印机用墨（调色剂）020121，复印机用调色剂（墨）020121，打印机和复印机用已填充的鼓粉盒020123

※计算机、打印机、文字处理机墨盒C020002，激光打印机墨盒C020015，喷墨打印机墨盒C020016，复印机用碳粉C020017

（二）皮肤绘画用墨020069

注：本类似群各部分之间商品不类似。

0205 涂料,油漆及附料(不包括绝缘漆)

油漆＊020001，清漆＊020003，铝涂料020007，银涂料020014，银镀粉020016，黑亮漆020017，杀菌漆020019，粉刷用石灰浆020020，沥青油漆020025，木材涂料（油漆）020026，青铜漆020031，屋顶毡用涂料（油漆）020036，油毛毡用涂料（油漆）020036，陶瓷涂料020037，运载工具底盘防蚀涂层020040，运载工具底盘底漆020040，粉刷用石灰水020042，油漆稀释剂 020053,漆稀释剂 020054,油漆增稠剂 020055,刷墙粉 020062,瓷釉（漆）020064,瓷漆 020065,油漆催干剂 020068,涂料（油漆）020070,固定剂（清漆）020072,釉料（漆、清漆）020075,虫胶 020077,防火漆 020085,油漆凝结剂 020087,油漆粘合剂 020087,清漆用苏模鞣料 020102,底漆 020108,粉刷用白垩灰浆 020110,苯乙烯树脂漆 020114,漆 020115,防污涂料 020122,松节油（涂料稀释剂）020124,油漆补片（可替换的）020125

※稀料 C020003,松香水 C020004,可赛银 C020005,防水冷胶料 C020006,水溶性内外墙有光喷塑料 C020007,聚乙烯胶泥 C020008,无粘性化学涂料（不粘锅用）C020009,天那水 C020010,信那水 C020011,防水粉（涂料）C020012,树脂胶泥 C020013,磁漆 C020018

注:1. 瓷釉（漆）,瓷漆,釉料（漆、清漆）与 0104 第（四）部分陶瓷釉类似,与第十版及以前版本 0104 第（四）部分陶瓷釉料交叉检索;

    2. 油漆稀释剂,漆稀释剂,松节油（涂料稀释剂）,稀料,松香水,天那水,信那水与 0104 第（十）部分清漆溶剂,0302 去漆剂类似;

    3. 防水粉（涂料）与 1705 防水隔热粉类似;

    4. 虫胶与 0207 商品类似;

    5. 本类似群与 0104 第（二十）部分,1912 商品类似。

0206 防锈剂,木材防腐剂

防腐蚀剂 020010,防腐蚀带 020021,木材防腐剂 020049,木材防腐用杂酚油 020056,防锈油脂 020079,木材防腐油 020082,防锈油 020083,金属防锈制剂 020093,金属用保护制剂 020094,防锈制剂（储藏用）020107,羰基（木头防腐剂）020113

注:防锈油脂,防锈油,金属防锈制剂,金属用保护制剂,防锈制剂（储藏用）与第九版及以前版本 0104 第（十九）部分防水锈剂交叉检索。

0207 未加工的天然树脂

加拿大香脂 020022,松香 020046,天然硬树脂 020050,天然树脂（原料）020061,树胶脂 020078,天然树脂 020091,山达脂 020100

注:本类似群与 0205 虫胶类似。

第三类

洗衣用漂白剂及其他物料;清洁、擦亮、去渍及研磨用制剂;肥皂;香料,香精油,化妆品,洗发水;牙膏。

【注释】

第三类主要包括清洁制剂和梳妆用制剂。

本类尤其包括:

——人用或动物用除臭剂;

——室内芳香剂;

——梳妆用卫生制剂。

本类尤其不包括:

——清洁烟囱用化学制品(第一类);

——生产过程中用的去渍制剂(第一类);

——非人用、非动物用除臭剂(第五类);

——磨石和砂轮(手工具)(第八类)。

0301 肥皂,香皂及其他人用洗洁物品,洗衣用漂白剂及其他物料

杏仁肥皂030007,肥皂030012,剃须皂030017,洗发液030034,消毒皂030080,洗涤用皂树皮030093,洁肤乳液030123,药皂030130,洗发剂030134,汗足皂030143,除臭皂030149,香皂030152,防汗皂030163,非医用沐浴盐030175,个人清洁或祛味用下体注洗液030218,干洗式洗发剂030223,非医用洗浴制剂030230,护发素030231

※洗手膏C030001,洗发粉C030002,香波C030003,洗发软皂C030004,柔发剂C030005,洗面奶C030007,浴液C030008,浴盐C030009,抑菌洗手剂C030010

洗涤上光粉030009,洗衣用浆粉030010,洗衣用淀粉030010,纺织品上光皂030013,洗衣用上蓝剂030014,漂白盐030026,漂白碱030027,洗衣用漂白剂030028,洗衣上光剂030029,洗衣用蜡030051,漂白水030089,洗衣浸泡剂030098,浸洗衣服制剂030098,洗衣剂030124,光滑剂(上浆)030127,家用亮色化学品(洗衣用)030174,家庭洗衣用亮色化学品030174,洗衣用织物柔顺剂030193,干洗剂030205

※护领膜C030012,洗衣粉C030067

注:1. 第一、二自然段与 0306 商品类似;

2. 第一、二自然段与 0501 药浴制剂,浴用泥浆,药浴用海水类似,与第九版及以前版本 0501 医用浴剂交叉检索;

3. 非医用沐浴盐,浴盐与 0501 矿泉水沐浴盐类似,与第九版及以前版本 0501 矿泉水浴盐交叉检索;

4. 个人清洁或祛味用下体注洗液与 0501 第(一)部分医用下体注洗液,阴道清洗液类似;

5. 第三、四自然段与 0302 商品类似;

6. 第三、四自然段与 0303 皮革漂白制剂,皮革洗涤剂类似;

7. 漂白盐,漂白碱,洗衣用漂白剂,漂白水与 0503 漂白粉(消毒)类似,与第九版及以前版本 0104 第(一)部分漂白剂交叉检索。

0302 清洁、去渍用制剂

刮面石(收敛剂)030005,白垩粉030022,清洁用火山灰030038,清洁用白垩030067,去污剂030068,清洗用洗涤碱030072,非生产操作用、非医用的去污剂030075,擦洗溶液030076,非生产过程中用的脱脂剂030077,家用除垢剂030081,家用抗静电剂030083,去漆剂030085,去色剂030087,次氯酸钾030089,清洁制剂030104,清洁用油030117,挡风玻璃清洗剂030126,墙纸洗涤剂030138,苏打碱液030153,脱脂用松节油030157,除蜡用松节油030158,氨水(挥发性碱)(去污剂)030167,挥发碱(氨水)(去污剂)030167,明矾石(收敛剂)030168,除锈制剂030170,去颜料制剂030179,疏通下水道制剂030195,地蜡清除剂(刷净剂)030206,用于清洁和除尘的罐装压缩空气030209,浸清洁剂的清洁布030211,洗碗机用催干剂030214

※硅清洁剂C030013,厕所清洗剂C030014,玻璃擦净剂C030015,去蜡水C030016,去油剂C030017,去渍剂C030018,去油渍油C030019,去雾水C030020,去污粉C030021,地毯清洗剂C030022,洗洁精C030068

注:1. 本类似群与 0301 第三、四自然段类似;

2. 厕所清洗剂与 0503 化学盥洗室用消毒剂,厕所除臭剂类似;

3. 去漆剂与 0104 第(十)部分清漆溶剂,0205 油漆稀释剂,漆稀释剂,松节油(涂料稀释剂),稀料,松香水,天那水,信那水类似;

4. 浸清洁剂的清洁布与第八版及以前版本 2112 浸清洁剂的清洁布交叉检索。

0303 抛光、擦亮制剂

抛光铁丹 030011，皮革漂白制剂 030025，擦鞋膏 030039，抛光制剂 030045，鞋蜡 030046，家具或地板用抛光剂 030047，擦亮用剂 030048，鞋匠用蜡 030049，鞋线蜡 030050，地板蜡 030053，拼花地板蜡 030053，抛光蜡 030054，裁缝用蜡 030055，皮革保护剂（上光）030061，抛光乳膏 030070，磨剃刀皮带用软膏 030073，皮革膏 030074，皮革用蜡 030074，抛光用纸 030139，抛光用硅藻石 030164，地板防滑蜡 030207，地板防滑液 030208，植物叶子发光剂 030212，鞋油 030228

※上光剂 C030023，夹克油 C030024，鞋粉 C030025，帽粉 C030026，汽车、自行车上光蜡 C030027，擦铜水 C030028，皮革擦亮纸（浸擦亮剂）C030029，皮革洗涤剂 C030030，水果擦亮剂 C030066

注：1. 地板蜡，拼花地板蜡，抛光蜡，地板防滑蜡，地板防滑液与 0404 地蜡，地蜡（石蜡）类似；

2. 皮革保护剂（上光），皮革膏，皮革用蜡与 0401 皮革保护剂（油和脂），皮革保护油类似，与第十版及以前版本 0401 皮革防腐剂（油和脂）交叉检索；

3. 皮革漂白制剂，皮革洗涤剂与 0301 第三、四自然段类似。

0304 研磨用材料及其制剂

磨光用石头 030002，研磨剂 030003，磨利用制剂 030003，金属碳化物（研磨料）030035，碳化硅（研磨料）030036，磨光制剂 030044，金刚砂（研磨用）030062，金刚铝（研磨料）030082，金刚砂纸 030084，金刚砂布 030086，金刚砂 030094，砂纸 030140，磨光石 030144，浮石 030145，砂布 030160，玻璃砂布 030161，研磨材料*030165，研磨纸 030166

※磨光粉 C030032，研磨膏 C030033，玻璃砂（研磨用）C030034，研磨用刚玉砂 C030035，白刚玉 C030036，裁布机用砂带 C030073

0305 香料，香精油

杏仁油 030006，八角茴香香精 030015，香柠檬油 030021，杉木香精油 030037，柠檬香精油 030056，含醚香料 030099，香精油 030100，花精（香料）030101，花香料原料 030105，熏香制剂（香料）030106，蛋糕调味品（香精油）030107，冬青油 030108，香草醇 030110，天芥菜精 030113，茉莉油 030115，薰衣草油 030116，制香料香水用油 030118，玫瑰油 030119，薄荷油（芳香油）030128，香料用薄荷 030129，麝香（香料）030132，香料 030141，黄樟油精 030151，

萜烯烃(香精油)030159,芳香剂(香精油)030172,饮料用调味品(香精油)030173,香橼香精油030226

※烟用香精 C030037,月桂油 C030038,香草油 C030039,珠兰油 C030040,桉叶油 C030041,椰子醛 C030042,安息香酸乙酯 C030043,香叶醇 C030044,人造麝香酮 C030045,工业用香料 C030046,化妆品用香料 C030047,香皂香精 C030048,芳香精油 C030069,安神用香精油 C030070,降低食欲用香精油 C030071

0306 化妆品(不包括动物用化妆品)

假发粘贴剂 030001,琥珀香水 030008,洗澡用化妆品 030016,唇膏 030018,口红 030018,化妆用棉签 030019,美容面膜 030020,皮肤增白霜 030023,指甲擦光剂 030032,指甲油 030032,化妆剂 030033,染发剂 030040,毛发卷曲剂 030041,烫发剂 030041,假睫毛 030042,睫毛用化妆制剂 030043,胡须用蜡 030052,古龙水 030058,梳妆用颜料 030060,成套化妆品 030064,化妆品 030065,化妆棉 030066,化妆笔 030069,化妆用雪花膏 030071,化妆品清洗剂 030078,除指甲油制剂 030088,薰衣草水 030090,带香味的水 030091,淡香水 030092,脱毛剂 030096,脱毛制剂 030096,除汗毛用蜡 030097,化妆品 030102,化妆用矿脂 030109,化妆用油脂 030111,化妆用过氧化氢 030112,化妆用油 030114,梳妆用油 030120,紫罗酮(香水)030121,化妆洗液 030122,梳妆用品 030125,眉毛化妆品 030131,烫发中和剂 030133,香水 030135,假指甲 030136,指甲护剂 030137,护肤用化妆剂 030142,化妆用润发脂 030146,化妆粉 030147,修面剂 030148,眉笔 030154,梳妆用滑石粉 030155,化妆染料 030156,防汗剂(化妆品)030162,化妆用杏仁乳 030169,晒黑制剂(化妆品)030171,胡须染料 030176,减肥用化妆品 030177,假睫毛粘胶 030178,个人或动物用除臭剂 030180,化妆用装饰变色剂 030181,化妆用收敛剂 030191,化妆用漂白剂(脱色剂)030192,浸化妆水的薄纸 030197,化妆用粘合剂 030199,剃须后用液 030200,喷发胶 030201,染睫毛油 030202,化妆用芦荟制剂 030219,非医用按摩凝胶 030220,唇彩 030221,非医用香膏 030222,指甲彩绘贴片 030224,防晒剂 030225,散沫花(化妆用染料)030227,唇膏盒 030229,头发拉直制剂 030232,浸卸妆液的薄纸 030233

※防皱霜 C030049,增白霜 C030050,粉刺霜 C030051,去斑霜 C030052,痱子粉 C030053,爽身粉 C030054,去痱水 C030055,胭脂 C030056,眼影膏 C030057,乌发乳 C030058,头油 C030059,生发油 C030060,摩丝 C030062,焗油制剂 C030063,双眼皮胶 C030064,花露水 C030072

注:1. 本类似群与 0301 第一、二自然段类似;

2. 化妆用棉签,化妆棉,唇膏盒与 2110 商品类似;

3. 化妆用棉签与 **0506** 医用棉签类似；

4. 浸化妆水的薄纸,浸卸妆液的薄纸与 **0506** 消毒纸巾,**1603** 卫生纸,纸手帕,卸妆用薄纸,纸餐巾,纸巾,纸制洗脸巾类似,与第十版及以前版本 **1603** 卸妆用纸巾交叉检索；

5. 洗澡用化妆品与 **0501** 药浴制剂,浴用泥浆,药浴用海水类似,与第九版及以前版本 **0501** 医用浴剂交叉检索；

6. 跨类似群保护商品:个人或动物用除臭剂(**0306**,**0309**)。

0307 牙膏,洗牙用制剂

非医用漱口剂 030031,牙膏 030079,假牙清洁剂 030194,假牙用抛光剂 030198,口气清新喷雾 030204,牙用漂白凝胶 030210,口气清新片 030216
※口香水 C030065

0308 熏料

香木 030030,香 030095,熏日用织品用香囊 030150,干花瓣与香料混合物(香料)030203,祭祀用香 030213

0309 动物用化妆品

动物用化妆品 030063,个人或动物用除臭剂 030180,宠物用香波 030196,宠物用除臭剂 030217

注:1. 宠物用香波与 **0504** 狗用洗涤液,狗用洗涤剂类似；

2. 跨类似群保护商品:个人或动物用除臭剂(**0306**,**0309**)。

0310 室内芳香剂

空气芳香剂 030215

注:本类似群与 **0503** 商品类似。

第四类

工业用油和油脂;润滑剂;吸收、润湿和粘结灰尘用合成物;燃料(包括马达用燃料)和照明材料;照明用蜡烛和灯芯。

【注释】

第四类主要包括工业用油和油脂,燃料和照明材料。

本类尤其不包括:

——某些特殊的工业用油和油脂(查阅按字母顺序排列的商品分类表)。

0401 工业用油及油脂,润滑油,润滑剂(不包括燃料用油)

传动带防滑剂040009,鞋用油脂040026,皮革用油脂040034,工业用油脂040035,脱模油(建筑)040036,动物脂040037,石油醚040044,工业用矿脂040047,煤焦油040053,煤石脑油040054,砖石建筑保护用油040055,非食用鱼油040057,炊具防粘用豆油制剂040058,重油040064,工业用菜油040065,石脑油040066,工业用骨油040067,油精040068,石油(原油或精炼油)040071,硬脂(精)040073,羊毛脂040074,工业用葵花籽油040075,混合二甲苯040077,二甲苯040078,纺织用油040080,苯040082,粗制苯040083,皮革保护剂(油和脂)040086,工业用油040087,工业用蓖麻油040089,皮革保护油040090,切割液040101,油漆用油040102,发动机油040104,石油挥发油040110

※桐油C040001,木油C040002,梓油(即青油)C040003,樟木油C040004,椰子油(工业用)C040005,核桃油(工业用)C040006,橄榄油(工业用)C040007,乳化油C040008,钟表油C040009,缝纫机油C040010,擦枪油C040011,唱机唱片两用油C040012,显微镜油(即香柏油)C040013,白油C040014,硬化油C040015,溶剂油C040016,精密仪器油C040017,切割油C040018,皮带油C040019,车轮防滑膏C040024

武器用润滑油040011,传动带用润滑油040033,润滑油040042,润滑石墨040052,润湿油040056,润滑脂040060,润滑剂040063

※轻油C040021,加脂油C040022,导热油C040023,齿轮油C040025

注:1. 石油(原油或精炼油)与0402燃料,挥发性混合燃料,照明用油脂,轻石油,柴油,粗柴油,汽油,煤油,汽车燃料,燃料油,石油气类似,与第十版及以前版本挥发性

燃料混合物交叉检索;

2. 皮革保护剂(油和脂),皮革保护油与0303皮革保护剂(上光),皮革膏,皮革用蜡类似,与第十版及以前版本0303皮革防腐剂(抛光剂)交叉检索;

3. 皮革用油脂与0114制革用油,鞣革用油,皮革整理用油类似,与第九版及以前版本0114皮革加脂用油交叉检索;

4. 混合二甲苯,二甲苯,苯,粗制苯与0102第(七)部分甲苯,工业用甲基苯,甲基苯,轻苯类似。

0402 液体、气体燃料和照明燃料

甲基化酒精040002,酒精(燃料)040003,以酒精为主的燃料040004,挥发性混合燃料040020,燃料040025,照明用油脂040039,照明燃料040041,汽油040043,轻石油040045,柴油040048,粗柴油040048,汽油040051,煤油040059,碳氢燃料040081,汽车燃料040081,燃料油040084,发动机燃料非化学添加剂040085,乙醇(燃料)040107

照明用气体040040,气体燃料040049,石油气040050,固态气体(燃料)040088,发生炉煤气040103

注:1. 跨类似群保护商品:燃料(0402,0403);

2. 燃料,挥发性混合燃料,照明用油脂,轻石油,柴油,粗柴油,汽油,煤油,汽车燃料,燃料油,石油气与0401石油(原油或精炼油)类似。

0403 固体燃料

点火用木片040006,引火物040007,无烟煤040008,木柴040013,木炭(燃料)040014,煤球040016,泥炭块(燃料)040017,泥煤球(燃料)040017,木质煤040018,易燃煤球040019,煤040023,泥炭(燃料)040024,燃料040025,焦炭040031,矿物燃料040032,褐煤040062,煤屑(燃料)040072

注:跨类似群保护商品:燃料(0402,0403)。

0404 工业用蜡

蜂蜡040001,棕榈蜡040021,地蜡040022,蜡(原料)040027,传动带用蜡040028,工业

用蜡040030,地蜡(石蜡)040069,石蜡040070

注:地蜡,地蜡(石蜡)与0303地板蜡,拼花地板蜡,抛光蜡,地板防滑蜡,地板防滑液类似,与第十版及以前版本0303上光蜡交叉检索。

0405 照明用蜡烛和灯芯

点火用纸捻040005,圣诞树用蜡烛040010,蜡烛040015,小蜡烛040015,照明用蜡040029,蜡烛芯040046,灯芯040061,夜间照明物(蜡烛)040076,香味蜡烛040105,火绒040108

0406 吸收、润湿和粘结灰尘用合成物

清扫用粘结灰尘合成物040012,除尘制剂040038,沉积灰尘用合成物040079,吸收灰尘用合成物040109

0407 能源

电能040106

※核聚变产生的能源C040027,电C040028

注:本类似群与第八版及以前版本0117交叉检索。

第五类

药用和兽医用制剂;医用卫生制剂;医用或兽医用营养食物和物质,婴儿食品;人用和动物用膳食补充剂;膏药,绷敷材料;填塞牙孔用料,牙科用蜡;消毒剂;消灭有害动物制剂;杀真菌剂,除莠剂。

【注释】

第五类主要包括药品和其他医用或兽医用制剂。

本类尤其包括:

——除梳妆用制剂以外的个人保健用卫生制剂;

——婴儿和失禁者用尿布;

——非人用、非动物用除臭剂;

——膳食补充剂,为正常饮食提供补充或为健康目的;

——医用或兽医用代餐物、营养食物和饮料;

——不含烟草的医用卷烟。

本类尤其不包括:

——梳妆用卫生制剂(第三类);

——人用或动物用除臭剂(第三类);

——矫形用绷带(第十类);

——非医用、非兽医用的代餐物、营养食物和饮料(第二十九类、第三十类、第三十一类、第三十二类或第三十三类)。

0501 药品,消毒剂,中药药材,药酒

(一)维生素制剂050090,鱼肝油050150,补药050262,医用卵磷脂050313,药用蜂王浆050316,人用药050328,药物饮料050332,膳食纤维050367,医用珍珠粉050410,药用蜂胶050426

※赖氨酸冲剂C050010,赖氨酸盐酸盐C050011,珍珠层粉C050013,洋参冲剂C050026,蜂王精C050027,人参C050046,枸杞C050047

乌头碱050002,饮食疗法用或药用淀粉050013,麻醉剂050017,医用安果斯都拉树皮050020,气喘茶050022,治痔剂050025,防寄生虫制剂050029,防尿制剂050032,医用及兽

医用细菌学研究制剂 050037，细菌抑制剂 050038，医用和兽医用细菌制剂 050039，医用止痛制剂 050046，药用铋制剂 050053，古拉尔氏水（稀次醋酸铅溶液）050054，铅水 050054，药用木炭 050056，治疗烧伤制剂 050061，除口臭药片 050062，胼胝治疗剂 050063，斑蝥粉 050065，药用糖浆 050067，药用胶囊 050068，医药制剂 050069，化学药物制剂 050077，药用水合氯醛 050079，氯仿（医用）050080，医用无烟草香烟 050081，可卡因 050086，医用南美牛奶菜的干皮 050092，缓和便秘的药物 050093，化学避孕剂 050095，巴豆茎皮 050105，马钱子 050106，疫苗 050107，煎好的药 050109，药用助消化剂 050122，洋地黄苷 050123，止痛药 050124，医用药物 050125，轻便药箱（已装药的）050126，药用氧化镁 050127，药用蜂花水 050128，药用树皮 050132，酏剂（药物制剂）050133，医用盐 050137，药用酯 050138，药用乙醚 050139，药用桉树脑 050141，药用桉树 050142，泻药 050143，药用面粉 050144，药用谷粉 050144，解热剂 050146，医用茴香 050147，药茶 050149，杀真菌剂 050151，神经镇定剂 050152，药用邻甲氧基苯酚 050153，驱肠虫药 050154，轻泻剂 050156，医用明胶 050157，药用龙胆 050158，杀菌剂 050159，甘油磷酸盐 050160，药用亚麻籽 050162，乳脂 050165，血红蛋白元 050168，血红蛋白 050169，药草 050170，医用激素 050171，白毛茛碱 050174，白毛茛分碱 050175，药用蛋白胨 050180，三碘甲烷 050181，医用角叉菜 050182，球根牵牛制泻药 050183，药浸枣 050184，药用甘草 050185，药用牛奶发酵剂 050187，药用亚麻籽粉 050190，药用酵母 050194，药用蛇麻腺 050197，药用红树皮 050199，药用薄荷 050201，药用麦芽 050203，血清 050209，薄荷醇 050210，医用或兽医用微生物制剂 050213，药用锭剂 050214，药用芥末 050219，药用樱桃李树皮 050221，麻醉药 050223，嗅盐 050224，医用药膏 050225，鸦片制剂 050226，鸦片 050227，器官疗法制剂 050229，药用果胶 050231，药用苯酚 050236，药用草药茶 050240，药用胃蛋白酶 050242，药用扁胶囊 050243，急救箱（备好药的）050244，药用磷酸盐 050245，汗足药 050247，血浆 050248，毒药 050249，医用钾盐 050251，医用破斧木 050253，医用苦木药 050254，医用金鸡纳树皮 050255，医用奎宁 050256，医用喹啉 050257，药用植物根 050260，药用大黄根 050261，药用次硝酸铋 050263，医用菝葜 050264，医用血 050265，医用水蛭 050266，镇静药 050268，镇静剂 050268，药用麦角 050269，血清疗法药剂 050270，安眠药 050273，医用钠盐 050274，灭菌剂 050275，马钱子碱 050276，止血剂 050277，医用糖 050278，磺胺（药）050279，药用酒石 050281，药用松脂 050282，医药用松节油 050283，药用麝香草酚 050284，祛汗药 050285，发疱剂 050290，药用醋酸盐 050291，药用酸 050292，医用生物碱 050296，药用醋酸铝 050299，药用甘草茎 050303，药用小苏打 050304，医用生物制剂 050305，药用溴 050306，医用樟脑油 050308，医用樟脑 050309，减肥用药剂 050317，药用纤维素酯 050318，药用苛性碱 050319，药用纤维素醚 050320，饮食疗法用或医用谷类加工副产品 050321，药用化学制剂 050323，药用酒石酸氢钾 050325，药用杂酚油 050326，牙科用药 050327，药用酵素 050333，药用硫华 050334，医用发烟药草 050336，药用椊酸 050338，医用葡萄糖 050340，医用藤黄 050341，医用蓖麻油 050344，药用碘 050346，药用碘化物 050347，药用碱性碘化物 050348，医用化学制剂 050362，医用淀粉酶 050366，医用酶 050368，医用酶制剂 050370，医用催干剂 050373，人和动物用微量元素制剂 050375，医用氨基酸 050376，药用鱼粉 050381，医用漱口剂 050383，外科和矫形用骨结合剂 050385，抗生素 050388，医用食欲抑制剂 050389，支气管扩张制剂 050390，阴道清洗液 050393，医用头发增长剂 050394，类固醇 050395，医用佐药 050396，活体外科移植物 050397，医用下体注洗液 050402，医用干细胞 050403，医用生物组织培养物 050405，医用冷却喷雾 050407，个人用性交润滑剂 050408，药用芦荟制剂 050409，性欲抑制剂 050411，洗眼剂 050414，食欲抑制剂 050415，减肥药 050416，晒黑用药 050417，抗氧化药 050418，药用藻酸盐 050433

※针剂 C050001，片剂 C050002，酊剂 C050003，水剂 C050004，膏剂 C050005，口服补盐液 C050012，原料药 C050014，中药成药 C050015，生化药品 C050022，血液制品 C050023，胶丸 C050024，药酒 C050025，减肥茶 C050050，杀寄生虫药 C050051

医用酒精 050008，药用乙醛 050009，药用莳萝油 050018，冻伤药膏 050023，抗菌剂 050030，治疣药笔 050033，医用香膏 050050，甘汞 050064，药用石灰制剂 050074，熏蒸香锭 050085，熏蒸棒 050085，眼药水 050088，除鸡眼药物 050098，药用治晒伤剂 050100，冻疮制剂 050103，医用去污剂 050108，清除橡皮膏溶剂 050134，浸制药液 050148，医用油脂 050163，药油 050167，医用芥子油 050172，碘酒 050179，药用洗液 050191，搽剂 050196，硫磺棒（消毒用）050205，医用润发脂 050207，医用酊剂 050208，汞软膏 050211，肥皂樟脑搽剂 050228，芥子膏药纸 050237，芥子敷剂纸 050237，护肤药剂 050239，治头皮屑药剂 050241，芥子膏药 050271，芥子泥敷剂 050271，栓剂 050280，治晒伤软膏 050301，医用甘油 050331，药用甲醛 050335，医用熏蒸制剂 050337，医用矿脂 050339，医用陀螺状羯布罗香油（香膏）050342，药用蛇麻子浸膏 050343，医用过氧化氢 050345，药用酒精 050438，痤疮治疗制剂 050444

※油剂 C050006，止痒水 C050007，去灰指甲油 C050008，艾卷 C050020，贴剂 C050021，风湿油 C050043，伤风油 C050044，清凉油 C050045

医用洗浴制剂 050041，矿泉水沐浴盐 050042，药浴用海水 050044，浴用治疗剂 050045，医用泥浆 050058，医用沉淀泥 050058，浴用泥浆 050059，泥敷剂 050070，医用矿泉水 050129，矿泉水盐 050130，温泉水 050131，医用沐浴盐 050302

医用 X 光造影剂 050096，怀孕诊断用化学制剂 050166，医用诊断制剂 050330，医用或兽医用化学试剂 050364，试纸（医用或兽医用）050437，医用生物标志物诊断试剂 050443

（二）医用放射性物质 050258，医用镭 050259，医用同位素 050349
※放射性药品 C050009

32

（三）浴用氧气 **050043**,医用气体 **050314**,医用氧 **050399**

（四）心电图电极用化学导体 **050091**

（五）人工授精用精液 **050177**

（六）卫生消毒剂 **050118**,消毒剂 **050441**

（七）隐形眼镜用溶液 **050094**,隐形眼镜清洁剂 **050365**

（八）培养细菌用介质 **050036**,培养细菌用肉汤 **050036**,细菌培养基 **050036**,微生物用营养物质 **050212**,医用或兽医用微生物培养物 **050213**

注:1. 本类似群各部分之间商品不类似,但杀真菌剂,杀菌剂,灭菌剂,卫生消毒剂,消毒剂互为类似商品;

2. 第(一)部分第一、二自然段与 **0502** 第一自然段药制糖果,医用树胶,医用糖果及第二自然段商品类似,与第九版及以前版本 **0502** 医用胶,医用食物营养制剂,医用营养添加剂交叉检索;

3. 第(一)部分第一、二自然段(人用药除外)与 **3005** 商品类似;

4. 药茶,药用草药茶,减肥茶与第九版及以前版本 **3002** 茶叶代用品交叉检索;

5. 杀真菌剂,杀菌剂,灭菌剂,卫生消毒剂,消毒剂与 **0503** 化学盥洗室用消毒剂,**0505** 灭干朽真菌制剂,灭微生物剂,土壤消毒制剂,农业用杀菌剂类似,与第九版及以前版本 **0505** 土壤消毒剂,第八版及以前版本 **0503** 污物消毒剂,污物消毒制剂交叉检索;

6. 牙科用药与第六版及以前版本 **0507** 牙科用药交叉检索;

7. 轻便药箱(已装药的),急救箱(备好药的)与 **1001** 外科医生和医生用器械箱,医疗器械箱,外科医生和医生用箱类似;

8. 防寄生虫制剂,驱肠虫药,医用及兽医用细菌学研究制剂,医用和兽医用细菌制剂,医用或兽医用微生物培养物,医用或兽医用微生物制剂,杀寄生虫药,医用或兽医用化学试剂,人和动物用微量元素制剂与 **0504** 商品类似;

9. 药浴制剂,浴用泥浆,药浴用海水与 **0301** 第一、二自然段,**0306** 洗澡用化妆品类似;

10. 阴道清洗液,医用下体注洗液与 **0301** 个人清洁或祛味用下体注洗液类似;

11. 矿泉水沐浴盐与 **0301** 非医用沐浴盐,浴盐类似;

12. 杀寄生虫药与 **0505** 杀寄生虫剂类似;

13. 除口臭药片与 **0502** 医用口香糖类似。

0502 医用营养品,人用膳食补充剂,婴儿食品

医用白朊食品 **050006**,医用白朊制剂 **050007**,药制糖果 **050057**,糖尿病人食用的面包 **050121**,医用树胶 **050161**,医用麦乳精饮料 **050188**,药用乳糖 **050192**,医用口香糖 **050198**,药用杏仁乳 **050300**,医用糖果 **050310**

医用营养食物 **050297**,医用营养饮料 **050307**,医用营养品 **050350**,矿物质食品补充剂 **050382**,营养补充剂 **050384**,白朊膳食补充剂 **050420**,亚麻籽膳食补充剂 **050421**,亚麻籽油膳食补充剂 **050422**,小麦胚芽膳食补充剂 **050423**,酵母膳食补充剂 **050424**,蜂王浆膳食补充剂 **050425**,蜂胶膳食补充剂 **050427**,花粉膳食补充剂 **050428**,酶膳食补充剂 **050429**,葡萄糖膳食补充剂 **050430**,卵磷脂膳食补充剂 **050431**,藻酸盐膳食补充剂 **050432**,酪蛋白膳食补充剂 **050434**,蛋白质膳食补充剂 **050435**

婴儿含乳面粉 **050145**,婴儿食品 **050298**

※婴儿奶粉 **C050028**

注:1. 药制糖果,医用树胶,医用糖果与 **0501** 第(一)部分第一、二自然段类似;

2. 第二自然段与 **0501** 第(一)部分第一、二自然段,**3005** 商品类似;

3. 婴儿含乳面粉,婴儿食品,婴儿奶粉与 **2907** 牛奶,牛奶饮料(以牛奶为主),牛奶制品,奶粉,白朊牛奶,蛋白质牛奶类似;

4. 医用口香糖与 **0501** 除口臭药片类似。

0503 净化制剂

空气净化制剂 **050005**,净化剂 **050117**,非人用、非动物用除臭剂 **050119**,除霉化学制剂 **050202**,化学盥洗室用消毒剂 **050380**,衣服和纺织品用除臭剂 **050400**,空气除臭剂 **050401**

※冰箱除臭剂(去味剂)**C050029**,厕所除臭剂 **C050030**,漂白粉(消毒)**C050031**

注:1. 化学盥洗室用消毒剂,厕所除臭剂与 **0302** 厕所清洗剂类似;

2. 漂白粉(消毒)与 **0301** 漂白盐,漂白碱,洗衣用漂白剂,漂白水类似,与第九版及以前版本 **0104** 第(一)部分漂白剂交叉检索;

3. 化学盥洗室用消毒剂与 0501 杀真菌剂，杀菌剂，灭菌剂，卫生消毒剂，消毒剂，0505 灭干朽真菌制剂，灭微生物剂，土壤消毒制剂，农业用杀菌剂类似，与第九版及以前版本 0505 土壤消毒剂交叉检索；

4. 本类似群与 0310 商品类似。

0504 兽药,动物用膳食补充剂

牲畜用洗涤剂 050051，狗用洗涤液 050075，狗用驱虫剂 050076，动物蹄用胶合剂 050083，动物用防寄生虫颈圈 050087，兽医用油脂 050164，动物用洗涤剂 050189，兽医用洗液 050220，兽医用制剂 050287，狗用洗涤剂 050322，兽医用药 050329，兽医用生物制剂 050361，兽医用化学制剂 050363，兽医用酶 050369，兽医用酶制剂 050371，兽医用氨基酸 050377，兽医用干细胞 050404，兽医用生物组织培养物 050406，动物用膳食补充剂 050419，动物用蛋白质补充剂 050436，含药物的饲料 050445，兽医用诊断制剂 050446

注：1. 狗用洗涤液，狗用洗涤剂与 0309 宠物用香波类似；

2. 本类似群与 0501 防寄生虫制剂，驱肠虫药，医用及兽医用细菌学研究制剂，医用和兽医用细菌制剂，医用或兽医用微生物培养物，医用或兽医用微生物制剂，杀寄生虫药，医用或兽医用化学试剂，人和动物用微量元素制剂类似，与第九版及以前版本 0501 防寄生虫制剂（人或兽用），打虫药（人或兽用），驱虫剂（人或兽用），医用或兽医用培养基，医用或兽医用微生物培养体，杀寄生虫药（人或兽用），人用和兽用微量元素制剂交叉检索。

0505 杀虫剂,除莠剂,农药

消灭有害动物制剂 050021，灭干朽真菌制剂 050026，灭微生物剂 050052，杀昆虫剂 050055，灭鼠剂 050120，抗隐花植物制剂 050135，驱昆虫剂 050178，烟精（杀虫剂）050186，灭幼虫剂 050193，除蛞蝓剂 050195，除莠剂 050204，消灭有害植物制剂 050204，除草剂 050204，鼠药 050216，治小麦枯萎病（黑穗病）的化学制剂 050222，治小麦黑穗病的化学制剂 050222，杀寄生虫剂 050238，治葡蚜用化学制剂 050246，除虫菊粉 050252，土壤消毒制剂 050272，治藤蔓病化学品 050288，杀害虫制剂 050289，蒽油（杀寄生虫用）050311，除藻剂 050312，驱虫用香 050386，杀螨剂 050387，杀虫剂 050439

※农业用杀菌剂 C050048

防蛀剂 050028，粘蝇纸 050035，捕苍蝇用粘胶 050217，粘蝇胶 050217，灭蝇剂 050218，

防蛀纸 **050286**,用于驱虫的杉木 **050379**

※蚊香 **C050032**,熏蚁纸 **C050033**,粘蝇带 **C050034**,卫生球 **C050035**

注:1. 第一、二自然段与 **0105** 第一、二自然段,**0109** 植物生长调节剂,**0113** 水果催熟用激素类似,与第九版及以前版本 **0113** 水果催熟激素交叉检索;

2. 灭干朽真菌制剂,灭微生物剂,土壤消毒制剂,农业用杀菌剂与 **0501** 杀真菌剂,杀菌剂,灭菌剂,卫生消毒剂,消毒剂,**0503** 化学盥洗室用消毒剂类似,与第八版及以前版本 **0503** 污物消毒剂,污物消毒制剂交叉检索;

3. 杀寄生虫剂与 **0501** 杀寄生虫药类似。

0506 卫生用品,绷敷材料,医用保健袋

(一)卫生巾带 **050071**,月经内裤 **050200**,卫生内裤 **050200**,卫生棉条 **050232**,月经带 **050233**,卫生垫 **050233**,卫生巾 **050234**,内裤衬里(卫生用)**050315**,失禁用尿布 **050351**,失禁用吸收裤 **050372**,浸药液的薄纸 **050374**,婴儿尿布 **050412**,婴儿尿裤 **050413**

※消毒纸巾 **C050036**,失禁用衣 **C050049**

(二)防风湿手环 **050015**,防风湿指环 **050016**,橡皮膏 **050019**,治头痛用品 **050027**,防腐棉 **050031**,无菌棉 **050034**,脚戴除鸡眼环 **050040**,包扎绷带 **050049**,医用手镯 **050060**,医用填料 **050072**,医用棉绒 **050073**,敷布 **050089**,医用棉 **050099**,治头痛药笔 **050101**,腐蚀性药笔 **050102**,止血药笔 **050104**,医用敷料 **050114**,外伤药用棉 **050136**,外科敷料 **050140**,敷料纱布 **050155**,脱脂棉 **050176**,能吸附的填塞物 **050176**,外科用肩绷带 **050267**,医用胶带 **050294**,医用胶布 **050294**,药用火棉胶 **050324**,哺乳用垫 **050378**,拇囊炎衬垫 **050391**,医用包足绷带布 **050392**,医用眼罩 **050398**,外科胶水 **050442**,医用棉签 **050447**

※救急包 **C050037**,止血栓 **C050038**,中药袋 **C050039**,药枕 **C050040**,产包 **C050041**,医用保健袋 **C050042**

注:1. 本类似群各部分之间商品不类似;

2. 卫生棉条,卫生垫,卫生巾,浸药液的薄纸,消毒纸巾与 **1603** 卫生纸,纸手帕,卸妆用薄纸,纸餐巾,纸巾,纸制洗脸巾,纸制抹布类似,与第十版及以前版本 **1603** 卸妆用纸巾,第九版及以前版本 **1603** 纸或纤维素制婴儿餐巾(一次性),纸制或纤维制婴儿餐巾(一次性)交叉检索;

3. 消毒纸巾与 **0306** 浸化妆水的薄纸,浸卸妆液的薄纸类似,与第九版及以前版本

36

0306浸化妆品的卫生纸,浸化妆品的薄纸交叉检索;

4. 月经内裤,卫生内裤与2501内裤,女士内裤类似,与第十版及以前版本2501内裤(服装)交叉检索;

5. 失禁用尿布,失禁用吸收裤,婴儿尿布,婴儿尿裤与1004失禁用垫类似,与第九版及以前版本1603纸或纤维素制婴儿尿布(一次性),纸制和纤维制婴儿尿布(一次性),纸或纤维素制婴儿尿布裤(一次性),纸制和纤维制婴儿尿裤(一次性),纸制或纤维制婴儿尿布(一次性)交叉检索;

6. 婴儿尿布,婴儿尿裤与第九版及以前版本2502婴儿纺织品尿布交叉检索;

7. 卫生绷带,包扎绷带,外科用肩绷带与1008矫形用关节绷带,支撑绷带,弹性绷带,悬吊式绷带,矫形用膝绷带,矫形用石膏绷带(模压品),吊带(支撑绷带)类似;与第九版及以前版本1008吊绷带等绷带类商品交叉检索;

8. 治头痛用品与第九版及以前版本0501治头痛药品交叉检索;

9. 医用棉签与0306化妆用棉签类似,与第十版及以前版本0306棉签(梳妆用品)交叉检索。

0507 填塞牙孔用料,牙科用蜡

牙用研磨剂050001,假牙粘合剂050003,牙科用贵重金属合金050010,牙科用汞合金050012,牙科用橡胶050066,牙科用粘固粉050082,牙医用造型蜡050084,牙医制模用蜡050084,牙填料050110,牙科用印模材料050111,牙用光洁剂050112,牙用粘胶剂050113,假牙用瓷料050115,出牙剂050116,牙科用金汞合金050230

0508 单一商品

宠物尿布050440

第六类

普通金属及其合金;金属建筑材料;可移动金属建筑物;铁轨用金属材料;普通金属制非电气用缆线;五金具,金属小五金具;金属管;保险箱;不属别类的普通金属制品;矿石。

【注释】

第六类主要包括未加工的和半加工的普通金属,以及这些金属的简单制品。

本类尤其不包括:

——铝土(第一类);

——汞,锑,碱金属和碱土金属(第一类);

——画家、装饰家、印刷商和艺术家用金属箔及金属粉(第二类)。

0601 普通金属及其合金、板、各种型材(不包括焊接及铁路用金属材料)

未锻造或半锻造的钢 060001,钢合金 060002,铸钢 060005,镍银 060016,铝 060017,青铜 060018,耐磨金属 060027,锌白铜 060031,镀银的锡合金 060032,铍 060043,白合金 060046,镉 060061,铪 060067,铬 060079,铬铁 060080,钴(未加工的)060088,未加工或半加工铜 060109,生铁或半锻造铁 060115,未加工或半加工的铸铁 060133,钼铁 060136,硅铁 060137,钛铁 060138,钨铁 060139,铅封 060146,锗 060147,铟 060154,未加工或半加工黄铜 060157,金属锉屑 060161,普通金属锭 060164,大钢坯(冶金)060168,镁 060169,锰 060174,未加工或半加工普通金属 060182,可自燃金属 060185,钼 060189,镍 060193,铌 060194,未加工或半加工的铅 060214,锌 060223,钽(金属)060246,钛 060251,顿巴黄铜 060253,钨 060257,钒 060259,锆 060264,普通金属合金 060269,铝箔＊060270,锡 060373,马口铁 060374,锡箔 060375,包装和打包用金属箔 060416,粉末状金属＊060434

※钢砂 C060001,铁砂 C060002,白铁皮 C060003,电解铜 C060004,电解铅 C060005,铝锭 C060007,钨粉 C060008,锰粉 C060009,锌粉 C060010,电解镍 C060011,钢纤维 C060043

钢条 060003,钢桅杆 060006,钢板 060010,锚定板 060020,垫板 060020,金属桅杆 060023,金属杆 060024,装甲金属板 060047,铁板 060052,铁条 060131,金属板条 060160,金属桩 060188,金属板桩 060188,金属柱 060205,角铁 060345,金属支架 060372,金属片和金属板 060376,金属陶瓷 060401

注:1. 第三自然段商品与 **0603** 建筑用金属盖板,建筑用金属衬板,金属隔板,建筑用金属板,建筑用金属嵌板,钢模板,建筑用金属平板等金属制板材类似;

2. 锚定板与 **0604** 铁路金属材料类似;

3. 金属支架与第九版及以前版本 **0603** 装货物用金属支架交叉检索;

4. 镁与 **0101** 碱土金属类似。

0602 普通金属管及其配件

钢管 060011,金属喷头 060014,金属喷嘴 060021,绳索用金属套管 060058,中央供暖装置用金属管道 060076,中央供热装置用金属管道 060076,金属水管 060091,金属套筒(金属制品)060092,管道用金属弯头 060099,金属套管柱 060111,金属排水管 060114,金属管 060127,滑油嘴 060151,金属制管套筒 060173,管道用金属接头 060229,金属阀门(非机器零件)060243,金属管道 060258,压缩空气管用金属配件 060267,管道用金属加固材料 060275,紧固管道用金属环 060312,缆绳和管道用金属夹 060313,金属排水阱(阀)060335,油井用金属套管 060337,金属雨水管 060356,金属水管阀 060359,金属分岔管 060366,通风和空调设备用金属管 060415,管道用金属歧管 060420,金属压力水管 060421

※管道用金属墙钩 **C060046**

注:1. 本类似群与 **1108** 第(一)部分商品类似;

2. 金属阀门(非机器零件),金属排水阱(阀),金属水管阀与 **0749** 第(二)部分商品类似;

3. 管道用金属墙钩与第九版及以前版本 **0608** 管道用金属墙钩交叉检索;

4. 跨类似群保护商品:缆绳和管道用金属夹(**0602,0606**)。

0603 金属建筑材料,可移动金属建筑物(不包括建筑小五金)

金属楼梯 060124,金属格栅 060152,金属火箭发射台 060159,可移动金属建筑物 060170,金属围篱 060198,溜冰场(金属结构)060203,金属电线杆 060222,金属蓄水池 060232,可移动的金属温室 060236,金属筒仓 060239,金属格架 060256,鸟舍(金属结构) 060263,不发光金属信号台 060282,游泳池(金属结构)060290,金属制自行车停放设备 060293,金属制简易小屋 060308,喷漆用金属间 060310,金属烟囱罩 060318,金属烟囱管帽 060331,金属建筑物 060339,金属梯 060361,乘客登乘用可移动金属梯 060362,电线用金属杆 060365,金属栅栏 060368,炉用金属护栏 060390,公路防撞用金属护栏 060397,金属广告栏060411,金属烟囱060413,金属烟囱柱060414,金属电话间060422,金属电话亭060422,金属鸡房060425,(壁炉的)柴架060431,凉亭(金属结构)060436,金属牲畜棚060437,金属猪圈060438,金属预制房(成套组件)060439

※镀锌铁塔C060012,桥梁支承C060013,金属果皮箱C060014,电缆桥架C060015,金属护栏C060034,金属井盖C060035,预应力锚具C060036,金属锚具C060037

钢制百叶卷帘060009,混凝土用金属加固材料060033,金属地板砖060040,金属栅栏用杆060042,建筑用金属架060074,建筑用金属柱060090,金属制屋顶防雨板060098,金属门*060100,窗用铁制品060106,建筑用金属托架060123,建筑用金属附件060140,金属固定百叶窗060156,室外金属百叶窗060158,金属楼梯基(楼梯部件)060162,金属楣060165,金属台阶(梯子)060177,金属门廊(建筑)060179,墙用金属包层(建筑)060192,建筑用金属盖板060195,金属百叶窗060197,墙用金属衬料(建筑)060201,金属制帐篷桩060208,金属天花板060209,金属地板060210,建筑用金属包层060211,建筑用金属衬板060211,金属屋瓦060213,金属跳水板060215,金属大门060218,金属门板060219,金属梁060224,金属搁栅060225,预制金属台060226,金属槛060233,金属屋顶060252,金属旋转栅门060255,金属竖铰链窗060260,钢结构建筑060266,金属护壁板060274,建筑用金属加固材料060276,金属建筑材料060291,混凝土用金属模板060292,金属铺路块料060294,金属窗框060315,温室用金属架060316,金属垫路板060317,建筑用金属砖瓦060321,金属砖地板060322,建筑用金属框架060328,金属门框060329,金属门框架060329,金属檐槽060332,金属隔板060336,金属檐口060343,檐板金属嵌条060344,金属窗060346,门用铁制品060347,金属检修孔盖060349,金属制屋顶覆盖物060350,金属楼梯踏板060355,金属脚手架060360,建筑用金属板060381,建筑用金属嵌板060381,金属制防昆虫纱窗060428,金属耐火建筑材料060435,金属制街道排水沟060441,金属墙砖060445,金属铺地平板060446,建筑用金属平板060447,金属梯凳060448,太阳能电池组成的金属屋顶板060449,金属装甲门060450

※钢模板C060016,金属脚手架扣件C060038,铝塑板C060042

注:1. 建筑用金属盖板,建筑用金属衬板,金属隔板,建筑用金属板,建筑用金属嵌板,钢模板,建筑用金属平板等金属制板材与0601第三自然段商品类似;

2. 铝塑板与第八版及以前版本1909铝塑板(以塑料为主)交叉检索;

3. 金属门,金属固定百叶窗,室外金属百叶窗,金属百叶窗,金属大门,金属竖铰链窗,金属窗等金属制门窗与1909塑钢门窗类似;

4. 本类似群与第九版及以前版本0615金属鸟舍(建筑物)交叉检索;

5. 预应力锚具与0733预应力锚具张拉设备类似;

6. 金属脚手架扣件与第七版及以前版本 **0607** 金属脚手架扣件交叉检索；

7. 金属旋转栅门与第九版及以前版本 **0914** 自动旋转栅门交叉检索；

8. 太阳能电池组成的金属屋顶板与 **0922** 太阳能电池,发电用太阳能电池板类似。

0604 铁路用金属材料

铁路转辙器 060013,铁路道岔 060013,铁路金属材料 060089,铁路金属护轨 060095,鱼尾形接轨夹(铁路)060116,金属轨道 060129,转车盘(铁道)060212,铁路用金属枕木 060245,铁路货车用金属载量规杆 060326,缆索铁道永久导轨用金属材料 060330

※止轮器 **C060017**,铁道防爬器 **C060018**

注:铁路金属材料与 0601 锚定板类似。

0605 非电气用缆索和金属线、网、带

钢箍 060003,钢丝 060004,铝丝 060019,装卸用金属吊带 060026,带刺金属丝 060041,高架缆车的缆绳 060057,普通金属线 060108,铁箍 060131,铁丝 060132,金属丝网 060184,普通金属合金丝(除保险丝外)060268,捆扎用金属带 060285,包装或捆扎用金属带 060285,捆扎用金属线 060286,装卸用金属带 060305,装卸用金属吊索 060306,金属制非电气缆绳 060311,农业用金属捆扎线 060319,金属绳索 060341,非绝缘铜线 060353,金属捆扎物 060363,金属捆扎线 060396,金属绳 060427

※电焊网 **C060020**,钢带 **C060044**,铁带 **C060045**

0606 缆绳用非电气金属附件

非电气缆绳用金属接头 060059,缆绳和管道用金属夹 060313,缆绳用金属接线螺钉 060314

※铁接板 **C060021**,马蹄形钩环(脚扣、铁鞋)**C060022**,紧线夹头 **C060023**,铝合金滑车 **C060024**

注:跨类似群保护商品:缆绳和管道用金属夹(0602,0606)。

0607 钉及标准紧固件

金属垫圈 060037,金属环 * 060038,金属止动环 * 060038,盒用金属紧固扣件 060048,金属螺栓 060049,垫片(填隙片)060063,金属栓 060078,金属开尾销 060082,钉子 060085,角钉 060086,平头钉 060086,金属膨胀螺栓 060087,金属钩(扣钉)060102,金属扣钉(钩)060102,金属螺丝 060118,销(五金件)060141,有眼螺栓 060143,吊环螺钉 060143,攀登用鞋底钉 060149,金属铆钉 060217,五金器具 * 060227,小五金器具 * 060227,金属塞 060296,普通金属扣(五金器具)060298,金属螺母 060364

※键销 C060025,车辆紧固用螺丝 C060039

注:跨类似群保护商品:五金器具(0607,0608,0609);小五金器具(0607,0608,0609)。

0608 家具及门窗的金属附件

建筑或家具用镍银附件 060015,金属门闩 060022,金属制窗锁 060035,金属制窗挡 060035,门用金属阻尼器 060036,金属铰链 * 060068,金属安全链 060071,金属铰链连接器 060073,吊窗滑轮 060075,窗用小滑轮 060075,窗扉栓 060104,铜环 060110,金属窗栓 060125,窗用金属附件 060130,关门器(非电动)060135,门弹簧(非电动)060135,床用金属脚轮 060166,金属闩 060167,金属门环 060180,家具用金属脚轮 060187,金属衣服挂钩 060202,金属门把手 060216,金属门插销 060220,五金器具 * 060227,小五金器具 * 060227,金属挡块 060238,扁插销 060247,球形金属把手 060301,非电动开门器 060320,金属合页 060327,滑动门用金属小滑轮 060348,挂衣杆用金属钩 060352,金属制固定式毛巾分配器 060358,家具用金属附件 060380,床用金属附件 060393,门用金属附件 060394,非电动开窗器 060443,非电动关窗器 060444,金属制浴缸扶手 060451

※磁碰块 C060026,家用金属滑轨 C060040

注:1. 金属门闩,金属闩与第十版及以前版本 0603 金属闩交叉检索;
2. 金属门把手,球形金属把手与第九版及以前版本 0609 金属把手包头,2103 球形瓷把手,瓷制门把手交叉检索;
3. 跨类似群保护商品:五金器具(0607,0608,0609);小五金器具(0607,0608,0609)。

0609 日用五金器具

手杖用金属包头 060064,门前刮鞋垫 060113,金属门铃(非电动)060121,金属工具柄 060171,手柄用金属包头 060172,普通金属制钥匙圈 060221,五金器具 * 060227,小五金器具 * 060227,铃 * 060241,金属包头 060262,金属扫帚柄 060281,金属刀柄 060342,金属镰刀柄 060378

※金属钥匙链 C060027,帐圈 C060028

注:跨类似群保护商品:五金器具(0607,0608,0609);小五金器具(0607,0608,0609)。

0610 非电子锁

挂锁 060062,钥匙 060083,金属锁(非电)060144,弹簧锁 060153,锁簧 060204,运载工具用金属锁 060237,包用金属锁 060379,汽车车轮锁 060426

注:本类似群商品(除钥匙外)与 0920 电锁类似。

0611 保险箱柜,金属柜

金属现金盒 060029,保险柜 060034,现金保险箱 060066,金属食品柜 060392,金属藏肉柜 060392

0612 金属器具,金属硬件(非机器零件)

机器传动带用金属扣 060012,金属带式铰链 060039,丁字砧 060045,金属法兰盘 060054,铁砧 060097,金属制皮带张紧器 060101,金属挂锅钩 060103,钩子(金属器具)060105,搬运用金属货盘 060175,运输用金属货盘 060176,金属虎钳爪 060191,弹簧(金属制品)060206,金属滑轮(非机器用)060207,金属线拉伸器(张力环)060230,铁砧(便携式)060248,张力环 060249,钢滚珠 060265,机器传动带用金属加固材料 060277,金属制钳工台 060283,铁带拉伸器(张力环)060284,装卸用金属货盘 060325,石板用钩(金属器具)060351,软管用非机械金属绕轴 060357,软管用非机械金属卷轴 060369,金属带拉伸器(张力环)060383,金属制岩钉 060430,金属托盘 * 060440

注:钢滚珠与第九版及以前版本0750滚珠,轴承滚珠交叉检索。

0613 金属容器

压缩气体或液态空气瓶(金属容器)060050,贮酸金属容器060065,锡罐060093,金属储藏盒060093,存储和运输用金属容器060094,冷铸模(铸造)060096,压缩气体或液态空气用金属容器060112,马口铁制包装物060119,金属信箱060120,金属制冰块模060150,金属筐060199,金属包装容器060231,(贮液或贮气用)金属容器060232,搅拌灰浆用金属槽060279,金属琵琶桶060287,金属桶箍060288,金属桶060289,普通金属盒060295,桶用金属塞060296,金属密封盖060297,金属瓶盖060299,金属瓶帽060299,瓶用金属密封盖060299,金属瓶塞060300,瓶用金属紧固塞060300,液态燃料用金属容器060338,金属浮动容器060340,金属大桶060354,金属铸模060384,金属桶架060391,容器用金属盖060395,金属箱060398,桶用金属活嘴060402,金属卸料斗(非机械)060418,金属工具箱(空)060423,金属工具盒(空)060424,瓶用金属螺旋盖060442

※集装箱C060030,压缩气体钢瓶和液压气减压阀C060031,啤酒罐C060032

注:1. 冷铸模(铸造)与0736铸模(机器部件),压铸模,0735冷冲模类似;

2. 金属信箱与第九版及以前版本0603金属信箱交叉检索;

3. 本类似群与第十版及以前版本0609金属密封盖,金属瓶盖,金属瓶帽,瓶用金属密封盖,金属瓶塞,瓶用金属紧固塞,瓶用金属螺旋盖交叉检索。

0614 金属标牌

运载工具用金属徽标060155,不发光金属门牌060196,不发光、非机械的金属信号板060200,不发光、非机械的金属路牌060228,不发光、非机械的金属标志060235,金属标志牌060370,金属纪念标牌060389,金属身份牌060399,金属车牌060400,普通金属制字母和数字(铅字除外)060419

0615 动物用金属制品

拴牲畜的链子060044,马掌钉060077,靴刺060122,动物挂铃060240,鸟食台(金属结构)060280,金属制兽笼060433

0616 焊接用金属材料(不包括塑料焊丝)

银焊料060030,铜焊合金060053,金属焊丝060242,铜焊金属焊条060302,铜焊及焊接用金属棒060303,金属焊条060304,金焊料060417

※焊锡丝 C060033

0617 锚,停船用金属浮动船坞,金属下锚桩

金属下锚柱060271,船只停泊用金属浮动船坞060272,锚 * 060273,金属系船浮标060412

注:锚与0734船用自动锚类似,与第九版及以前版本0734航海自动小锚,1210船锚,小船用锚,锚链交叉检索。

0618 手铐,金属制身份鉴别手环

金属制身份鉴别手环060051,手铐060181

注:金属制身份鉴别手环与2010类似。

0619 (测气象或风力的)金属风标

金属风向标060148,金属风力驱鸟器060432

0620 金属植物保护器

树木金属保护器060028

0621 捕野兽陷阱

捕野兽陷阱 * 060025

0622 普通金属艺术品,青铜(艺术品)

青铜制艺术品060056,普通金属塑像060244,普通金属艺术品060278,普通金属制半身塑像060307,普通金属小雕像060382,普通金属小塑像060382

0623 矿石,矿砂

铬矿石060081,铁矿石060134,方铅矿(矿石)060145,褐铁矿060163,金属矿石060183

0624 金属棺(埋葬用),金属棺材扣件,棺材用金属器材

墓碑用青铜制品060055,墓碑用青铜制纪念物060055,金属纪念碑060190,金属墓060254,金属墓穴060323,棺材用金属附件060324,墓穴用金属围栏060367,金属墓板060385,墓碑用金属制纪念物060386,金属墓碑标牌060387,金属墓碑柱060388

第七类

机器和机床;马达和引擎(陆地车辆用的除外);机器联结器和传动机件(陆地车辆用的除外);非手动农业器具;孵化器;自动售货机。

【注释】

第七类主要包括机器、机床、马达和引擎。

本类尤其包括:

——各类马达和引擎的部件;

——电动清洁机器和装置。

本类尤其不包括:

——某些特殊的机器和机床(查阅按字母顺序排列的商品分类表);

——手动的手工具和器具(第八类);

——陆地车辆用马达和引擎(第十二类)。

0701 农业用机械及部件(不包括小农具)

农业机械070008,农业起卸机070009,犁070028,打谷机070043,收割机械070051,割草机和收割机070051,捆干草装置070058,捆干草机070058,谷物脱壳机070089,玉米脱粒机070089,犁铧070100,中耕机070138,铲草皮犁070148,排水机070158,植物茎、柄、叶分离器(机器)070168,谷物脱粒机070169,摊晒机070186,割草机用刀070188,割草机070201,切草机070210,稻草切割机070210,耙土机070213,喷雾器(机器)070214,喷雾机(机器)070214,喷雾机070214,切草机刀片070223,收割机070268,收割捆扎机070269,收割脱粒机070270,耙机用耙070323,耙机070324,除草机070344,播种机(机器)070348,扬谷机070379,非手动的农业器具070388,机动中耕机070513

※插秧机C070001,植树机C070002,种子发芽器C070003,沼气出料机C070004,种子清洗设备C070005,砻谷机C070097,采茶机C070366

注:1. 喷雾器(机器),喷雾机(机器),喷雾机与0803杀虫剂用喷雾器(手工具),杀虫剂用喷洒器类似,与第九版及以前版本0803杀虫喷雾器(手工具),杀虫剂喷雾器(手工具),杀虫用喷雾器交叉检索;

2. 排水机与 **1108** 农业用排灌机类似；

3. 本类似群与第十版及以前版本 **0709** 砻谷机,第七版及以前版本 **0708** 采茶机交叉检索。

0702 渔牧业用机械及器具

（一）水族池通气泵 **070005**,收网机(捕鱼具) **070478**

（二）粉碎机 **070153**,轧饲料机 **070195**,工业用切碎机(机器) **070419**,机械化牲畜喂食器 **070517**

※饲料粉碎机 **C070006**,青饲料切割机 **C070007**,块根切碎机 **C070008**,饲料蒸煮器(饲料加工机械部件) **C070009**

（三）挤奶机 **070367**,挤奶机用奶头杯 **070368**,挤奶机用吸杯 **070368**,孵卵器 **070442**
※蜜蜂巢础机 **C070010**,蛋鸡笼养设备 **C070011**,摇蜜机 **C070012**

（四）动物剪毛机 **070431**

（五）※盐池压平机 **C070441**,起盐机 **C070442**

注：**1.** 本类似群各部分之间商品不类似；

2. 跨类似群保护商品：粉碎机(**0702** 第(二)部分,**0725,0733,0752**)；工业用切碎机(机器)(**0702** 第(二)部分,**0709,0752**)；

3. 本类似群第(二)部分与第八版及以前版本 **0753** 粉碎机,粉碎机(机器),工业用切碎机(机器)交叉检索。

0703 伐木、锯木、木材加工及火柴生产用机械及器具

锯台(机器部件) **070035**,木材加工机 **070055**,凿榫机 **070071**,刨花机 **070071**,锯条(机器部件) **070226**,锯条夹(机器部件) **070227**,刨削机 **070321**,机锯(机器) **070341**

※铰盘机 **C070013**,编筏机 **C070014**,原木传送机 **C070015**,制木屑的机器 **C070016**,拼板机 **C070017**,火柴生产工业用机器 **C070018**

注: 机锯(机器),锯条(机器零件)与 **0742** 链锯,带锯,圆锯片(机器零件),龙锯,截锯(机器零件),往复锯类似。

0704 造纸及加工纸制品工业用机械及器具

(一)研光辊 **070240**,造纸机 **070291**,研光机 **070292**,造纸机(纸业机器)**070293**

※洗浆机 **C070019**,卷浆机(造纸工业用)**C070020**,造纸用打浆机 **C070021**,脱水机(造纸工业用)**C070022**,筛浆机 **C070023**,轧光机 **C070024**,卷筒机(造纸工业用)**C070025**,平网抄纸机 **C070026**,纸板机 **C070027**,圆筛(造纸机械部件)**C070028**,纸浆泵 **C070029**,蒸煮锅(造纸机械部件)**C070445**

(二)※卫生巾生产设备 **C070367**,纸尿裤生产设备 **C070368**

注: **1.** 本类似群各部分之间商品不类似;
   2. 跨类似群保护商品:研光辊(**0704** 第(一)部分,**0706**,**0712**);研光机(**0704** 第(一)部分,**0706**,**0712**);轧光机(**0704** 第(一)部分,**0706**);
   3. 本类似群第(一)部分与第九版及以前版本 **0712** 研光机交叉检索。

0705 印刷工业用机械及器具

排字机(印刷)**070076**,字模盒(印刷用)**070081**,排字机(照相排版)**070112**,铸字机 **070120**,印刷滚筒 **070140**,印刷机上墨装置 **070175**,压印机 **070180**,在金属薄板上使用的印刷机器 **070216**,印刷版 **070217**,印刷机器 **070218**,印刷机 **070219**,印刷机用油墨辊 **070220**,进纸机(印刷)**070246**,凸版印刷机 **070303**,工业用书籍装订装置和机器 **070327**,轮转印刷机 **070334**,上光机 **070345**,铅板印刷机 **070355**,压纸格(印刷机部件)**070377**,凸版印刷机械 **070378**,印刷用字模 **070436**

※浇铅条机 **C070030**,铅字刨床 **C070031**,胶印机 **C070032**,三色版机(印刷工业机械)**C070033**,自动配页机 **C070034**,折页机 **C070035**,整理机(印刷工业机械)**C070036**,打眼机 **C070037**,铸铅板机 **C070038**,出纸型机 **C070039**,制版机 **C070040**,晒版机 **C070041**,打样机 **C070042**,裁纸机 **C070043**,烫金机 **C070044**,划线机(印刷工业机械)**C070045**,涂刷机 **C070046**,透明胶蜡网线版 **C070047**,印刷胶版 **C070048**,印刷胶辊 **C070049**,胶印锌版 **C070050**,外文模板(印刷用)**C070051**,铜网(印刷用)**C070052**,照相制版用腐蚀机 **C070053**,高速烂版机 **C070054**,印刷用金属镍网 **C070369**

注:印刷版与1618凸印版,胶版,电铸版类似,与第九版及以前版本1618印版,胶印版,电版交叉检索。

0706 纤维加工及纺织、针织工业用机械及部件

织布机卷线轴070054,织袜机070057,针布(梳棉机部件)070079,旋转式脱水机(非加热)070084,针织机滑动架070097,针织机滑板070097,制花边机070151,喷射器070170,纺织机070190,纺车070191,织布机传动齿轮070212,织机轴070224,研光辊070240,织布机070259,精纺机070260,梭(织机零件)070280,研光机070292,起绒毛机070325,织补机070329,梳棉机070364,织带机070372,编织机070374,纺织工业用机器070496

※轧光机C070024,轧花机C070057,清花机C070058,棉籽脱绒机C070059,棉花烘干机C070060,弹花机C070061,风力清籽机C070062,弹花齿条C070063,剥麻机C070064,揉搓机C070065,弹麻机C070066,野生纤维整经机C070067,羽绒加工设备C070068,缫丝机械C070069,绢纺机械C070070,纸质纱管(纺织机配件)C070071,人造丝机械C070074,维尼龙抽丝设备C070075,合成纤维设备C070076,制地毯机械C070077,地毯植绒机C070078,电动织毯机C070079,平毯机C070080

注:1. 纺织工业用机器与0707商品类似;
2. 旋转式脱水机(非加热)与第八版及以前版本0704脱水机交叉检索;
3. 跨类似群保护商品:旋转式脱水机(非加热)(0706,0724);研光辊(0704第(一)部分,0706,0712);研光机(0704第(一)部分,0706,0712);轧光机(0704第(一)部分,0706);
4. 本类似群与第九版及以前版本0712研光机交叉检索。

0707 印染工业用机械

上浆机070013,染色机070362

※丝光机C070081,烧毛机C070082,平洗机C070083,蒸化机C070084,热风干燥拉幅机C070085,印染胶辊C070086,印花花筒雕刻设备C070087,印花机煮炼锅C070088

注:1. 印花花筒雕刻设备与0712压花机类似;
2. 本类似群与0706纺织工业用机器类似。

0708 制茶工业用机械

※制茶机械 C070089，揉捻机（制茶工业用）C070090，萎凋机（制茶工业用）C070091，杀青机（制茶工业用）C070092，烘干机（制茶工业用）C070093，斜锅机（制茶工业用）C070094，解块机（制茶工业用）C070095，压茶砖机 C070096

0709 食品业用机械及部件

搅动机 070007，搅拌机 070026，搅乳器 070038，磨粉机（机器）070042，奶油机 070046，瓶子冲洗机 070065，乳脂分离器 070083，离心碾磨机 070087，绞肉机（机械）070211，碎肉机（机械）070211，制酪机 070222，石磨 070262，碾碎机 070263，磨面机 070266，混合机（机器）070267，切面包机 070288，和面机 070295，制意式面食机 070296，香肠机 070346，制糖机 070356，工业用切碎机（机器）070419，制食品用电动机械 070423，削皮机 070454，蔬菜轧碎机 070455，篮式压榨机 070533

※碾米机 C070098，压面机 C070100，切面机 C070101，饼干印形机 C070102，粉条机 C070103，馒头机 C070105，包饺子机 C070106，榨油机 C070107，甘蔗压榨机 C070108，罐头工业用机器设备 C070109，洗罐机 C070110，豆芽机 C070111，水果剥皮机 C070112，胶体磨（食品工业用）C070113，食品包装机 C070114，屠宰机 C070116，食品工业用磨浆机 C070370

注:1. 食品包装机与 0721 包装机类似；
2. 本类似群与第八版及以前版本 0753 混合机（机器），搅拌机，搅拌机（机器），工业用切碎机（机器）交叉检索；
3. 跨类似群保护商品：搅动机（0709，0723，0733）；搅拌机（0709，0723，0733）；混合机（机器）（0709，0723，0733）；工业用切碎机（机器）（0702 第（二）部分，0709，0752）；磨粉机（机器）（0709，0725）；瓶子冲洗机（0709，0710）；离心碾磨机（0709，0723，0725）。

0710 酿造、饮料工业用机械

抽啤酒用压力装置 070012，饮料加气设备 070056，瓶子冲洗机 070065，酿造机器 070066，酿葡萄酒用压榨机 070102，汽水加气设备 070163，制矿泉水机械 070164，电动制饮料机 070315

注:1. 本类似群与第八版及以前版本**0709**瓶子冲洗机交叉检索；

　　2. 跨类似群保护商品:瓶子冲洗机(**0709,0710**)。

0711 烟草工业用机械

工业用卷烟机**070103**,烟草加工机**070255**

0712 皮革工业用机械

制革机**070136**,剥皮革机**070157**,去肉机(皮革工业用)**070166**,研光辊**070240**,研光机**070292**

※鞣制机(皮革工业用)**C070118**,磨革机**C070119**,喷光机(皮革工业用)**C070120**,压花机**C070121**,烫平机(皮革工业用)**C070122**,喷色机(皮革工业用)**C070123**,皮革喷浆机**C070124**,皮革修整机**C070125**

注:1. 压花机与**0707**印花花筒雕刻设备类似;

　　2. 跨类似群保护商品:研光辊(**0704**第(一)部分,**0706,0712**);研光机(**0704**第(一)部分,**0706,0712**)。

0713 缝纫、制鞋工业用机械

刺绣机绷圈**070067**,缝纫机踏板传动装置**070111**,缝合机**070128**,卷边机**070283**,熨衣机**070328**,鞋楦头(机器部件)**070352**,绕线轴(机器部件)**070408**,缝纫机**070440**,纺织品用便携式旋转蒸汽熨压机**070480**

※包缝机**C070126**,锁扣机**C070127**,撬边机**C070128**,鞋底压切机**C070129**,补鞋机**C070130**,裁布机**C070131**,下料机(缝纫机械)**C070132**,工业缝纫机台板**C070133**

0714 自行车工业用设备

自行车组装机械**070512**

※自行车工业用机器设备**C070134**,车链机**C070135**,车圈机**C070136**,滚挡泥板机**C070137**

0715 陶瓷、砖、瓦制造机械

陶匠用旋轮 070420

※陶瓷工业用机器设备（包括建筑用陶瓷机械）C070138，制砖机 C070371，制瓦机 C070372

0716 工业用雕刻、打标机械

雕刻机 070207

※塑料套管印字切割机 C070055，塑料导线印字机 C070056，电线印号机 C070295，电脑刻绘机 C070373，电脑刻字机 C070374，电脑割字机 C070375，工业打标机 C070440

注：本类似群与第十版及以前版本 0705 塑料套管印字切割机，塑料导线印字机，0742 电线印号机交叉检索。

0717 制电池机械

※电池机械 C070139，轧线机（电池制造机械）C070140，电池芯加工机 C070141，上电池底机 C070142，蓄电池工业专用机械 C070143

0718 日用杂品加工机械

制绳机 070119

※土特产杂品加工机械 C070144，蚕种脱水机 C070145，制筷机 C070150，脱皮开壳两用机 C070151，制笔机械 C070152，制蜡烛机 C070153

※织苇席机 C070146，草垫机 C070147，织草席机 C070148，草帽机 C070149

注：1. 本类似群根据商品功能、用途确定类似商品；
　　2. 本类似群第三自然段商品之间类似。

0719 制搪瓷机械

※制搪瓷机械 C070154

0720 制灯泡机械

※制灯泡机械 C070155

0721 包装机械（不包括成套设备专用包装机械）

胶带分配器（机器）070004，捆扎机 070052，装瓶机 070064，包装机 070177，打包机 070294，工业用封口机 070347，装填机 070353，瓶子盖塞机 070410，瓶子压盖机 070411，瓶子封口机 070412，包装机（打包机）070499，封塑料用电动装置（包装用）070541

※烫号机 C070156，钞票捆扎机 C070157，气动捆扎机 C070377

注:1. 包装机与 0709 食品包装机类似；

   2. 本类似群与第七版及以前版本 0743 气动捆扎机交叉检索；

   3. 封塑料用电动装置（包装用）与第九版及以前版本 0903 封塑料用电动器械（包装用）交叉检索。

0722 民用煤加工机械

※蜂窝煤机 C070158，煤球机 C070159

0723 厨房家用器具（不包括烹调、电气加热设备及厨房手工具）

搅动机 070007，搅拌机 070026，离心碾磨机 070087，洗碗机 070231，厨房用电动轧碎机 070256，混合机（机器）070267，家用非手动研磨机 070277，电动开罐器 070287，非手动胡椒研磨机 070307，电搅拌器 070403，非手动磨咖啡机 070415，家用电动搅拌机 070444，厨房用电动机器＊070445，家用电动打蛋器 070459，家用电动榨水果机 070460，食品加工机（电动）070475，厨房用电动碾磨机 070553

※家用切菜机 C070160，家用切肉机 C070161，家用豆浆机 C070378

注:1. 本类似群与第八版及以前版本 0753 混合机（机器），搅拌机，搅拌机（机器）交叉检索；

   2. 本类似群与第八版及以前版本 0709 离心碾磨机交叉检索；

   3. 跨类似群保护商品：搅动机（0709，0723，0733）；搅拌机（0709，0723，0733）；混合机（机器）（0709，0723，0733）；离心碾磨机（0709，0723，0725）。

0724 洗衣机

旋转式脱水机(非加热)**070084**,洗衣机**070234**,投币启动的洗衣机**070236**,洗衣用甩干机**070239**

※干洗机 **C070379**

注:1. 本类似群与**1106**电动干衣机类似,与第九版及以前版本**1106**家用干衣机(电烘干)交叉检索;
　　2. 本类似群与第八版及以前版本**0704**脱水机交叉检索;
　　3. 本类似群与第八版及以前版本**0706**旋转式脱水机,干燥机(脱水式)交叉检索;
　　4. 跨类似群保护商品:旋转式脱水机(非加热)(**0706**,**0724**)。

0725 制药工业用机械及部件

磨粉机(机器)**070042**,离心碾磨机**070087**,粉碎机**070153**

※制药加工工业机器 **C070162**,制丸机 **C070163**,糖衣机 **C070164**,压片机 **C070165**,药物粉碎机 **C070166**,制药剂专用离心机(不包括化工通用的离心机) **C070167**,制药剂专用板框压滤机(不包括化工通用的板框压滤机) **C070168**

注:1. 本类似群与第八版及以前版本**0753**粉碎机,粉碎机(机器)交叉检索;
　　2. 本类似群与第八版及以前版本**0709**磨粉机(机器),离心碾磨机交叉检索;
　　3. 跨类似群保护商品:磨粉机(机器)(**0709**,**0725**);离心碾磨机(**0709**,**0723**,**0725**);粉碎机(**0702**第(二)部分,**0725**,**0733**,**0752**)

0726 橡胶、塑料工业机械

模压加工机器**070206**,过热机**070357**,硫化器**070384**,塑料加工机器**070544**

※切胶机 **C070169**,碾胶机 **C070170**,炼胶机 **C070171**,洗胶机 **C070172**,擦胶机 **C070173**,粘胶机 **C070174**,滤胶机 **C070175**,轮胎成型机 **C070176**

※塑料切粒机 **C070177**,干塑模压瓦机 **C070178**,注塑机 **C070179**,电子冲塑机(塑料印刷表面处理) **C070180**,加工塑料用模具 **C070181**,塑料绕丝机 **C070182**,制塑料桶(罐)设备 **C070380**,生产球拍线机械 **C070436**

注:1. 第二自然段为橡胶工业用机器,第三自然段为塑料工业用机器;
2. 生产球拍线机械与第九版及以前版本 **0753** 生产球拍线机械交叉检索。

0727 玻璃工业用机械

玻璃加工机 **070382**

※玻璃工业用机器设备(包括日用玻璃机械)**C070183**,自动吹制机(玻璃加工机械)**C070184**,制瓶机 **C070185**,脱管机(玻璃加工机械)**C070186**,卷管机(玻璃加工机械)**C070187**,管件磨口机(玻璃加工机械)**C070188**,磨光玻璃抛光机 **C070189**,玻璃切割机 **C070190**

0728 化肥设备

※化肥制造设备 **C070191**,合成塔(化肥制造设备)**C070192**,冷凝塔 **C070193**,铜洗塔 **C070194**,碱洗塔 **C070195**,氨分离塔 **C070196**,滤油塔 **C070197**,尿素合成塔 **C070198**,水洗塔 **C070199**

0729 其他化学工业用机械

化学工业用电动机械 **070490**

※硫酸制造设备 **C070200**,纯碱制造设备 **C070201**,合成酒精设备 **C070202**,电解水制氢氧设备 **C070203**,制甘油酚类用机械设备 **C070204**,焦化设备 **C070205**

※制虫胶、骨胶用设备(槽搅合机)**C070206**,制清胶机 **C070207**,碎骨机 **C070208**,研胶机 **C070209**

※林产化学设备 **C070210**,松香制造设备 **C070211**,木材干馏设备 **C070212**,木材水解设备 **C070213**

※油漆加工用机器 **C070214**

※炸药及火工制品用机械设备 **C070215**

※制牙膏设备 **C070216**,化妆品生产设备 **C070217**

0730 地质勘探、采矿、选矿用机械

冲洗机 **070063**,炉渣筛(机器)**070082**,截煤机 **070094**,采掘机 **070185**,拖运设备(矿井

用)**070185**,采矿钻机**070264**,矿砂处理机械**070265**,钻机**070299**,矿井作业机械**070342**

※地质勘探、采矿选矿用机器设备**C070218**,浮选机**C070219**,磁选机**C070220**,洗矿机**C070221**,采矿用电笛**C070222**,矿杂质沉淀机**C070223**,矿山杂物排除机**C070224**,矿井卷扬机**C070225**,矿井排水泵**C070226**,矿用声控自动喷雾装置(矿井降尘)**C070227**

0731 冶炼工业用设备

炼钢厂转炉**070003**,切断机(机器)**070123**,轧钢机滚筒**070141**,轧钢机**070228**,搅炼机**070319**,催化转化器**070482**

※铸铁机**C070228**,混铁炉**C070229**,盛钢水桶**C070230**,补炉机**C070231**,炼焦机**C070232**,回转窑**C070233**,焙烧炉**C070234**,铸造(锭)机**C070235**

0732 石油开采、精炼工业用设备

钻探装置(浮动或非浮动)**070462**,油精炼机器**070498**

※石油开采、石油精炼工业用机器设备**C070236**,石油化工设备**C070237**,石油钻机**C070238**,石油专用泥浆泵**C070239**,洗井机**C070240**,通井机**C070241**,石油专用抽油泵**C070242**

0733 建筑、铁道、土木工程用机械

搅动机**070007**,压路机**070014**,蒸汽压路机**070014**,搅拌机**070026**,粉刷机**070030**,打浆机**070044**,混凝土搅拌机(机器)**070045**,沥青制造机**070050**,推土机**070069**,机器铲**070070**,粉碎机**070153**,挖掘机**070184**,涂焦油机**070202**,撞锤(机器)**070263**,混合机(机器)**070267**,石材加工机**070301**,铺轨机**070322**,筑路机**070340**,铁路建筑机器**070383**,挖掘机(机器)**070397**,夯锤(机器)**070404**,铲土机**070417**,开沟犁**070458**

※掘土机**C070244**,挖沟机**C070245**,松土机**C070246**,铲运机**C070247**,打桩机**C070248**,刮泥机**C070249**,多用养路机**C070250**,灌浆机**C070251**,钢筋拨机**C070252**,联合抹灰机**C070253**,起道机**C070254**,混凝土振动器**C070255**,石材切割机**C070381**,装载机**C070382**,水下清淤机**C070383**,钢筋切断机**C070384**,预应力锚具张拉设备**C070385**,夯实机**C070386**,铁路液压养路机具**C070450**

注:1. 预应力锚具张拉设备与**0603**预应力锚具类似;

2. 铁路液压养路机具与第十版及以前版本 **0604** 铁路液压养路机具交叉检索；

3. 本类似群与第七版及以前版本 **0730** 石材切割机，**0734** 装载机交叉检索；

4. 本类似群与第八版及以前版本 **0753** 混合机（机器），搅拌机，粉碎机，粉碎机（机器）交叉检索；

5. 跨类似群保护商品：搅动机（**0709**，**0723**，**0733**）；搅拌机（**0709**，**0723**，**0733**）；粉碎机（**0702** 第（二）部分，**0725**，**0733**，**0752**）；混合机（机器）（**0709**，**0723**，**0733**）。

0734 起重运输机械

升降机（运送滑雪者上坡的装置除外）**070023**，电梯（升降机）**070024**，带式输送机 **070037**，绞盘 **070072**，船用自动锚 **070073**，起重机 **070095**，装卸斜面台 **070096**，升降机传动带 **070127**，搬运用气垫装置 **070129**，齿条齿轮千斤顶 **070132**，千斤顶（机器）**070135**，卸料斗（机械卸斗）**070145**，升降设备 **070172**，自动扶梯 **070178**，升降装置 **070237**，装卸设备 **070245**，悬臂起重机 **070251**，卡车用千斤顶 **070271**，货车用千斤顶 **070271**，气动传送装置 **070304**，天车 **070313**，气动管道传送器 **070370**，运输机（机器）**070371**，卷扬机 **070373**，起重机（提升装置）**070453**，自动人行道 **070518**，电梯操作装置 **070540**，升降机操作装置 **070540**，气动千斤顶 **070554**

※起重葫芦 **C070256**，起重电磁铁 **C070257**，输送机 **C070387**，提升机 **C070388**，带升降设备的立体车库 **C070389**

注：1. 齿条齿轮千斤顶，千斤顶（机器），卡车用千斤顶，货车用千斤顶，气动千斤顶与 **0808** 手动千斤顶类似，与第九版及以前版本 **0808** 手操作千斤顶交叉检索；

2. 船用自动锚与 **0617** 锚类似，与第九版及以前版本 **1210** 船锚，小船用锚，锚链交叉检索；

3. 电梯操作装置，升降机操作装置与第九版及以前版本 **0914** 升降机操作设备，升降机操作装置交叉检索；

4. 本类似群与第十版及以前版本 **0749** 气动传送装置，气动管道传送器交叉检索。

0735 锻压设备

整修机（机械加工装置）**070159**，旋转锻造机 **070173**，印模冲压机 **070181**，锤（机器部件）**070247**，动力锤 **070248**，气锤 **070249**，杵锤 **070250**，金属加工机械 **070258**，穿孔机冲头 **070305**，穿孔机 **070306**，冲床（工业用机器）**070316**，整形机 **070326**，电锤 **070489**

※水压机 **C070258**,液压机 **C070259**,自动镦锻机 **C070260**,冷冲模 **C070269**

注:**1.** 本类似群与 0743 手动液压机类似;

　　2. 本类似群与第八版及以前版本 0742 穿孔机冲头,穿孔机,冲床(工业用机器),金属加工机械,机械加工装置交叉检索;

　　3. 印模冲压机,冷冲模与第九版及以前版本 0736 印模冲压机,冷冲模交叉检索;

　　4. 冷冲模与 0613 冷铸模(铸造)类似;

　　5. 跨类似群保护商品:整修机(机械加工装置)(0735,0742 第(一)部分);金属加工机械(0735,0736,0742 第(一)部分);整形机(0735,0742 第(一)部分)。

0736 铸造机械

铸造机械 **070196**,金属加工机械 **070258**,铸模(机器部件)**070276**,铸模机 **070278**

※铸管机 **C070261**,铸铁丸设备 **C070262**,冷室压铸机 **C070263**,热室压铸机 **C070264**,铸球机 **C070265**,铸片机 **C070266**,炭化钨模子 **C070267**,压铸模 **C070268**,震动翻砂机 **C070270**,全自动振动应力消除装置 **C070390**,铸件设备 **C070391**

注:**1.** 铸模(机器部件),压铸模与 0613 冷铸模(铸造)类似;

　　2. 本类似群与第八版及以前版本 0742 金属加工机械交叉检索;

　　3. 跨类似群保护商品:金属加工机械(0735,0736,0742 第(一)部分)。

0737 蒸汽动力设备

引擎锅炉用设备 **070101**,机器锅炉用水垢收集器 **070110**,蒸汽冷凝器(机器部件)**070115**,蒸汽机 **070242**,引擎锅炉管道 **070416**,蒸汽机锅炉 **070429**,引擎锅炉给水装置 **070430**,锅炉管道(机器部件)**070471**

※汽轮机 **C070271**

注:蒸汽机锅炉与 1107 蒸汽锅炉(非机器部件)类似。

0738 内燃动力设备

汽化器供油装置 **070015**,内燃机点火装置 **070016**,柴油机热线火花塞 **070061**,汽化器

070078,内燃机火花塞 070394,内燃机燃料转换装置 070463

※内燃机(非陆地车辆用)C070273,柴油机(陆地车辆用的除外)C070274,煤气机 C070275,汽油机(陆地车辆用的除外)C070276,火花节能器 C070278,化油器 C070280,汽车发动机火花塞 C070392,汽车发动机点火线圈 C070393

注:1. 火花节能器与 1107 燃料节省器,节油器类似;
　　2. 本类似群与第七版及以前版本 1202 汽车零部件,汽车配件,1203 摩托车配件及其他现属于 0738、0748 的发动机零部件等商品交叉检索;
　　3. 本类似群与 0748 第(二)部分类似;
　　4. 本类似群与第七版及以前版本 0750 汽化器,活塞(机器或发动机部件),活塞(机器或发动机零件),活塞环,马达引擎用消声器,发动机和引擎用排气装置交叉检索。

0739 风力、水力动力设备

水轮机 070215,非陆地车辆用涡轮机 070375,风力涡轮机 070523

※风力动力设备 C070281,风力发电设备 C070283,水力动力设备 C070284;水力发电设备 C070437

0740 制办公用针钉机械

※回形针机 C070285,制针机 C070286,图钉机 C070287,大头针制造机 C070288

0741 制纽扣拉链机械

※制纽扣机 C070289,拉链机 C070290

0742 金属切削机床,切削工具和其他金属加工机械

(一)罩套(机器部件)070040,机械台架 070041,攻丝机 070062,外壳(机器部件)070075,防护装置(机器部件)070075,机罩(机器部件)070075,刀(机器部件)070080,铣床 070090,吊架(机器部件)070092,车床 070098,弯曲机 070104,剪削刀(机器)070122,钻头(机器部件)070125,切割机 070146,整修机(机械加工装置)070159,冲切攻丝机 070167,螺

母攻丝机070167, 进料器 (机器部件) 070176, 金属拉丝机070183, 刀片 (机器部件) 070189, 精加工机器070193, 夹盘 (机器部件) 070194, 填料箱 (机器部件) 070198, 开槽机 (机床) 070208, 磨刀机070225, 机床070243, 金属加工机械070258, 磨床070263, 刀具 (机器零件) 070285, 机床用夹持装置070286, 抛光机器和设备 (电动的) 070308, 整形机070326, 机器台070359, 机器防护挡板 (机器部件) 070360, 机床防护板070360, 磨利机070387, 砂轮 (机器部件) 070389, 磨刀轮 (机器部件) 070389, 自动操作机 (机械手) 070421, 机器人 (机械) 070422, 钻头夹盘 (机器部件) 070428, 刻度机070448, 钻头 (机器部件) 070449, 链锯070484, 气动切削吹管070486, 划玻璃刀 (机器部件) 070494

※制钢丝绳机C070296, 织铜网机C070297, 金属丝织机C070298, 钻床C070299, 汽门与汽门座研磨机C070300, 滚齿机C070301, 开齿机C070302, 螺帽攻丝机C070303, 螺栓套丝机C070304, 镗床C070305, 刨床C070306, 制钉机C070307

※车刀C070309, 孔加工刀具C070310, 铣刀C070311, 螺纹加工刀具C070312, 齿轮加工刀具C070313, 拉削刀具C070314, 带锯C070315, 圆锯片 (机器零件) C070316, 龙锯C070317, 截锯 (机器零件) C070318, 往复锯C070319, 气铣C070394, 刀座 (机器部件) C070438

(二) ※制造电线、电缆用机械C070291, 拉线机C070292, 绕线机 (加工电线、电缆用机械) C070293, 装铠机C070294

注:1. 本类似群各部分之间商品不类似;
　　2. 链锯, 带锯, 圆锯片 (机器零件), 龙锯, 截锯 (机器零件), 往复锯与0703机锯 (机器), 锯条 (机器零件) 类似;
　　3. 砂轮 (机器部件) 与0801各种砂轮类似;
　　4. 本类似群第 (一) 部分与第八版及以前版本0735整修机交叉检索;
　　5. 跨类似群保护商品: 整形机 (0735, 0742 第 (一) 部分); 整修机 (机械加工装置) (0735, 0742 第 (一) 部分); 金属加工机械 (0735, 0736, 0742 第 (一) 部分)。

0743 非手动的手持工具

电动大剪刀070105, 电动剪刀070106, 电动刀070131, 非手动的手持工具070284, 电动手操作钻孔器070300, 铆接机070332, 挤压胶粘剂用压缩气枪070456, 电动喷胶枪070476, 枪 (使用火药的工具) 070477

※手电钻 (不包括电煤钻) C070320, 电动螺丝刀C070321, 电动扳手C070322, 电砂轮

机 C070323，液压手工具 C070324，手动液压机 C070325，风动手工具 C070326，除锈机（电动）C070327，气动打钉枪 C070328，角向磨光机 C070395

注：1. 手动液压机与 0735 商品类似；
2. 本类似群与第八版及以前版本 0701 电动刀交叉检索；
3. 本类似群与第七版及以前版本 0742 角向磨光机交叉检索；
4. 挤压胶粘剂用压缩气枪与第十版及以前版本 0749 挤压胶粘剂用压缩气枪交叉检索。

0744 静电、电子工业用设备

※静电工业设备 C070329，电子工业设备 C070330，静电消除器 C070331，印刷电路板处理机 C070396

0745 光学工业用设备

※光学冷加工设备 C070332，眼镜片加工设备 C070333

0746 气体分离设备

※气体分离设备 C070334，制氧、制氮设备 C070335，稀有气体提取设备 C070336，气体液化设备 C070337，生产二氧化碳设备 C070338

0747 喷漆机具

涂漆机 070297，油漆喷枪 070298，喷颜色用喷枪 070514
※喷漆机 C070339，喷漆枪 C070340

0748 发电机、非陆地车辆用马达和引擎及其零部件

（一）交流发电机 070018，发电机刷 070033，自行车用发电机 070047，炭刷（电）070093，电流发生器 070124，发电机传动带 070126，马达和引擎启动器 070150，发电机 070160，发电机组 070171，点火式磁发电机 070244，定子（机器零件）070354，紧急发电机 070492，摩托车

62

用脚踏启动器070516

※电刷(发电机部件)C070446

(二)净化冷却空气用过滤器(引擎用)070010,飞机引擎070029,活塞环070032,引擎喷油嘴070077,接头(引擎部件)070118,密封接头(引擎部件)070118,引擎汽缸盖070137,机器汽缸070139,汽缸活塞070197,非陆地车辆用传动马达070241,非陆地车辆用喷气发动机070272,马达和引擎用防污染装置070273,引擎活塞070274,活塞(机器或发动机部件)070302,马达和引擎用传动带070343,气垫船用引擎070380,马达和引擎用风扇070381,航空引擎070386,气动引擎070391,马达和引擎用节油器070400,船用引擎070401,船用马达070402,非陆地车辆用引擎070433,非陆地车辆用马达070433,马达和引擎用风扇皮带070441,马达和引擎用汽缸070446,马达和引擎用排气装置070451,非陆地车辆用电动机070452,液压引擎和马达070461,马达和引擎冷却器070464,引擎用排气歧管070497,马达和引擎用消声器070519,非陆地车辆用发动机支架070557

※汽车发动机冷却用散热器C070397,汽车发动机冷却用水箱C070398,汽车发动机冷却用散热器水管C070399,汽车发动机冷却用散热器盖C070400,汽车发动机冷却用风扇C070401,汽车发动机冷却用风扇护风罩C070402,汽车发动机冷却用风扇离合器C070403,汽车发动机排气净化装置(催化反应器)C070404,汽车发动机废气再循环系统C070405,汽车发动机消声器C070406,汽车发动机消声器进排气管C070407,汽车发动机排气系共振器C070408,汽车发动机活塞C070409,发动机汽缸C070410,机油滤清器(引擎部件)C070412,空气滤清器(引擎部件)C070413,柴油滤清器(引擎部件)C070414,燃料滤清器(引擎部件)C070447

注:1. 本类似群各部分之间商品不类似;

2. 本类似群第(二)部分与0738商品类似;

3. 马达和引擎用节油器与1107燃料节省器,节油器类似;

4. 本类似群第(二)部分与第七版及以前版本1202汽车零部件,汽车配件,1203摩托车配件及其他现属于0738、0748的发动机零部件等商品交叉检索;

5. 本类似群第(二)部分与第七版及以前版本0750汽化器,活塞(机器或发动机部件),活塞(机器或发动机零件),活塞环,马达引擎用消声器,发动机和引擎用排气装置交叉检索;

6. 净化冷却空气用过滤器(引擎用),机油滤清器(引擎部件),空气滤清器(引擎部件),柴油滤清器(引擎部件),燃料滤清器(引擎部件)与0750过滤器(机器或引擎部件)类似。

0749 泵,阀,气体压缩机,风机,液压元件,气动元件

（一）离心机070086,离心机（机器）070086,离心泵070088,泵（机器、引擎或马达部件）070179,润滑油泵070205,泵膜片070257,泵（机器）070309,气泵（车库设备）070310,供暖装置用泵070311,真空泵（机器）070312,啤酒抽吸泵070390,空气压缩泵070393,加油站发油泵070542,自动调节燃料泵070543

※液压泵C070344,汽车油泵C070415,汽车水泵C070416,汽车发动机用机油泵C070417,汽车发动机用汽油泵C070418,自闭式加油枪C070427,抽气泵C070433,电脑计量加油机C070439

（二）阀（机器零件）070019,瓣阀（机器部件）070108,压力阀（机器部件）070318,疏水器（阻气回水阀）070320,阀门（机器、引擎或马达部件）070333,机器、马达和引擎的液压控制器070472,机器、马达和引擎的气压控制器070473

※液压阀C070345,调压阀C070346,电磁阀C070430

（三）空气冷凝器070006,空气凝结器070011,压缩机（机器）070113,涡轮压缩机070114,冷凝装置070116,压缩、排放和输送气体用鼓风机070199,压缩、抽吸和运送谷物用风扇070203,压缩、抽吸和运送谷物用鼓风机或风扇070203,压缩、抽吸和运送谷物用鼓风机070203,工业用抽吸机械070282,风箱（机器部件）070350,锻炉风箱070351,增压机070358,空气压缩机070392,抽气机070398,冰箱压缩机070437,鼓风机070534

（四）※液压耦合器C070348,液压滤油器C070349,液压油缸（机器部件）C070448,气压缸（机器部件）C070449

注:1. 本类似群各部分之间商品不类似;

2. 本类似群第（一）部分的汽车油泵,汽车水泵,汽车发动机用机油泵,汽车发动机用汽油泵与第七版及以前版本1202的汽车零部件,汽车配件及其他属于本类似群的商品交叉检索;

3. 本类似群第（一）部分与第九版及以前版本0902自动调节燃料泵,加油站发油泵,加油站汽油泵,电脑计量加油机交叉检索;

4. 本类似群第（二）部分与0602金属阀门（非机器零件）,金属排水阱（阀）,金属水管阀类似;

5. 本类似群第（三）部分与第八版及以前版本0726增压机,0753冷凝装置交叉检索;

6. 本类似群第(四)部分液压滤油器与0750过滤器(机器或引擎部件)类似;

7. 本类似群第(一)部分自闭式加油枪与第十版及以前版本0753自闭式加油枪交叉检索。

0750 机器传动用联轴节,传动带及其他机器零部件

(一)联轴器(机器)070001,机器轴070020,曲轴070021,非陆地车辆用传动轴070022,润滑环(机器部件)070031,机器、马达和引擎用连杆070048,刷子(机器部件)070068,注油器(机器部件)070085,滑轮＊070099,机器用凿子070107,滑轮(机器部件)070117,分离器070142,给水除气设备070147,去油脂装置(机器)070149,蒸汽或油分离器070152,减压器(机器部件)070154,机械绕轴装置070155,水加热器(机器部件)070165,非陆地车辆用离合器070174,筛(机器或机器部件)070187,润滑油箱(机器部件)070204,机器导轨070209,曲柄(机器部件)070230,非陆地车辆用推进装置070252,非陆地车辆用联动机件070253,调节器(机器部件)070254,机器、马达和引擎调速器070275,非陆地车辆用飞轮070279,轴颈箱(机器部件)070289,压力调节器(机器部件)070317,弹簧(机器零件)070330,机器用齿轮装置070335,机器轮070336,机器飞轮070337,滑动台架(机器部件)070365,轴颈(机器部件)070366,机器联动装置070369,软管用机械绕轴070376,非陆地车辆用联轴节070385,缓冲活塞(机器部件)070395,减震器栓塞070395,减震器活塞(机器部件)070395,机器用耐摩擦垫070396,非运载工具用刹车垫070405,非运载工具用制动蹄070406,非运载工具用刹车扇形片070407,非陆地车辆用变速箱070409,电操作刷(机器部件)070413,过滤机滤筒070424,非陆地车辆用驱动链070425,非陆地车辆用转矩变换器070426,非陆地车辆用传动链070427,机器、引擎或马达用控制缆070434,机器、引擎或马达用机械控制装置070435,水分离器070439,非陆地车辆用齿轮传动装置070443,非陆地车辆用减速齿轮070447,热交换器(机器部件)070450,过滤器(机器或引擎部件)070457,机器、马达和引擎用曲柄轴箱070474,万向节070479,升降机铰链(机器部件)070491,膨胀水箱(机器部件)070493,工业用振荡器(机器)070509,液压开门器070515,气动开门器070520,非运载工具用刹车片070524,电动关门器070538,电动开门器070539,电动开窗器070545,电动关窗器070546,液压开窗器070547,液压关窗器070548,气动开窗器070549,气动关窗器070550,液压关门器070551,气动关门器070552

※减震器(机器部件)C070352,牛油杯C070353,机器拉带C070354,汽车发动机飞轮C070419,汽车发动机曲轴C070420,汽车发动机凸轮轴C070421

※润滑设备C070356,机用皮件(包括皮辊、皮圈、皮垫、皮碗)C070357,机械密封件C070358

（二）自动加油轴承070027，滚珠轴承070049，机器轴承托架070091，轴承（机器零件）070130，传动轴轴承070290，滚柱轴承070338，轴承滚珠环070339，机器用耐磨轴承070396

※轴瓦C070431，车辆轴承C070432

（三）输送机传输带070036，机器传动带070074，滑轮胶带070314

※平行胶带（包括运输带，传送带，不包括陆地车辆引擎传动带）C070359，三角胶带C070360，风扇胶带（不包括陆地车辆引擎风扇传动带）C070361

注：1. 本类似群各部分之间商品不类似；

    2. 车辆轴承与第八版及以前版本1202车辆轴承交叉检索；

    3. 汽车发动机飞轮，汽车发动机曲轴，汽车发动机凸轮轴与第七版及以前版本1202汽车零部件，汽车配件及其他属于本类似群的商品交叉检索；

    4. 过滤器（机器或引擎部件）与0748净化冷却空气用过滤器（引擎用），机油滤清器（引擎部件），空气滤清器（引擎部件），柴油滤清器（引擎部件），燃料滤清器（引擎部件），0749液压滤油器类似，与第十版及以前版本0748机油滤清器，空气滤清器，柴油滤清器交叉检索；

    5. 电动关门器，电动开门器与第九版及以前版本0924电动关门器，电动开门器交叉检索；

    6. 电操作刷（机器部件）与第十版及以前版本0748电操作刷交叉检索；

    7. 机器、引擎或马达用控制缆，机器、引擎或马达用机械控制装置与第十版及以前版本0748机器、引擎或马达用控制缆，机器、引擎或马达用机械控制装置，机器、引擎或马达用控制装置交叉检索。

0751 焊接机械

•

乙炔清洗装置070002，热喷枪（机器）070229，电焊机070349，气动焊接设备070503，气动焊接吹管070504，气动焊接烙铁070505，气动喷灯070522，焊接机用电极070525，电焊设备070526，电焊接设备070528，电焊烙铁070529，电弧焊接设备070530，电弧切割设备070531，喷焊灯070532

※热焊枪C070434，喷灯C070435

•

注：1. 本类似群与第九版及以前版本0917交叉检索；

    2. 本类似群与第九版及以前版本1102喷焊灯，热焊枪，喷灯交叉检索。

0752 清洁、废物处理机械

扫路机(自动推进)070034,泥浆收集机070059,粉碎机070153,污物粉碎机070162,清洗设备070233,运载工具用清洗装置070235,电动清洁机械和设备070281,垃圾(废物)处理装置070414,垃圾处理机070414,废物处理装置070414,废物处理机070414,垃圾压实机070418,废料压实机070418,工业用切碎机(机器)070419,扫雪机070502

清洗地毯的机器和装置(电动)070481,中心真空吸尘装置070483,蒸汽清洁器械070485,清洁用吸尘装置070487,清洁用除尘装置070488,高压洗涤机070495,拼花地板电子打蜡机070500,真空吸尘器用喷洒香水和消毒液的附件070506,真空吸尘器管070507,真空吸尘器070508,电动打蜡机器和设备070510,真空吸尘器袋070521

※(管道)疏通挖泥车C070362,电动下水管道疏通器C070363,废弃食物处理机C070422

注:1. 真空吸尘器与第六版及以前版本0924吸尘器,真空吸尘器交叉检索;
   2. 真空吸尘器袋与第七版及以前版本1609真空吸尘器的替换纸袋交叉检索;
   3. 本类似群与第八版及以前版本0753粉碎机,粉碎机(机器),工业用切碎机(机器)交叉检索;
   4. 跨类似群保护商品:粉碎机(0702第(二)部分,0725,0733,0752);工业用切碎机(机器)(0702第(二)部分,0709,0752)。

0753 单一商品

(一)压滤机070109,筛选机070133,筛分机070134,工业用拣选机070143,过滤机070192,滤筛机070556

(二)电控拉窗帘装置070331
※电动卷门机C070424
(三)滚筒(机器部件)070039,贴标签机(机器)070182,电动擦鞋机070501,球拍穿线机070511,自动售货机070537,3D打印机070555
※航空加油车接头C070423,贮液器(机器部件)C070426

注:1. 本类似群各部之间商品不类似;
   2. 本类似群第(三)部分根据商品的功能、用途确定类似商品;

3. 电动卷门机与第七版及以前版本 **0750** 电动卷门机交叉检索；

4. 贴标签机（机器）与第八版及以前版本 **0709** 贴标机，**0705** 贴标签机（机器）交叉检索；

5. 自动售货机与第九版及以前版本 **0902** 第（四）部分自动售货机交叉检索。

0754 电镀设备

电镀机 **070535**，镀锌机 **070536**

※真空喷镀机械 **C070443**，电镀参数测试仪 **C070444**

注：本类似群与 **0915** 商品类似。

第八类

手工具和器具(手动的);刀、叉和勺餐具;随身武器;剃刀。

【注释】

第八类主要包括各种行业作为工具使用的手动器具。

本类尤其包括:

——贵重金属制刀、叉和勺餐具;

——电动剃刀和修剪刀(手工器具)。

本类尤其不包括:

——某些特殊器具(查阅按字母顺序排列的商品分类表);

——马达带动的机床和器具(第七类);

——外科手术刀(第十类);

——作为火器的随身武器(第十三类);

——切纸刀(第十六类);

——击剑用兵器(第二十八类)。

0801 手动研磨器具

磨具(手工具)080002,磨刀石080003,磨剃刀的皮带080006,磨刀钢080037,磨刀石架080068,手工操作的手工具080072,磨剃刀皮带080082,磨刀器080091,磨利器具080092,磨刀器具080093,磨镰刀石080115,油石080115,砂轮(手工具)080201,磨刀轮(手工具)080201,金刚砂磨轮080226

注:1. 本类似群各种砂轮与0742砂轮(机器部件)类似;

2. 跨类似群保护商品:手工操作的手工具(0801,0802,0803,0804,0805,0806,0807,0808,0809,0810)。

0802 小农具(不包括农业、园艺用刀剪)

锤镐080036,鹤嘴镐080044,手工操作的手工具080072,耙(手工具)080109,铲(手工具)080110,锹(手工具)080111,长柄大镰刀080113,镰刀环080114,鹤嘴锄080142,镐(手工具)080171,长柄镰刀080183,除草叉(手工具)080184,锄头(手工具)080185,梳麻机(手工具)080187,钩刀080188,镰刀080189,农业器具(手动的)080200,叉080220,障碍沙坑用耙子080254

※犁(手工具)C080001

注:跨类似群保护商品:手工操作的手工具(0801,0802,0803,0804,0805,0806,0807,0808,0809,0810)。

0803 林业、园艺用手工具

手工操作的手工具080072,水果采摘用具(手工具)080079,泥铲(园艺用)080086,消灭植物寄生虫用手动装置080088,树木嫁接工具(手工具)080134,杀虫剂用喷雾器(手工具)080144,园艺工具(手动的)080145,杀虫剂用喷洒器080202

注:1. 杀虫剂用喷雾器(手工具),杀虫剂用喷洒器与0701喷雾器(机器),喷雾机(机器),喷雾机类似;
2. 跨类似群保护商品:手工操作的手工具(0801,0802,0803,0804,0805,0806,0807,0808,0809,0810)。

0804 畜牧业用手工具

动物剥皮用器具和工具080019,牲畜打记号用工具080031,手工操作的手工具080072

注:跨类似群保护商品:手工操作的手工具(0801,0802,0803,0804,0805,0806,0807,0808,0809,0810)。

0805 渔业用手工具

手工操作的手工具080072,鱼叉080140,剥牡蛎器080143,捕鱼鱼叉080170

注:跨类似群保护商品:手工操作的手工具(0801,0802,0803,0804,0805,0806,0807,0808,0809,0810)。

0806 理发工具,修指甲刀

剃须刀 080026,烫发钳 080058,手工操作的手工具 080072,去死皮钳 080101,拔毛发用镊子 080102,成套修脚器具 080106,剃刀盒 080107,烫发用铁夹 080121,卷发用手工具 080126,刮胡刀片 080148,剃须盒 080166,指甲锉 080168,电动或非电动刮胡刀 080179,电动指甲锉 080213,指甲抛光器具(电或非电)080214,个人用理发推子(电动和非电动)080219,指甲刀(电动或非电动的)080221,修指甲成套工具 080231,穿耳孔器 080241,电力和非电力脱毛器 080242,电动修指甲成套工具 080243,卷睫毛夹 080252,文身器 080256

注:1. 卷发用手工具,烫发用铁夹,烫发钳与 2602 卷发器(非手工具)类似,与第九版及以前版本 0924 电热卷发器交叉检索;

2. 文身器与第八版及以前版本 1001 文身机,纹身机,纹身器材,纹眉机交叉检索;

3. 卷睫毛夹与第八版及以前版本 2110 卷睫毛工具交叉检索;

4. 跨类似群保护商品:手工操作的手工具(0801,0802,0803,0804,0805,0806,0807,0808,0809,0810)。

0807 非动力手工具(不包括刀、剪)

针锉 080005,锥子 080008,镗孔棒(手工具)080009,铰刀 080010,铰刀座 080011,螺丝攻曲柄的延伸管件 080012,钻头(手工具部件)080016,丁字尺(手工具)080017,环形搓丝板 080020,弓锯 080021,拔钉器 080023,手钻(手工具)080028,凿榫凿 080029,凿孔斧 080030,凿榫斧 080030,拔钉器(手工具)080034,凿石锤 080036,铆锤(手工具)080038,石锤 080047,钢丝锯 080048,套锤(手工具)080051,手锯架 080054,锯(手工具)080055,丝锥扳手 080063,扳手(手工具)080064,板牙(手工具)080066,丝锥板牙(手工具)080066,板牙套丝器(手工具)080066,斧 080069,刨 080071,手工操作的手工具 080072,拔钉钳 080074,夯土锤(手工具)080083,铣刀(手工具)080085,木工用钻子 080104,凿孔用钻头(手工具部件)080108,刨用刀片 080119,钻子(手工具)080124,凿(手工具)080129,槽刨 080135,小斧 080137,横口斧(工具)080141,夹钳(木工或制桶工业用)080147,锯条(手工具零件)080151,撬杠 080153,木槌(手工具)080155,锤(手工具)080156,大锤 080157,砸石锤 080158,凿子 080159,撞杆 080172,撞锤(手工具)080172,中心穿孔器(手工具)080175,刨刀 080177,粗锉(手工具)080178,锯柄 080186,利器(手工具)080192,螺丝攻(手工具)080193,钻(手工具)080194,螺丝刀 080195,钻头(手工具)080197,胸压式手摇钻 080199,钳子 080206,小钳子 080207,钳 080207,夹钳 080207,夯锤(手工具)080211,剪票器具

71

080212,胡桃钳 080215,钻柄（手工具）080218,剪切器（手动器具）080223,锉刀 080227,穿孔钳（手工具）080228,打孔器（手工具）080229,切割工具（手工具）080230,切削工具（手工具）080237,台钳 080244,（携带工具用）工具带 080247,撬棍 080250,辅锯箱（手工具）080253,金刚砂锉 080257,剥线钳（手工具）080259,台虎钳（手工器具）080261

※锛 C080002,钎具 C080003

注:1. 胡桃钳与第八版及以前版本 1402 贵重金属轧胡桃钳交叉检索；
    2. 跨类似群保护商品:手工操作的手工具（0801,0802,0803,0804,0805,0806, 0807,0808,0809,0810）。

0808 非动力手工器具

缝针穿线器 080004,手动千斤顶 080024,勾缝铁器 080045,冲钉器 080050,漂洗工具（手工具）080052,穿孔工具（手工具）080062,棘轮（手工具）080065,穿孔器 080067,手工操作的手工具 080072,截管器（手工具）080075,捣碎工具（手工具）080084,杵（手工具）080084,扩管器（手工具）080090,钻孔器 080094,除蓟器（手工具）080096,穿索针 080103,压花机（手工具）080105,烙铁（非电手工具）080116,烫皱褶用熨斗 080117,上光铁器 080118,抛光铁器（抛光工具）080118,翻砂用铁器 080120,制模用铁器 080120,打印用烙铁 080122,切箍器（手工具）080139,金属带拉伸器（手工具）080160,打辫机（手工具）080161,钱收集器 080162,捣碎用研钵 080163,数字穿孔机 080167,枪状手工具 080174,浇包（手工具）080176,针铳 080180,火炉用具 080181,铆钉枪（手工具）080182,倾注液体用器具（手工具）080191,截管器具 080198,挖掘器（手工具）080204,熨斗 080224,手动胶粘剂挤压枪 080232,挖沟器（手工具）080234,绞肉机（手工具）080236,手动泵＊080245,壁炉手拉风箱（手工具）080255,电线牵引器（手工具）080258,非电动压胶枪 080262,金属线拉伸器（手工具）080263,手动气泵 080265

※手动压机 C080004,手工打包机 C080005,三爪拉轴承器 C080006,针钩穿线器 C080007,手动打气筒 C080017

注:1. 手动打气筒与 1204 第（二）部分商品类似；
    2. 手动千斤顶与 0734 齿条齿轮千斤顶,千斤顶（机器）,卡车用千斤顶,货车用千斤顶,气动千斤顶类似；
    3. 烫皱褶用熨斗,熨斗与 1106 织物蒸汽挂烫机类似,与第九版及以前版本 0924 电熨斗,蒸汽挂烫机交叉检索；

4. 跨类似群保护商品:手工操作的手工具(0801,0802,0803,0804,0805,0806,0807,0808,0809,0810)。

0809 专业用手工具

调色刀080013,抹刀(手工具)080014,镊子080042,雕刻工具(手工具)080043,制图用刮刀080049,楦(鞋匠手工具)080056,手工操作的手工具080072,泥刀080087,划玻璃刀(手工具部件)080089,雕刻针080131,涂底漆用铁器(手工具)080196,美工刀080264

※刻字笔C080008,钉碗钻C080009,元镜机C080010,雕刻钻C080011,制钟表工具C080012,三排冲墩C080013,开表器C080014,修理天平专用工具C080015,加工猪鬃用工具C080016

注:1. 调色刀与第十版及以前版本0810调色刀交叉检索;
2. 跨类似群保护商品:手工操作的手工具(0801,0802,0803,0804,0805,0806,0807,0808,0809,0810)。

0810 刀剪(不包括机械刀片,文具刀)

牲畜修剪刀080033,削蹄刀080039,剪刀*080040,折叠刀080046,猎刀080053,大剪刀080060,大剪刀刀片080061,手工操作的手工具080072,切菜刀080073,蔬菜切丝器080073,蔬菜切片器080073,切刀*080076,切肉刀080077,刮鳞刀080095,修枝剪080097,修枝用大剪刀080098,接芽刀080099,树枝修剪刀080100,切边大剪刀080112,刈草坪刀(手工器具)080127,兽医用刀080132,削皮刀080133,剁菜刀080136,斩骨刀080138,修枝刀080146,刀片(手工具)080149,大砍刀080154,灯芯剪(剪刀)080164,非电动开罐器080169,刀*080205,动物剪毛器(手工具)080222,刮削刀(手工具)080235,剔肉刀(手工具)080236,切碎刀(手工具)080236,奶酪切片机(非电)080248,切比萨饼用刀(非电)080249,鸡蛋切片器(非电)080251,陶瓷刀080266

注:1. 非电动开罐器与2101开塞钻(电或非电),开瓶器(电或非电)类似,与第十版及以前版本2101开瓶刀,开塞钻交叉检索;
2. 兽医用刀与1001兽医用器械和工具类似;
3. 跨类似群保护商品:手工操作的手工具(0801,0802,0803,0804,0805,0806,0807,0808,0809,0810)。

0811 除火器外的随身武器

指节铜套 080015,除火器外的随身武器 080022,(枪上的)刺刀 080025,剑鞘 080125,警棍 080130,大头短棒 080130,剑(武器)080150,剑 080208,佩刀 080209,匕首 080246

注:本类似群与第十版及以前版本 0808 指节铜套,大头短棒,第九版及以前版本铜指节套,拳击环(指节铜套)交叉检索。

0812 餐具刀、叉、匙

餐具(刀、叉和匙)080059,餐叉 080070,刀叉餐具＊080078,匙＊080080,长柄勺(手工具)080081,碎冰锥 080128,方糖钳 080173,银餐具(刀、叉、匙)080203,葡萄酒用长柄勺 080260

注:本类似群与第八版及以前版本 2101 勺子(餐具),非贵重金属餐具交叉检索。

第九类

科学、航海、测量、摄影、电影、光学、衡具、量具、信号、检验（监督）、救护（营救）和教学用装置及仪器；处理、开关、传送、积累、调节或控制电的装置和仪器；录制、传送、重放声音或影像的装置；磁性数据载体，录音盘；光盘，DVD盘和其他数字存储媒介；投币启动装置的机械结构；收银机，计算机器，数据处理装置，计算机；计算机软件；灭火设备。

【注释】

本类尤其包括：

——实验室科研用装置和仪器；

——操纵船舶用装置和仪器，如测量和传令用装置和仪器；

——量角器；

——穿孔卡式办公机械；

——不论录制媒体或传播途径的所有的计算机程序和软件，即包括录制在磁性媒体上的软件或从远程计算机网络上下载的软件。

本类尤其不包括：

——下列电动装置和仪器：

（1）厨房用电气装置（食品碾磨和搅拌器、榨果汁器、电动磨咖啡器等）和使用电动机的其他设备及器具，所有这些归入第七类；

（2）抽取或分发燃料的装置（第七类）；

（3）电动剃刀，修剪刀（手工器具）和熨斗（第八类）；

（4）用于房间供暖或液体加热、烹饪、通风等的电器（第十一类）；

（5）电动牙刷和梳子（第二十一类）；

——钟表和其他计时仪器（第十四类）；

——主时钟（第十四类）；

——与外接显示屏或监视器连用的娱乐和游戏装置（第二十八类）。

0901 电子计算机及其外部设备

加法器 090019，计算圆尺 090101，计算尺 090102，计算机器 090103，数据处理设备 090306，计算机存储装置 090342，计算机 090372，已录制的计算机程序（程序）090373，磁性身份识别卡090529,磁盘090533,软盘090534,计算机键盘090537,条形码读出器090581,CD盘(只读存储器)090588,已录制的计算机操作程序090589,计算机外围设备090590,计算机软件(已录制)090591,连接器(数据处理设备)090594,电子笔(视觉演示装置)090598,已编码磁卡090599,计算机用接口090603,磁性数据介质090607,磁性编码器090608,计算机用磁带装置090609,微处理机090610,监视器(计算机硬件)090612,监视程序(计算机程序)090613,鼠标(计算机外围设备)090614,光学字符识别器090615,光学数据介质090616,光盘090617,与计算机连用的打印机090618,中央处理器(CPU)090619,读出器(数据处理设备)090620,扫描仪(数据处理设备)090622,计算机用磁盘驱动器090634,电子字典090636,集成电路卡090640,智能卡(集成电路卡)090640,笔记本电脑090642,计算器090644,视频游戏卡090651,电子出版物(可下载)090657,计算机程序(可下载软件)090658,鼠标垫090662,与计算机配套使用的腕垫090664,计算机游戏软件090670,磁性编码身份鉴别手环090692,可下载的手机铃音090694,可下载的音乐文件090695,可下载的影像文件090696,USB闪存盘090700,便携式计算机090707,便携式计算机专用包090709,便携式计算机用套090710,可下载的计算机应用软件090717,打印机和复印机用未填充的鼓粉盒090720,平板电脑090724,已编码钥匙卡090725,视频游戏机用内存卡090727,计算机硬件090732

※计算器袋(套)C090001,鼠标器套C090002,键盘罩C090003,软盘盒C090004,电话铃音(可下载)C090127,计算机用光盘驱动器C090136

注:1. 光盘,CD盘(只读存储器),光学数据介质与0908CD盘(音像),光盘(音像)类似,与第九版及以前版本0908密纹盘(音像),密纹声像盘交叉检索;

2. 电子出版物(可下载),可下载的手机铃音,可下载的音乐文件,可下载的影像文件与0908唱片,录音带,录像带,CD盘(音像),盒式录像带,光盘(音像)类似;

3. 本类似群与第八版及以前版本0911光学字符读出器,光学字符阅读机,光学数据介质,光学数据媒介交叉检索;

4. 视频游戏卡与第九版及以前版本0908电视游戏卡交叉检索;

5. 计算圆尺,计算尺与第十版及以前版本0902计算尺交叉检索;

6. 跨类似群保护商品:打印机和复印机用未填充的鼓粉盒(0901,0903)。

0902 记录、记数检测器

(一)计步器090137,计数器090138,数量显示器090301,停车计时器090383,时间记录装置090478,记时器(时间记录装置)090586,算盘090627,电子记事器090628,煮蛋计时器

（沙漏）**090683**，沙漏 **090683**

　　※电子计分器 **C090009**

　　（二）邮戳检查装置 **090149**，邮戳检验器 **090149**

　　（三）钱点数和分拣机 **090053**，假币检测器 **090173**，验钞机 **090173**，开发票机 **090252**，收银机 **090525**，自动取款机（ATM）**090686**

　　※支票记录机 **C090006**，支票证明机 **C090007**，验手纹机 **C090010**

　　（四）投币启动设备用机械装置 **090063**，投币计数启动设备用机械装置 **090064**，自动售票机 **090086**

　　※投币启动的停车场门 **C090134**

　　（五）口述听写机 **090188**，衣裙下摆贴边标示器 **090313**，投票机 **090499**，商品电子标签 **090637**

　　※摇奖机 **C090005**

注：**1.** 本类似群各部分之间商品不类似；

　　2. 第（五）部分内的商品互相之间不判为类似商品；

　　3. 煮蛋计时器（沙漏），沙漏与第七版及以前版本 **2106** 计时沙漏交叉检索。

0903 其他办公用机械（不包括打字机、誊写机、油印机）

　　办公室用打卡机 **090097**，晒蓝图设备 **090106**，复印机（照相、静电、热）**090154**，电传真设备 **090394**，电传打字机 **090464**，绘图机 **090596**，传真机 **090600**，考勤钟（时间记录装置）**090649**，打印机和复印机用未填充的鼓粉盒 **090720**

　　※考勤机 **C090011**

注：**1.** 电传真设备，传真机与 **0907** 电话机类似；

　　2. 考勤钟（时间记录装置）与第十版及以前版本 **0902** 第（一）部分考勤钟（时间记录装置）交叉检索；

　　3. 跨类似群保护商品：打印机和复印机用未填充的鼓粉盒（**0901**，**0903**）。

0904 衡器

秤090074,衡器090080,地秤090081,信件磅秤090325,衡量器具090388,砝码090403,天平(杆秤)090433,杆秤090433,精密天平090489

※自动计量器C090013

0905 量具

校准口径圈090040,测量用链090056,卡钳090066,游标卡尺090104,规尺(量具)090105,裁缝用尺090169,皮革厚度量具090171,圆规(测量仪器)090200,量具090201,尺(量器)090284,木工尺090343,刻度尺090349,测微规090379,千分尺090379,测量皮厚度的仪器090386,螺丝攻规090466,划线规(木工)090490,游标090494

※量规C090014,螺旋测微器C090016,千分表C090017,齿轮测量工具C090019,刀具测量工具C090020,分样筛C090021,标准筛C090022

注:规尺(量具),圆规(测量仪器),量具,尺(量器),刻度尺与1616商品类似。

0906 信号器具

防交通事故用穿戴式反射盘090003,闪光灯标(信号灯)090126,闪光信号灯090126,信号铃090127,机械式标志090234,信号灯090322,发光标志090329,霓虹灯广告牌090330,航行用信号装置090357,发光或机械信号板090380,夜明或机械信号标志090434,信号哨子090445,车辆故障警告三角牌090446,发光信号灯塔090513,发光或机械路牌090516,信号浮标090518,非爆炸性烟雾信号090524,浮标090583,电子公告牌090643,发光式电子指示器090679,交通信号灯(信号装置)090687,锥形交通路标090715,数字标牌090736

※霓虹灯C090024,灯箱C090025

0907 通讯导航设备

通话筒090017,天线090045,防无线电干扰设备(电子)090048,分线盒(电)090094,交换机090146,声纳装置090179,电话听筒090207,电子信号发射器090227,发射机(电信)090228,无线电设备090270,内部通讯装置090308,导航仪器090358,成套无线电话机

78

090407；成套无线电报机090408，雷达设备090416，运载工具用无线电设备090417，电话机090423，遥控信号用电动装置090447，声波定位仪器090455，电报机（装置）090467，无线电天线杆090471，电话话筒090473，电传中断器090474，发射器（电信）090488，调制解调器090611，电话答录机090629，可视电话090653，运载工具用导航仪器（随载计算机）090659，无绳电话090661，无线电寻呼机090673，卫星导航仪器090674，步话机090677，电话用成套免提工具090688，信号转发器090693，全球定位系统（GPS）设备090701，手机带090703，智能手机090719，移动电话090734，手机090734

※载波设备C090026，驱动斩波器C090027，光通讯设备C090028，寻呼机套C090029，电话机套C090030，程控电话交换设备C090031，半导体捕鱼器C090032，网络通讯设备C090125

注：1. 电话机与0903电传真设备，传真机类似；
2. 手机带与第九版及以前版本2601手机带交叉检索。

0908 音像设备

声导管090015，唱片090016，自动电唱机（音乐）090062，投币启动的音乐装置（自动电唱机）090062，磁带消磁装置090076，录音机090077，磁带090078，扬声器音箱090087，唱机的拾音器支臂090095，录音载体090111，电子监控装置090151，振动膜（音响）090182，扬声器090190，电唱机090192，唱片清洁装置090230，录音带090231，音频视频接收器090289，电视机用投币启动机械装置090340，扩音器090341，麦克风090351，声音传送装置090450，录音装置090451，声音复制装置090452，唱机针090462，唱机用唱针090462，电视机090468，讲词提示器090472，电唱机速度调节器090486，录像带090495，电唱机磁针更换器090503，磁头清洗带090535，录像机090536，扬声器喇叭090575，CD盘（音像）090587，声耦合器090593，计算机用自动电唱机090604，摄像机090630，盒式磁带播放机090631，CD播放机090632，盒式录像带090650，便携式收录机090663，头戴式耳机090671，DVD播放机090685，便携式媒体播放器090702，数码相框090711，电子图书阅读器090718，婴儿监控器090721，可视婴儿监控器090722

※电视摄像机C090033，自动广告机C090034，延时混响器C090035，耳塞机C090037，拾音器C090038，光盘（音像）C090039，半导体收音机C090124，学习机C090128，电子教学学习机C090129，带有图书的电子发声装置C090130

注：1. CD盘（音像），光盘（音像）与0901光盘，CD盘（只读存储器），光学数据介质类

似,与第九版及以前版本 **0901** 密纹光盘(可读存储器),光学数据媒介交叉检索;

2. 唱片,录音带,录像带,**CD** 盘(音像),盒式录像带,光盘(音像)与 **0901** 电子出版物(可下载),可下载的手机铃音,可下载的音乐文件,可下载的影像文件类似;

3. 学习机,电子教学学习机,带有图书的电子发声装置与 **1606** 带有电子发声装置的儿童图书类似。

0909 摄影、电影用具及仪器

放大设备(摄影)**090021**,近摄镜 **090088**,幻灯片框 **090099**,电影摄影机 **090107**,暗室(摄影)**090117**,干燥架(摄影)**090122**,电影胶片剪辑设备 **090124**,照相机快门线(摄影)**090174**,快门(照相)**090181**,幻灯片用定中心设备 **090183**,照相机(摄影)**090184**,幻灯放映机 **090186**,幻灯片放映设备 **090186**,闪光灯泡(摄影)**090206**,投影银幕 **090209**,摄影用屏 **090211**,摄影用滤干器 **090212**,摄影用沥水架 **090212**,胶卷卷轴(照相)**090233**,实物幻灯机 **090235**,特制摄影设备和器具箱 **090246**,曝光表(照度计)**090251**,胶片切割装置 **090262**,滤光镜(摄影)**090264**,照片晒印用干燥装置 **090282**,照片晒印用上光装置 **090283**,照相制版用屏 **090286**,照相制版装置 **090290**,全息图 **090291**,暗板托架(摄影)**090309**,暗室灯(摄影)**090318**,幻灯 **090321**,测速仪(照相)**090345**,冲洗盘(摄影)**090390**,照相器材架 **090391**,照相取景器 **090392**,放映设备 **090411**,光圈(摄影)**090562**,摄影用紫外线滤光镜 **090574**,照相机用三脚架 **090577**,安装聚光灯用电轨 **090635**,闪光灯(摄影)**090639**,镜头遮光罩 **090723**

※套片机 **C090040**,教学投影灯 **C090041**,摄影器具包 **C090042**

0910 测量仪器仪表,实验室用器具,电测量仪器,科学仪器

测绘仪器 **090055**,计量仪表 **090138**,探测器 **090180**,测量装置 **090202**,计量仪器 **090242**,测量器械和仪器 **090280**,精密测量仪器 **090346**,测量仪器 **090347**

(一)空气分析仪器 **090025**,高度计 **090033**,风速计 **090039**,气象气球 **090075**,气压表 **090079**,酒精水平仪 **090096**,航海罗盘 **090133**,测距设备 **090187**,距离记录仪 **090194**,测距仪 **090195**,水位仪 **090204**,铅锤 **090257**,铅垂线 **090258**,气量计(计量仪器)**090279**,水准标尺(测量仪器)**090281**,测杆(勘测仪器)**090281**,湿度表 **090292**,测角器 **090299**,坡度指示器 **090299**,倾角计 **090299**,斜度指示器 **090299**,测程仪(测量仪器)**090326**,测深绳 **090327**,测量水平仪 **090333**,水银水平仪 **090344**,气象仪器 **090348**,航海器械和仪器 **090356**,水平仪(测水平线仪器)**090362**,水准仪 **090363**,观测仪器 **090366**,八分仪 **090367**,波长计 **090369**,

平板仪(测量仪器)090399,测面仪090400,偏振计090404,六分仪090444,测深度装置和机器090453,测深锤090454,经纬仪090479,方位仪090512,定向罗盘090523,海水深度探测器090668,风向袋(用于标明风向)090678

※激光导向仪 C090043,地震仪 C090044,地质勘察分析仪器 C090045,土壤取样仪 C090046

(二)运载工具轮胎低压自动指示器090069,运载工具用测速仪090152,运载工具用里程表090232,出租车计价器090300,运载工具用自动转向装置090396,运载工具用恒温器090481,运载工具用电压调节器090498

※内燃机仪表 C090047

(三)电池用测酸计090010,比重计090011,日光辐射计090018,气体比重计090020,酒精比重计090027,照准仪090028,食物分析仪器090029,比较仪090067,探水棒090072,阀门压力指示栓090090,锅炉控制仪器090120,节拍器090139,密度计090175,平衡仪器090237,恒温器090238,测力计090239,材料检验仪器和机器090240,油量表090243,汽油压力计090243,非医用测试仪090249,气体检测仪090278,真空计090302,速度指示器090303,乳汁浓度计090316,乳汁比重计090317,压力计090336,臭氧发生器090378,酸性液体比重计090387,盐液比重计090389,测压仪器090409,压力显示器090410,高温计090415,分度仪(测量仪器)090419,非医用温度计090429,糖量计090435,亚硫酸盐测计090463,转速计090465,温度指示计090477,转数表090485,尿比重计090492,粘度计090496,光密度计090532,药剂分配器090565,剂量计090565,减压室090595,非医用诊断设备090633,计量勺090641,频闪观测器090714,非医用示温标签090716,加速计090729

※风压表 C090048,水表 C090049,油表 C090050,煤气表 C090051,风速表 C090052,仪表元件和仪表专用材料 C090053

(四)视听教学仪器090061,毛细管090109,织物密度分析镜090136,曲颈瓶090157,曲颈瓶座090158,坩锅(实验室用)090170,烤钵(实验室用)090170,实验室料盘090177,试管090236,发酵装置(实验室装置)090253,分度玻璃器皿090285,计量用玻璃器皿090285,实验室用特制家具090315,数学仪器090339,显微镜用薄片切片机090352,物理学设备和仪器090395,吸量管090398,教学仪器090440,球径计090458,实验室用蒸馏器090504,化学仪器和器具090549,细菌培养器090556,科学用蒸馏装置090564,实验室用炉090568,实验室用烘箱090568,实验室用层析设备090585,急救训练用人体模型(教学器具)090680,基因芯片(DNA 芯片)090684,实验室用离心机090698,培养皿090712,皮托管090713

※理化试验和成分分析用仪器和量器 C090054，滴定管 C090055，酒精灯 C090056

（五）安培计 090036，电流计 090092，功率计 090203，电损耗指示器 090213，电测量仪器 090214，高频仪器 090267，频率计 090268，感应器（电）090304，欧姆计 090368，示波器 090374，伏特计 090500

※电度表 C090057，试电笔 C090058，成套电气校验装置 C090059，电气测量用稳压器 C090060

（六）粒子加速器 090002，电子回旋加速器 090085，宇宙学仪器 090161，回旋加速器 090172，工业或军用金属探测器 090178，非医用激光器 090323，科学用探测器 090436，科学卫星 090437，科学装置用隔膜 090439，运载工具驾驶和控制模拟器 090448，撞击试验用假人 090697

※核原子发电站控制系统 C090061，原子射线仪器 C090062，核子仪器 C090063，导弹控制盒 C090064

注：1. 本类似群第一自然段商品与各部分商品均类似；
2. 本类似群各部分之间商品不类似；
3. 本类似群第（六）部分内的商品互相之间将根据商品的功能、用途确定类似商品；
4. 铅锤与第十版及以前版本 0905 吊线坠交叉检索；
5. 测角器与第十版及以前版本 0905 角度测量工具交叉检索。

0911 光学仪器

复径计（光学）090050，天体照相机镜头 090059，显微镜载玻片盒 090128，目镜 090134，物镜（光学）090160，衍射设备（显微镜）090189，显微镜 090193，折射计 090250，检验用镜 090307，光学灯 090319，光学镜头 090324，放大镜（光学）090328，配有目镜的仪器 090332，光学品 090335，潜望镜 090337，光学仪器用螺旋千分尺 090350，镜（光学）090354，三棱镜（光学）090365，光学器械和仪器 090370，光学玻璃 090371，天文学仪器及装置 090384，光度计 090393，折射望远镜 090424，分光镜 090426，摄谱仪 090457，立体视镜 090460，立体视器械 090461，双筒望远镜 090475，望远镜 090476，火器用瞄准望远镜 090509，聚光器 090592，武器用瞄准望远镜 090735

0912 光电传输材料

电缆包皮层 **090098**，电缆 **090215**，电线 **090255**，磁线 **090256**，电线识别线 **090293**，电线识别包层 **090294**，电报线 **090469**，电源材料（电线、电缆）**090553**，绝缘铜线 **090558**，电话线 **090572**，电缆连接套筒 **090626**，马达启动缆 **090647**，同轴电缆 **090665**，纤维光缆 **090666**

注：纤维光缆与 0913 第（七）部分商品类似，与第九版及以前版本 0907 纤维光缆交叉检索。

0913 电器用晶体及碳素材料，电子、电气通用元件

（一）方铅晶体（检波器）**090271**，半导体 **090539**，集成电路用晶片 **090584**

※单晶硅 **C090065**，硅外延片 **C090066**，石英晶体 **C090067**，多晶硅 **C090068**，硒堆和硒片 **C090069**，电阻材料 **C090070**，碳素材料 **C090071**，碳电极 **C090072**，石墨电极 **C090073**，碳精块 **C090074**，石墨碳精块 **C090075**，碳精片 **C090076**，碳精粒 **C090077**，碳精棒 **C090078**，碳精粉 **C090079**，碳管 **C090080**，无源极板 **C090083**，水银整流器阴极 **C090084**，电子管阳极 **C090085**，阳极糊 **C090086**

（二）印刷电路 **090125**，集成电路 **090538**，芯片（集成电路）**090540**，印刷电路板 **090699**
※电子芯片 **C090131**

（三）电线圈 **090001**，磁铁 **090023**，电磁线圈 **090024**，放大器 **090037**，放大管 **090038**，热离子管 **090060**，电容器 **090140**，电导体 **090141**，限幅器（电）**090165**，熔丝 **090269**，电阻器 **090427**，变阻器 **090432**，扼流线圈（阻抗）**090441**，真空电子管（无线电）**090491**，可变电感器 **090493**，保险丝 **090505**，合金线（保险丝）**090505**，电感线圈支架 **090514**，非照明用放电管 **090559**，晶体管（电子）**090624**，发光二极管（LED）**090704**，三极管 **090705**

※发射管 **C090087**，超高频管 **C090088**，电子束管 **C090089**，电位器 **C090090**，示波管 **C090091**，电子管 **C090092**，半导体器件 **C090093**，磁性材料和器件 **C090094**，陶滤波器 **C090095**，雾化片 **C090132**

（四）变压器（电）**090049**，配电箱（电）**090054**，接线柱（电）**090089**，集电器 **090129**，闸盒（电）**090131**，电流换向器 **090132**，电导线管 **090142**，闭路器 **090143**，电器联接器 **090144**，接线盒（电）**090145**，电触点 **090148**，电动调节装置 **090150**，变压器 **090153**，电开关 **090164**，插

头、插座和其他接触器(电连接)090166,整流器090167,电池开关(电)090168,减压器(电)090168,断路器090191,配电盘(电)090197,配电控制台(电)090198,导管(电)090216,控制板(电)090217,电线连接物090219,电器接插件090220,电耦合器090220,继电器(电)090222,电枢(电)090305,逆变器(电)090310,自动定时开关090353,电线接线器(电)090442,调光器(电)090606,灯光调节器(电)090606,电源插座罩090667,照明设备用镇流器090672,螺线管阀(电磁开关)090675,电涌保护器090676,舞台灯光调节器090682,升压变压器090706,电源插头转换器090730

※互感器C090096,传感器C090097,消磁器C090098,调压器C090099,稳压电源C090100,启辉器C090102,低压电源C090103,高低压开关板C090104,起动器C090105,熔断器C090106,母线槽C090107,电热保护套C090126

(五)荧光屏090208,视频显示屏090652

(六)遥控装置＊090470
※家用遥控器C090101

(七)光导纤维(光学纤维)090571,光学纤维(光导纤维)090571

注:1. 本类似群第(二)、(三)部分互为类似商品,第(三)、(四)部分互为类似商品,其他各部分之间商品不类似;

2. 第(七)部分商品与0912纤维光缆类似,与第九版及以前版本0907纤维光缆交叉检索;

3. 舞台灯光调节器与第七版及以前版本1101舞台灯光调节器交叉检索;

4. 半导体与第八版及以前版本0908半导体交叉检索。

0914 电器成套设备及控制装置

(一)遥控铁路道岔用电动装置090022,远距离点火用电子点火装置090030,热调节装置090116,工业遥控操作用电气设备090130,整流用电力装置090163
※高压防爆配电装置C090108,电站自动化装置C090109

(二)避雷针090381,避雷器090381

注：本类似群各部分之间商品不类似。

0915 电解装置

电解装置 090226，非空气、非水处理用电离设备 090311
※电解槽 C090111

注：本类似群与 0754 商品类似。

0916 灭火器具

灭火器 090041，灭火设备 090041，火灾扑打器 090082，消防水龙带喷嘴 090296，消防车 090297，消防泵 090298，消防船 090601，灭火用自动洒水装置 090646，消防水龙带 090708

注：消防水龙带与 1704 帆布水龙带类似，与第九版及以前版本 1704 消防水龙带交叉检索。

0917 电弧切割、焊接设备及器具

注：本类似群第十版时移入 0751 类似群。

0918 工业用 X 光机械设备

工业用放射设备 090418，非医用 X 光产生装置和设备 090420，非医用 X 光管 090421，非医用 X 光装置 090425，工业用放射屏幕 090526

0919 安全救护器具

个人用防事故装置 090004，防事故、防辐射、防火用服装 090005，防事故用石棉手套 090034，防火石棉衣 090035，防眩光眼镜 090046，防眩遮光板 090047，防眩罩 090047，飞行员防护服 090070，救生筏 090073，安全头盔 090112，非人工呼吸用呼吸器 090113，非人工呼吸用呼吸面具 090113，焊接用头盔 090114，潜水服 090162，太平梯 090205，工人用防护面罩

090210，火星防护罩 090245，铁路交通用安全设备 090254，防事故用网 090259，救生网 090260，安全网 090260，救护用防水油布 090261，呼吸面具过滤器 090263，防事故用手套 090274，潜水员手套 090275，工业用防 X 光手套 090276，防火服装 090288，救生器械和设备 090295，防护面罩＊090338，潜水呼吸器 090355，氧气转储装置 090377，潜水用耳塞 090401，牙齿保护器 090414，非医用 X 光防护装置 090422，滤气呼吸器 090430，除人工呼吸外的呼吸装置 090431，救生圈 090517，救生衣 090546，救生带 090547，防弹背心 090582，潜水面罩 090597，工人用护膝垫 090605，非运载工具座椅、非体育设备用安全带 090621，消防毯 090638，防事故、防辐射、防火用鞋 090645，体育用护目镜 090654，潜水和游泳用鼻夹 090655，体育用保护头盔 090656，消防人员用石棉挡板 090689，骑马用头盔 090690，实验室用特制服装 090691，防弹衣 090728，自然灾害用救生舱 090731

※耐酸手套 C090113，耐酸衣、裙 C090114，护目镜 C090115，防水衣 C090116，耐酸胶鞋 C090117，防火靴(鞋) C090118

注:1. 防水衣与 2504 防水服类似;

2. 潜水用耳塞与第七版及以前版本 1004 耳塞交叉检索;

3. 体育用护目镜，护目镜，防眩光眼镜与 0921 商品类似;

4. 消防人员用石棉挡板与第八版及以前版本 1705 消防队员用石棉掩护物，消防人员用石棉挡板交叉检索;

5. 救生圈，救生衣与 2809 翼型浮袋，游泳圈，游泳浮力背心类似，与第十版及以前版本 2809 洗澡或游泳用浮囊交叉检索;

6. 太平梯与第九版及以前版本 0916 太平梯交叉检索。

0920 警报装置,电铃

汽笛报警器 090013，声音警报器 090014，报警器＊090026，电警铃 090071，铃(报警装置)090402，警笛 090449，电子防盗装置 090497，防盗报警器 090511

火警报警器 090068，电铃按钮 090093，门窥视孔(广扩镜)090312，电锁 090443，蜂鸣器 090522，电门铃 090566，烟雾探测器 090623

注:1. 本类似群第一自然段商品与 1202 车辆倒退警报器，车辆防盗设备，1211 运载工具防盗报警器，运载工具防盗设备类似，与第九版及以前版本 1202 车辆防盗警铃交叉检索;

2. 电锁与 0610 商品(除钥匙外)类似。

0921 眼镜及附件

眼镜链 090115,夹鼻眼镜链 090115,眼镜挂绳 090156,夹鼻眼镜挂绳 090156,矫正透镜(光学)090159,眼镜套 090248,夹鼻眼镜盒 090248,眼镜(光学)090331,眼镜片 090334,眼镜框 090359,眼镜架 090364,夹鼻眼镜架 090364,眼镜 090397,夹鼻眼镜 090397,隐形眼镜 090554,隐形眼镜盒 090555,眼镜盒 090567,太阳镜 090648,3D 眼镜 090726

※擦眼镜布 C090135

注:本类似群与 0919 体育用护目镜,护目镜,防眩光眼镜类似,与第九版及以前版本 0919 体育用风镜交叉检索。

0922 电池,充电器

运载工具用蓄电池 090007,运载工具用电池 090007,蓄电瓶 090008,电瓶 090008,蓄电池箱 090009,电池箱 090009,电池极板 090012,点火用电池 090031,阳极 090043,阳极电池 090044,高压电池 090044,电池充电器 090083,原电池 090218,电池充电器 090266,原电池组 090272,电池铅板 090287,电池 090360,蓄电池 090361,阴极反腐蚀装置 090412,对阴极 090507,光伏电池 090531,阴极 090543,太阳能电池 090557,发电用太阳能电池板 090733

※移动电源(可充电电池)C090137

注:太阳能电池,发电用太阳能电池板与 0603 太阳能电池组成的金属屋顶板,1909 太阳能电池组成的非金属屋顶板类似。

0923 电影片,已曝光材料

动画片 090176,幻灯片(照相)090185,透明软片(照相)090185,曝光胶卷 090515,已曝光的电影胶片 090550,已曝光的 X 光胶片 090573,非医用 X 光照片 090625

注:本类似群与 0107 未曝光的感光胶片,未曝光的 X 光感光胶片,未曝光的感光电影胶片类似,与第九版及以前版本 0107 感光但未曝光的 X 光胶片,未曝光感光胶卷交叉检索。

0924 其他

（一）照蛋器 090241，叫狗哨子 090508，装饰磁铁 090660，电栅栏 090669
※便携式遥控阻车器 C090133

（二）电热袜 090121
※电暖衣服 C090119，电马甲 C090120，电手套 C090121，电靴 C090123

注:1. 本类似群各部分之间商品不类似；
  2. 本类似群第（一）部分内的商品互相之间将根据商品的功能、用途确定类似商品。

第十类

外科、医疗、牙科和兽医用仪器及器械，假肢，假眼和假牙；整形用品；缝合用材料。

【注释】

第十类主要包括医疗仪器、器械及用品。

本类尤其包括：

——医用特种家具；

——橡胶卫生用品（查阅按字母顺序排列的商品分类表）；

——矫形用绷带。

1001 外科、医疗和兽医用仪器、器械、设备，不包括电子、核子、电疗、医疗用 X 光设备、器械及仪器

外科用剪 100007，医用针 100008，缝合针 100009，热气医疗装置 100011，医用热气颤振器 100012，医用导管 100015，护理器械 100016，牲畜助产器 100027，外科手术刀 100029，外科用小手术刀 100030，探条（外科用）100033，医用插管 100042，冲洗体腔装置 100044，阉割钳 100049，外科仪器和器械 100054，医生用器械箱 100055，麻醉仪器 100057，外科手术剪 100058，压迫机（外科用）100060，医用滴管 100061，割鸡眼刀 100062，健美按摩设备 100063，刀（外科用）100065，医用恒温箱 100067，刮舌器 100070，柳叶刀（外科用）100077，注射针管 100080，医用引流管 100081，医用探针 100085，医用泵 100086，验血仪器 100087，医用滴瓶 100089，医用钳 100090，胃镜 100093，血球计 100095，皮下注射器 100097，吸入器 100099，医用注射针筒 100100，泌尿科器械及器具 100102，吹入器 100103，医用灌肠器 100104，医用灯 100108，医用喷雾器 100109，麻醉面罩 100112，按摩器械 100113，医疗器械和仪器 100114，敷药用器具 100115，医疗器械箱 100116，外科医生用镜 100118，助产器械 100120，检眼计 100122，检眼镜 100123，兽医用喂丸器 100127，血压计 100129，医用石英灯 100130，复苏器 100135，人工呼吸器 100138，人工呼吸设备 100139，外科手术用锯 100140，子宫注射器 100142，阴道冲洗器 100143，听诊器 100144，耳聋治疗设备 100147，手术台 100150，套（管）针 100151，尿道探针 100153，尿道注射器 100154，火罐 100155，兽医用器械和工具 100156，振动按摩器 100158，医用气雾器 100160，医用注射器 100164，医用体育活动器械 100176，早产婴儿保育箱 100177，刷体腔用毛刷 100178，医疗分析仪器 100180，医用测

试仪100180,医用熏蒸设备100182,肺活量计(医疗器械)100197,医用体温计100198,针灸针100199,医用诊断设备100201,心脏起搏器100203,医用电击去心脏纤颤器100211,透析器100212,医用导丝100213,医用牵引仪器100215,下体冲洗袋100218,显微皮肤磨削仪100220,医用身体康复仪100221,脉搏计100222,医用支架100223,医用示温标签100225,治疗痤疮用装置100228,医用内窥镜摄像头100231

※止血缝合器械C100001,耳鼻喉科器械C100002,眼科器械C100003,杀菌消毒器械C100004,输精器C100005,输血器C100006

注:1. 医疗器械和仪器与1002,1003商品类似;
　　2. 医用熏蒸设备与1109非医用熏蒸设备,蒸脸器具(蒸汽浴)类似;
　　3. 外科医生和医生用器械箱,医疗器械箱,外科医生和医生用箱与0501轻便药箱(已装药的),急救箱(备好药的)类似;
　　4. 兽医用器械和工具与0810兽医用刀类似;
　　5. 医用诊断设备与1003商品类似。

1002 牙科设备及器具

牙科医生用扶手椅100048,假牙100052,牙钻100072,牙科设备和仪器100073,假牙套100074,全口假牙100076,牙科用镜100078,医用或牙科用扶手椅100088,电动牙科设备100179,畸齿校整仪器100214

注:本类似群与1001医疗器械和仪器类似。

1003 医疗用电子、核子、电疗和X光设备

医用镭管100017,医用电刺激带100023,医用X光装置100024,医用电热垫100050,电热敷布(外科)100059,医用放射屏幕100083,心电图描记器100084,电疗器械100091,医用紫外线灯100105,医用激光器100106,医用X光产生装置和设备100131,医用X光照片100132,医用放射设备100133,放射医疗设备100134,医用X光管100136,医用X光防护装置100137,医用电极100174,医用带(电)100175,医用紫外线过滤器100181,医用电热毯100191,理疗设备100196,电子针灸仪100202,急救用热敷布(袋)100209,医用断层扫描仪100227,心率监测设备100232

※医疗用超声器械C100007,诊断和治疗期同位素设备和器械C100008,医用紫外线杀

菌灯 **C100011**

注:1. 医用电热垫,医用电毯与 **1111** 非医用电加热垫,非医用电热毯类似,与第九版及以前版本 **1111** 非医用电毯,非医用电加热垫(衬垫),电热毯交叉检索;

2. 医用紫外线灯,医用紫外线杀菌灯与 **1101** 第(三)部分商品类似;

3. 本类似群与 **1001** 医疗器械和仪器,医用诊断设备类似。

1004 医疗用辅助器具、设备和用品

分娩褥垫 **100004**,助听器 **100005**,喇叭状助听器 **100006**,病床用吸水床单 **100013**,失禁用垫 **100014**,卧床病人用便盆 **100025**,医用盆 **100026**,医用靴 **100031**,医用痰盂 **100034**,带轮担架 **100036**,救护车担架 **100037**,疝气带 **100039**,医用手套 **100043**,医用带 **100045**,孕妇托腹带 **100046**,外科用海绵 **100053**,医用垫 **100064**,吃药用勺 **100069**,挖耳勺 **100071**,医用指套 **100079**,医用水袋 **100082**,按摩用手套 **100092**,医用冰袋 **100094**,医用水床 **100096**,腹部护垫 **100098**,失眠用催眠枕头 **100101**,卧床病人用尿壶 **100110**,医用特制家具 **100119**,脐疝带 **100121**,听力保护器 **100124**,床用摆动器 **100157**,医用气枕 **100161**,医用气垫 **100162**,医用气褥垫 **100163**,无菌罩布(外科用)**100172**,医用床 **100173**,病人身上伤痛处防压垫(袋)**100195**,手术衣 **100200**,升举病人用器具 **100204**,医务人员用面罩 **100205**,手术用消毒盖布 **100207**,大便座椅 **100210**,医疗垃圾专用容器 **100216**,耳塞(听力保护装置)**100224**,除虱梳 **100229**

※氧气袋 **C100009**,口罩 **C100010**

注:1. 卧床病人用便盆,卧床病人用尿壶与 **2106** 便壶,痰盂类似;

2. 医用痰盂与 **2106** 痰盂类似;

3. 失禁用垫与 **0506** 失禁用尿布,失禁用吸收裤,婴儿尿裤,婴儿尿布类似,与第九版及以前版本 **0506** 吸收式失禁用尿布裤,失禁吸收衬裤,**1603** 纸或纤维素制婴儿尿布(一次性),纸制和纤维制婴儿尿布裤(一次性),纸制和纤维制婴儿尿布(一次性),纸或纤维素制婴儿尿布裤(一次性),纸制或纤维制婴儿尿布(一次性)类交叉检索;

4. 医用床与 **2001** 医院用病床,按摩用床类似,与第九版及以前版本 **2001** 医院用床交叉检索;

5. 无菌罩布(外科用)与第九版及以前版本 **0506** 外科手术用布(织物)交叉检索;

6. 耳塞(听力保护装置)与第九版及以前版本 **0919** 耳塞交叉检索。

1005 奶嘴,奶瓶

出牙咬环 **100018**,奶瓶 **100028**,吸奶器 **100107**,婴儿用安抚奶嘴 **100145**,奶瓶阀 **100169**,奶瓶用奶嘴 **100170**

1006 性用品

子宫帽 **100010**,避孕套 **100128**,非化学避孕用具 **100184**,性爱娃娃 **100219**,性玩具 **100234**

注:性爱娃娃与第九版及以前版本 **2006** 充气娃娃(非医用性助器)交叉检索。

1007 假肢,假发和假器官

人造颚 **100111**,假肢 **100117**,外科用人造皮肤 **100125**,人造乳房 **100141**,人造眼睛 **100159**,植发用毛发 **100192**,外科移植用假眼球 **100194**,人造外科移植物 **100208**

1008 矫形矫正用品

腹带 **100001**,下腹托带 **100002**,紧身腹围 **100003**,矫形用关节绷带 **100020**,支撑绷带 **100020**,石膏夹板(外科)**100021**,弹性绷带 **100022**,矫形用物品 **100038**,鞋用弓型支垫 **100040**,拘束衣 **100041**,矫形带 **100047**,矫形鞋 **100051**,伤残人用拐杖头 **100126**,平足支撑物 **100146**,悬吊式绷带 **100148**,外科用弹力袜 **100165**,静脉曲张用长袜 **100166**,伤残人用拐杖 **100168**,矫形鞋底 **100171**,医用紧身胸衣 **100183**,矫形用膝绷带 **100193**,矫形用石膏绷带 **100206**,吊带(支撑绷带)**100217**,残障者用助行架 **100226**,医用四脚拐杖 **100230**,压力衣 **100233**

注:矫形用关节绷带,支撑绷带,弹性绷带,悬吊式绷带,矫形用膝绷带,矫形用石膏绷带(模压品),吊带(支撑绷带)与 **0506** 卫生绷带,包扎绷带,外科用肩绷带类似,与第八版及以前版本 **0506** 绷带交叉检索。

1009 缝合用材料

羊肠线 **100035**,线(外科用)**100056**,缝合材料 **100149**

第十一类

照明、加热、蒸汽发生、烹饪、冷藏、干燥、通风、供水以及卫生用装置。

【注释】

本类尤其包括：

——空气调节装置；

——电或非电的暖床器，暖水袋，长柄暖床炉；

——非医用电热垫和电热毯：

——电水壶；

——电烹调用具。

本类尤其不包括：

——制造蒸汽的装置（机器部件）（第七类）；

——电暖衣服（第九类）。

1101 照明用设备、器具（不包括汽灯、油灯）

（一）灯泡 110021，电灯泡 110022，弧光灯 110023，电灯 110024，灯 110040，灯罩 110042，白炽灯 110043，袖珍手电筒 110051，便携式探照灯 110051，弧光灯碳棒 110072，玻璃灯罩 110091，照明用放电管 110111，灯光漫射器 110118，电灯灯头 110122，照明器械及装置 110130，枝形吊灯 110133，顶灯 110136，电灯丝 110145，照明灯（曳光管）110148，球形灯罩 110169，实验室灯 110176，安全灯 110182，灯光反射镜 110183，灯笼 110185，节日装饰彩色小灯 110185，照明用发光管 110189，照明用镁丝 110190，矿灯 110192，圣诞树用电灯 110195，发光门牌 110196，手电筒 110202，探照灯 110202，灯光遮罩 110237，灯罩座 110238，路灯 110263，水族池照明灯 110309，潜水灯 110322，发光二极管（LED）照明器具 110333

※舞台灯具 C110001，照像用回光灯 C110002，日光灯管 C110003

（二）空中运载工具用照明设备 110007，运载工具用灯 110027，汽车防眩光装置（灯配件）110030，汽车前灯 110031，自行车车灯 110045，运载工具转向信号装置用灯泡 110071，脚踏车车灯 110110，运载工具前灯 110200，运载工具用光反射镜 110212，运载工具用照明装置 110229，运载工具用防眩光装置（灯配件）110249，汽车转向指示器用灯 110255，汽车

灯 110256

（三）空气净化用杀菌灯 **110166**,非医用紫外线灯 **110180**

（四）烫发用灯 **110158**

注:**1.** 本类似群各部分之间商品不类似;

　2. 本类似群第（一）部分的灯,照明器械及装置与第（二）部分商品以及 **1103** 商品类似;

　3. 本类似群第（二）部分商品与第（一）部分的灯,照明器械及装置,**1211** 运载工具防眩光装置,运载工具遮光装置,运载工具转向信号装置类似,与第九版及以前版本 **1202** 车辆转向信号灯,车辆转向信号装置,车辆防眩光装置,车辆遮光装置交叉检索;

　4. 本类似群第（三）部分商品与 **1003** 医用紫外线灯,医用紫外线杀菌灯类似。

1102 喷焊灯

注:本类似群第十版时喷焊灯,热焊枪,喷灯移入 **0751** 类似群,乙炔发生器移入 **1107** 类似群。

1103 汽灯,油灯

乙炔灯 **110005**,照明用提灯 **110041**,油灯灯头 **110044**,煤油灯罩 **110092**,煤气灯 **110163**,油灯 **110179**

注:本类似群与 **1101** 第（一）部分的灯,照明器械及装置类似。

1104 烹调及民用电气加热设备(不包括厨房用手工用具,食品加工机器)

（一）炉用金属框架 **110025**,炉用构架 **110025**,电平底高压锅 **110029**,面包炉 **110053**,烤肉铁叉转动器 **110056**,烤肉铁叉 **110057**,咖啡豆烘烤机 **110066**,暖碟器 **110089**,电炊具 **110107**,烹调器 **110108**,烹调用装置和设备 **110109**,炉子 **110140**,水果烘烤器 **110159**,燃气

94

炉 110161，电炉 110170，烤面包器 110171，烤盘（烹饪设备）110172，烤架（烹饪设备）110172，烘烤器具 110172，麦芽烘焙器 110191，厨房炉灶（烘箱）110204，灶环 110210，电热翻转烤肉器 110220，烤炉 110230，酒精炉 110247，汽油炉 110248，燃气炉托架 110251，高压锅（电加压炊具）110254，电压力锅（高压锅）110254，奶瓶用电加热器 110257，烘蛋奶饼的电铁模 110258，电咖啡渗滤壶 110261，电力煮咖啡机 110262，便携式烤肉架 110265，电油炸锅 110266，电热水壶 110303，电热制酸奶器 110312，微波炉（厨房用具）110317，烤面包机 110329，制面包机 110332，加热展示柜 110335，多功能锅 110336，电蒸锅 110337

※烤饼炉 C110006，沼气灶 C110007，煤油炉 C110008，电铁锅 C110011，太阳灶 C110054，电热水瓶 C110055，电开水器 C110056

(二)野餐烧烤用火山岩石 110326

注:1. 本类似群各部分之间商品不类似；
   2. 太阳灶与 1109 太阳能集热器，太阳能收集器类似；
   3. 电热水壶，电热水瓶，电开水器与 1110 饮水机类似；
   4. 电热水瓶与 2111 暖水瓶类似；
   5. 电热制酸奶器与第九版及以前版本 0709 酸奶机交叉检索；
   6. 制面包机与第九版及以前版本 0709 面包机交叉检索。

1105 制冷、冷藏设备（不包括冷藏车）

冷藏柜 110026，冰柜 110106，饮料冷却装置 110119，水冷却装置 110125，冷冻设备和机器 110155，冷藏室 110156，步入式冷藏室 110156，冷藏集装箱 110157，制冰机和设备 110167，冰盒 110168，冷藏箱 110168，牛奶冷却装置 110177，液体冷却装置 110188，冷却装置和机器 110209，冷冻设备和装置 110213，冷却设备和装置 110214，烟草冷却装置 110227，冰箱 110274，冷藏展示柜 110330

※制冰淇淋机 C110012，冰箱自动化霜器 C110013，冰箱除味器 C110014，制冰棒机 C110015，冰镇球 C110016，玻璃钢冷却塔 C110046

1106 干燥、通风、空调设备（包括冷暖房设备）

(一)通风罩 110006，空气除臭装置 110009，空气冷却装置 110010，空调用过滤器 110011，空气再热器 110012，空气干燥器 110013，空气调节设备 110014，空气过滤设备

110015,风扇（空气调节）110065,运载工具用空调器110079,运载工具用供暖装置110081,烟囱用烟道110093,烟囱用风箱110094,干燥器110097,空气调节装置110099,运载工具用除霜器110112,干燥设备110117,气体净化装置110138,饲料和草料干燥设备110141,草料干燥装置110141,空气或水处理用电离设备110174,空气净化装置和机器110207,干燥装置和设备110222,风扇（空调部件）110225,烤烟机110228,通风设备和装置（空气调节）110233,运载工具用通风装置（空气调节）110234,实验室用通风罩110244,空气消毒器110245,运载工具窗户除霜加热器110250,气体冷凝器（非机器部件）110294,厨房用抽油烟机110314,个人用电风扇110315,电动干衣机110316,食余残渣脱水装置110321,织物蒸汽挂烫机110331

※排气风扇C110017,玻璃钢轴流风机C110018,润湿空气装置C110019,煤气净化器C110047,汽车发动机预热器C110048

（二）头发用吹风机110095
※电吹风C110020

注:1. 本类似群各部分之间商品不类似；
　　2. 电动干衣机与0724商品类似；
　　3. 织物蒸汽挂烫机与0808烫皱褶用熨斗,熨斗类似,与第九版及以前版本0924电熨斗,蒸汽挂烫机交叉检索；
　　4. 跨类似群保护商品:空气或水处理用电离设备（1106第（一）部分,1110第（一）部分）。

1107 加温、蒸汽设备（包括工业用炉、锅炉,不包括机车锅炉、锅驼机锅炉、蒸汽机锅炉）

（一）蓄热器110002,乙炔燃烧器110003,乙炔发生器110004,热风烘箱110008,热气装置110016,熔炉冷却装置110032,熔炉冷却槽110032,锅炉（非机器部件）110047,窑110048,散热器盖110050,水加热器110052,实验室燃烧器110058,石油工业用火炬塔110059,燃烧器110060,杀菌燃烧器110061,洗衣房用煮衣锅110063,洗衣用铜锅110063,加热装置110067,回热器110069,耐火陶土制炉灶配件110070,熔炉进料装置110074,加热用锅炉110077,供暖装置用锅炉管道（管）110078,固体、液体、气体燃料加热器110080,电加热装置110082,加热元件110085,熨斗加热器110086,浸入式加热器110090,胶加热器110100,蒸馏塔110101,燃料节省器＊110102,节油器＊110102,蒸馏装置110120,热交换器（非机器部件）110129,蒸发器110142,轻便锻炉110149,非实验室用炉110150,非实验室用烘箱110150,炉用成型配件110151,炉条110152,火炉栅110152,壁炉110153,炉灰箱110154,涤气器(气体装置部件)110160,燃气锅炉110162,蒸汽锅炉(非机器部件)110165,焚化炉110173,水箱液面控制阀110194,氢氧燃烧器110197,油炉110199,加热板110201,蒸汽供暖装置用气阀110205,精炼蒸馏塔110208,水加热器(装置)110211,热气流调节器110215,自来水或煤气设备和管道的调节附件110216,自来水或煤气设备和管道的保险附件110217,旋管(蒸馏、加热或冷却装置的部件)110224,炉膛灰渣自动输送装置110231,蒸汽发生设备110232,煤气管道的调节和安全附件110240,蒸汽储存器110242,蒸馏器 * 110246,供水设备110252,煤气设备的调节和安全附件110259,加热锅炉用管道110264,壁炉(家用)110267,热泵110268,太阳炉110270,暖气锅炉给水设备110273,窑具(支架)110279,工业用层析设备110292,加热用电热丝110293,水族池加热器110308,牙科用烘箱110311,恒温阀(供暖装置部件)110319,工业用微波炉110328

※锅炉报警器C110021,石墨坩埚C110022

(二)※舞台烟雾机C110049,演出用肥皂泡和泡沫发生器C110050

注:1. 本类似群各部分之间商品不类似;

2. 蒸汽锅炉(非机器部件)与0737蒸汽机锅炉类似;

3. 自来水或煤气设备和管道的调节附件,自来水或煤气设备和管道的保险附件与1108自来水设备的调节和安全附件类似;

4. 窑具(支架)与第八版及以前版本1907陶瓷窑具交叉检索;

5. 燃料节省器,节油器与0738火花节能器,0748引擎和马达用节油器类似,与第十版及以前版本0738节油器交叉检索;

6. 舞台烟雾机与第七版及以前版本0718舞台烟雾机交叉检索;

7. 乙炔发生器与第九版及以前版本1102乙炔发生器交叉检索;

8. 太阳炉与1109太阳能集热器,太阳能收集器类似;

9. 跨类似群保护商品:水箱液面控制阀(1107第(一)部分,1109)。

1108 水暖管件

(一)消防栓110049,龙头防溅喷嘴110055,水管龙头110068,管道旋塞(塞子)110068,管道龙头(栓)110068,供暖装置110073,水供暖装置110076,中央供暖装置用散热器110083,中央供暖散热器用增湿器110084,水分配设备110096,管道(卫生设备部件)110103,卫生设备用水管110103,引水管道设备110104,喷水器110126,压力水箱110127,

散热器(供暖)**110198**,龙头＊**110218**,自来水龙头垫圈**110219**,水管用混水龙头**110239**,自来水设备的调节和安全附件**110241**,进水装置**110276**,中央供暖装置用膨胀水箱**110313**

　　※水塔 **C110023**,暖气片 **C110024**,地漏 **C110025**,水暖装置用管子汽门 **C110038**,水暖装置用管子水门 **C110039**,水暖装置用管子水嘴 **C110040**,水暖装置用管子三通 **C110041**,水暖装置用管子四通 **C110042**,水暖装置用管子接头 **C110043**,水暖装置用管子箍 **C110044**,水暖装置用管子补心 **C110045**

　　(二)自动浇水装置**110001**,装饰喷泉**110175**,滴灌喷射器(灌溉设备配件)**110323**,农业用排灌机**110327**

　　注:1. 本类似群各部分之间商品不类似;

　　　2. 本类似群第(一)部分商品与 **0602** 的商品类似;

　　　3. 自来水设备的调节和安全附件与 **1107** 自来水或煤气设备和管道的调节附件,自来水或煤气设备和管道的保险附件类似,与第十版及以前版本 **1107** 供水或供煤气的设备和管道的调节附件,供水或供煤气的设备和管道的保险附件交叉检索;

　　　4. 管道(卫生设备部件),卫生设备用水管,引水管道设备与 **1109** 浴室用管子装置类似;

　　　5. 农业用排灌机与 **0701** 排水机类似,与第七版及以前版本 **0701** 农业用排灌机交叉检索。

1109　卫生设备(不包括盥洗室用具)

　　蒸气浴装置**110017**,澡盆**110033**,坐浴浴盆**110035**,便携式土耳其浴室**110036**,浴室装置**110037**,淋浴热水器**110038**,沐浴用设备**110039**,浴室用管子装置**110039**,(洗下身用的)坐浴盆**110046**,可移动盥洗室**110064**,冲水槽**110075**,抽水马桶**110105**,淋浴器**110121**,盥洗池(卫生设备部件)**110186**,盥洗盆(卫生设备部件)**110186**,水箱液面控制阀**110194**,卫生器械和设备**110221**,卫生间用干手器**110223**,坐便器**110235**,马桶座圈**110236**,太阳能集热器**110269**,晒皮肤器械(日光浴床)**110271**,冲水装置**110272**,水冲洗设备**110272**,非医用熏蒸设备**110278**,矿泉浴盆(容器)**110291**,桑拿浴设备**110297**,淋浴隔间**110298**,洗涤槽**110299**,蒸脸器具(蒸汽浴)**110300**,小便池(卫生设施)**110301**,喷射旋涡设备**110320**,清洁室(卫生装置)**110325**,水按摩洗浴设备**110334**

　　※太阳能热水器 **C110027**,冷热湿巾机 **C110036**,冷热柔巾机 **C110037**,太阳能收集器 **C110051**,浴霸 **C110053**,洗涤用热水器(煤气或电加热)**C110057**

注:1. 非医用熏蒸设备,蒸脸器具(蒸汽浴)与**1001**医用熏蒸设备类似;

2. 太阳能集热器,太阳能收集器与**1104**太阳灶以及**1107**太阳炉类似;

3. 太阳能热水器,淋浴热水器,蒸汽浴装置,淋浴器,沐浴用设备,桑拿浴设备,蒸脸器具(蒸汽浴),洗涤用热水器(煤气或电加热)与第十版及以前版本**1104**煤气热水器,电热水器,第九版及以前版本热水器交叉检索;

4. 浴室用管子装置与**1108**管道(卫生设备部件),卫生设备用水管,引水管道设备类似,与第九版及以前版本**1108**排水管道设备交叉检索;

5. 跨类似群保护商品:水箱液面控制阀(**1107**第(一)部分,**1109**)。

1110 消毒和净化设备

(一)卫生间用消毒剂分配器**110114**,消毒设备**110115**,海水淡化装置**110116**,水净化装置**110123**,水过滤器**110124**,水消毒器**110128**,污水净化设备**110135**,饮用水过滤器**110147**,空气或水处理用电离设备**110174**,巴氏灭菌器**110178**,水净化设备和机器**110206**,消毒器**110226**,水软化设备和装置**110243**,非个人用除臭装置**110275**,油净化器**110277**,水族池过滤设备**110307**,游泳池用氯化装置**110318**

※矿泉壶**C110028**,磁水器**C110029**,污水处理设备**C110030**,消毒碗柜**C110031**,饮水机**C110032**,化粪池**C110052**

(二)便携式一次性消毒小袋**110324**

注:1. 本类似群各部分之间商品不类似;

2. 饮水机与**1104**电热水壶,电热水瓶,电开水器类似,与第十版及以前版本**1104**电热壶交叉检索;

3. 跨类似群保护商品:空气或水处理用电离设备(**1106**第(一)部分,**1110**第(一)部分)。

1111 小型取暖器

暖足器(电或非电的)**110087**,电暖脚套**110088**,电暖器**110137**,炉子(取暖器具)**110143**,便携式取暖器**110280**,非医用电加热垫**110296**,热水袋**110302**,暖床器**110304**,非医用电热毯**110305**,长柄暖床炉**110306**,电热地毯**110310**

※怀炉**C110033**,电热窗帘**C110034**

注:**1.** 非医用电加热垫,非医用电热毯与 **1003** 医用电热垫,医用电毯类似;

2. 炉子(取暖器具)与第九版及以前版本 **1104** 炉子(取暖器具)交叉检索。

1112 不属别类的打火器具

点煤气用摩擦点火器 **110018**,气体引燃器 **110019**,打火机 * **110020**

1113 核能反应设备

核燃料和核减速剂处理装置 **110193**,燃料和核慢化剂处理装置 **110193**,聚合反应设备 **110203**,原子堆 **110253**,核反应堆 **110253**

第十二类

运载工具;陆、空、海用运载装置。

【注释】

本类尤其包括:

——陆地车辆用马达和引擎;

——陆地车辆用联结器和传动机件;

——气垫船。

本类尤其不包括:

——某些非运输用途的特种车辆(查阅按字母顺序排列的商品分类表);

——车辆的某些部件(查阅按字母顺序排列的商品分类表);

——铁路用金属材料(第六类);

——非陆地车辆用马达、引擎、联结器和传动机件(第七类);

——所有马达和引擎的部件(第七类)。

1201 火车及其零部件

火车车厢连接器120002,火车车轮轮缘120033,铁路车辆轮缘120033,铁路车辆转向架120047,缆索铁道车辆120071,铁路车辆120072,铁路车辆缓冲器120078,电动运载工具120110,冷藏货车(铁路车辆)120129,卧铺车厢120136,牵引机120137,机车120138,车厢(铁路)120140,铁路餐车120172,陆、空、水或铁路用机动运载工具120193,厢式餐车120220,餐饮车(厢式)120220,火车头烟囱120229,遥控运载工具(非玩具)120257

※火车车轮C120009,火车车轮毂C120010

注:1. 跨类似群保护商品:厢式餐车(1201,1202);餐饮车(厢式)(1201,1202);卧铺车厢(1201,1202);电动运载工具(1201,1202,1204第(一)部分,1205,1210);陆、空、水或铁路用机动运载工具(1201,1202,1204第(一)部分,1209,1210);遥控运载工具(非玩具)(1201,1202,1205,1209,1210);

2. 本类似群与1211商品类似。

1202 汽车、电车、摩托车及其零部件(不包括轮胎)

叉车120001,起重车120001,洒水车120016,公共汽车120018,大客车120019,卡车120022,弹药车(车辆)120052,有篷的车辆120056,拖车(车辆)120057,消防水管车120066,高尔夫球车(车辆)120068,拖拉机120075,运货车120076,小型机动车120099,电动运载工具120110,厢式汽车120125,冷藏车120128,运输用军车120144,摩托车120147,跑车120178,翻斗车120183,有轨电车120187,陆、空、水或铁路用机动运载工具120193,小汽车120199,汽车120199,混凝土搅拌车120213,厢式餐车120220,餐饮车(厢式)120220,救护车120233,野营车120249,房车120249,雪地机动车120256,遥控运载工具(非玩具)120257,装甲车120271

※油槽车C120001,蓄电池搬运车C120002

陆地车辆连接器120003,防滑链120014,车辆用拖车连接装置120017,汽车引擎盖120023,汽车链120024,汽车底盘120025,车辆倒退警报器120026,货车翻斗120042,车辆引擎罩120054,车篷120055,陆地车辆曲柄轴箱(非引擎用)120058,陆地车辆传动齿轮120103,陆地车辆用电动机120109,陆地车辆用离合器120111,车轴120119,车轴颈120120,毂罩120124,轮毂箍120127,陆地车辆引擎120130,陆地车辆马达120130,卧铺车厢120136,陆地车辆传动马达120139,汽车两侧脚踏板120141,陆地车辆联动机件120142,陆地车辆推进装置120143,陆地车辆用喷气发动机120145,陆地车辆用飞轮120148,汽车上的滑雪板架120161,车轮辐条紧杆120169,后视镜120173,摩托车挎斗120176,陆地车辆涡轮机120192,倾卸装置(卡车和货车的部件)120201,汽车车身120207,汽车保险杠120209,汽车减震器120210,陆地车辆变速箱120217,车身120222,陆地车辆用驱动链120225,陆地车辆用传动链120226,陆地车辆用扭矩变换器120227,陆地车辆减速齿轮120235,陆地车辆用连杆(非马达和引擎部件)120242,可升降尾板(陆地车辆部件)120243,可升降后挡板(陆地车辆部件)120243,电动后挡板(陆地车辆部件)120243,车用遮阳挡120245,陆地车辆传动轴120246,气囊(汽车安全装置)120247,汽车刹车片120263,备胎罩120264,汽车用点烟器120266,陆地车辆用发动机支架120272

※汽车车轮C120011,汽车车轮毂C120012,高压阻尼线(车辆专用)C120013,摩托车车轮C120014,摩托车车轮毂C120015,车辆防盗设备C120020

注:1. 本类似群与1211商品类似;

2. 摩托车与1204机动自行车,电动自行车,机动三轮车,电动三轮车,助力车,踏板车(机动车辆)类似;

3. 车辆倒退警报器,车辆防盗设备与0920第一自然段商品类似;

102

4. 本类似群与第九版及以前版本 1203 交叉检索;

5. 跨类似群保护商品:小型机动车(1202,1204 第(一)部分);厢式餐车(1201,1202);餐饮车(厢式)(1201,1202);卧铺车厢(1201,1202);电动运载工具(1201,1202,1204 第(一)部分,1205,1210);陆、空、水或铁路用机动运载工具(1201,1202,1204 第(一)部分,1209,1210);遥控运载工具(非玩具)(1201,1202,1205,1209,1210);

6. 汽车用点烟器与第九版及以前版本 0924 汽车用雪茄烟点火器交叉检索。

1203 摩托车及其零部件(不包括轮胎)

注:本类似群第十版时移入 1202 类似群。

1204 自行车、三轮车及其零部件(不包括轮胎)

(一)自行车 120044,脚踏车 120044,自行车用方向指示器 120045,自行车支架 120046,自行车、脚踏车支架(自行车、脚踏车部件)120046,挡泥板 120049,自行车链条 120061,脚踏车链条 120061,自行车、脚踏车用链条 120061,自行车车把 120080,脚踏车车把 120080,自行车、脚踏车车把 120080,脚踏车传动齿轮 120085,自行车车闸 120086,自行车、脚踏车车闸 120086,脚踏车车闸 120086,脚踏车挡泥板 120087,自行车轮圈 120088,脚踏车轮圈 120088,自行车、脚踏车轮圈 120088,自行车曲柄 120089,脚踏车马达 120090,脚踏车车毂 120091,脚踏车踏板 120092,自行车辐条 120094,脚踏车辐条 120094,自行车、脚踏车辐条 120094,自行车、脚踏车车轮 120095,自行车车座 120096,脚踏车车座 120096,脚踏车支架 120097,脚踏车用语音提醒装置 120098,小型机动车 120099,电动运载工具 120110,自行车、脚踏车用护衣装置 120122,送货用三轮脚踏车 120162,自行车、脚踏车或摩托车车座 120175,三轮脚踏车 120191,陆、空、水或铁路用机动运载工具 120193,机动自行车 120196,自行车车架 120221,脚踏车车架 120221,自行车、脚踏车车架 120221,自行车或摩托车座套 120232,三轮车用筐 120248,脚踏车辆用驮篮 120254,踏板车(机动车辆)120258,自行车专用马鞍包 120268,自行车车铃 120269,脚踏车车铃 120270

※自行车车筐 C120003,电动自行车 C120016,机动三轮车 C120017,电动三轮车 C120018,助力车 C120019

(二)自行车打气筒 120093,脚踏车打气筒 120093,自行车、脚踏车用打气筒 120093

103

注:1. 本类似群各部分之间商品不类似；

2. 本类似群第(一)部分与 1211 商品类似；

3. 本类似群第(二)部分与 0808 手动打气筒类似；

4. 机动自行车,电动自行车,机动三轮车,电动三轮车,助力车,踏板车(机动车辆)与 1202 摩托车类似,与第九版及以前版本 1203 摩托车交叉检索；

5. 脚踏车马达与第八版及以前版本 0748 自行车电机交叉检索；

6. 跨类似群保护商品:小型机动车(1202,1204 第(一)部分);电动运载工具(1201,1202,1204 第(一)部分,1205,1210);陆、空、水或铁路用机动运载工具(1201,1202,1204 第(一)部分,1209,1210)。

1205 缆车,架空运输设备

架空运输设备 120004,缆绳运输车辆 120051,浇铸用车 120067,铁水包用车 120067,电动运载工具 120110,运送滑雪者上山的滑雪缆车 120170,吊椅缆车 120180,绳缆运输装置和设备 120188,轨道缆车 120189,缆车 120190,高架缆车 120190,遥控运载工具(非玩具)120257

注:1. 本类似群与 1211 商品类似；

2. 跨类似群保护商品:电动运载工具(1201,1202,1204 第(一)部分,1205,1210);遥控运载工具(非玩具)(1201,1202,1205,1209,1210)。

1206 轮椅,手推车,儿童推车

采矿用手推车车轮 120043,运行李推车 120050,窄底手推车 120050,两轮手推车 120050,轮椅 120062,搬运手推车 120065,手摇车 120106,手推车＊120106,婴儿车 120163,折叠式婴儿车 120163,轻便婴儿车 120163,婴儿车盖篷 120164,折叠式婴儿车盖篷 120164,轻便婴儿车盖篷 120164,婴儿车车篷 120165,折叠式婴儿车车篷 120165,独轮手推小车 120218,推车(运载工具)用小脚轮 120250,清洁用手推车 120251,购物用手推车 120255,倾卸式斗车 120265

※折叠行李车 C120004

注:1. 手推车与 2001 手推车(家具)类似,与第九版及以前版本 2001 送茶手推车交叉检索；

104

2. 婴儿车,折叠式婴儿车,轻便婴儿车与**2001**婴儿学步车类似;

3. 本类似群与**1211**商品类似。

1207 畜力车辆

公共马车**120152**,雪橇(运载工具)**120186**,马车**120219**,反冲式雪橇**120253**

注:本类似群与**1211**商品类似。

1208 轮胎及轮胎修理工具

(一)充气轮胎的内胎**120007**,运载工具用轮胎**120031**,自行车车胎**120084**,脚踏车车胎**120084**,自行车、脚踏车车胎**120084**,充气外胎(轮胎)**120114**,轮胎防滑钉**120155**,翻新轮胎用胎面**120156**,充气轮胎**120157**,运载工具用实心轮胎**120157**,轮胎(运载工具用)**120158**,补内胎用粘胶补片**120194**,汽车轮胎**120206**,自行车、脚踏车内胎**120214**,自行车、脚踏车用无内胎轮胎**120234**

※飞机轮胎 **C120005**

(二)补内胎用全套工具**120008**

注:本类似群各部分之间商品不类似。

1209 空用运载工具(不包括飞机轮胎)

空中运载工具**120005**,热气球**120006**,水陆两用飞机**120012**,飞机**120027**,飞船**120030**,飞艇**120030**,降落伞**120113**,空间飞行器**120117**,水上飞机**120134**,水上滑行艇**120135**,航空器**120184**,陆、空、水或铁路用机动运载工具**120193**,航空装置、机器和设备**120203**,飞机的弹射座椅**120223**,遥控运载工具(非玩具)**120257**

※登机用引桥 **C120006**

注:1. 降落伞与**2807**滑翔伞类似;

2. 跨类似群保护商品:陆、空、水或铁路用机动运载工具(**1201**,**1202**,**1204**第(一)部分,**1209**,**1210**);遥控运载工具(非玩具)(**1201**,**1202**,**1205**,**1209**,**1210**);

3. 本类似群与**1211**商品类似。

1210 水用运载工具

船 120021，渡船 120028，船体 120035，船壳 120035，船钩头篙 120036，船舶操舵装置 120037，船舶转向装置 120037，船只分离装置 120038，船舶下水台 120039，船用螺旋桨 120040，桨 120041，船只吊杆 120048，驳船 120063，汽艇 120064，舵 120070，船舶烟囱 120073，船的木龙骨 120082，挖泥船 120105，电动运载工具 120110，船桅 120118，双桨艇用桨 120131，船尾橹 120131，舷窗 120133，水上运载工具 120149，轮船 120150，轮船用螺旋桨（推进器）120151，独木舟桨 120153，趸船 120159，螺旋桨 120166，系索耳（航海）120179，桨架 120182，陆、空、水或铁路用机动运载工具 120193，游艇 120202，气垫船 120237，船舶护舷垫 120252，遥控运载工具（非玩具）120257，船用桅杆 120259

※浮桥（橡胶制）C120008

注：1. 跨类似群保护商品：电动运载工具（1201；1202；1204 第（一）部分；1205；1210）；陆、空、水或铁路用机动运载工具（1201，1202，1204 第（一）部分，1209，1210）；遥控运载工具（非玩具）（1201，1202，1205，1209，1210）；

   2. 本类似群与 1211 商品类似。

1211 运载工具零部件

气泵（运载工具附件）120009，运载工具用悬置减震器 120010，运载工具用减震弹簧 120011，运载工具轮胎用防滑装置 120013，运载工具座椅头靠 120015，运载工具用行李架 120029，运载工具轮胎气门嘴 120032，运载工具用扭力杆 120034，运载工具用轮子 120053，运载工具座椅用安全带 120059，运载工具用轮毂 120060，运载工具底盘 120069，运载工具用履带（滚动带）120074，运载工具用履带（拖拉机型）120074，运载工具缓冲器 120077，运载工具用液压回路 120079，运载工具用卧铺 120081，儿童安全座（运载工具用）120112，运载工具轮平衡器 120116，风挡刮水器 120121，挡风玻璃刮水器 120121，运载工具用行李网 120123，运载工具用刹车 120126，运载工具座椅套 120132，挡风玻璃 120154，风挡 120154，运载工具用门 120160，运载工具用轮辐 120168，运载工具用悬挂弹簧 120171，运载工具用轮圈 120174，运载工具用座椅 120177，运载工具底架 120185，运载工具内装饰品 120195，运载工具用窗户 120198，运载工具防盗设备 120200，运载工具防眩光装置＊120204，运载工具遮光装置＊120204，运载工具防盗报警器 120211，运载工具用喇叭 120212，运载工具用刹车垫 120215，运载工具用制动蹄 120216，运载工具用盖罩（成形）120224，运载工具转向信号装置 120228，运载工具用方向盘 120230，运载工具用刹车扇形片 120236，运载工具用油箱盖120241,运载工具座椅用安全束带120244,运载工具方向盘罩120260,运载工具用扰流板120261,前灯刮水器120262,运载工具用刹车盘120267

注:1. 本类似群与1201,1202,1203,1204第(一)部分,1205,1206,1207,1209,1210商品类似;

2. 运载工具防盗设备,运载工具防盗报警器与0920第一自然段商品类似;

3. 运载工具防眩光装置,运载工具遮光装置,运载工具转向信号装置与1101第(二)部分商品类似。

第十三类

火器;军火及弹药;爆炸物;烟火。

【注释】

第十三类主要包括火器和花炮产品。

本类尤其不包括:

——火柴(第三十四类)。

1301 火器,军火及子弹

炮架130002,机动武器130007,催泪武器130008,火器130009,火器清洁刷130010,大炮130014,弹道导弹130015,弹道武器130015,装子弹带装置130016,弹壳130019,加农炮130020,枪管130021,步枪枪管130021,卡宾枪130022,步枪130022,子弹130023,装弹装置130024,子弹袋130025,猎枪130026,体育用火器130026,弹药130027,枪撞针130028,步枪撞针130028,角状火药容器130029,火器后膛130031,枪盒130033,步枪盒130033,信号火箭130035,枪(武器)130036,枪托130037,枪瞄准镜130038,枪和步枪用瞄准镜130038,步枪瞄准镜130038,步枪扳机保险130040,枪和步枪用扳机保险130040,打猎铅弹130041,火器弹药130042,火箭发射装置130043,机枪130046,迫击炮(火器)130047,炮弹130048,手枪(武器)130049,导弹(武器)130052,左轮手枪130055,重武器炮耳130056,发射平台130057,除瞄准望远镜外的火器用瞄准器130058,气枪(武器)130059,武器肩带130063,除瞄准望远镜外的武器用瞄准器130065,火箭(自动推进武器)130068,捕鲸炮(武器)130069,枪支用消声器130070,坦克车(武器)130071,弹药带130074,自动武器用弹药带130075,鱼雷130076,随身武器(火器)130077,手榴弹130078,信号枪130079

※炮衣C130001,防暴捕网器C130007,捕捉网发射器C130008

1302 爆炸物

乙酰硝化棉130001,爆炸弹药筒130003,硝酸铵炸药130005,雷管130006,起爆栓130018,火药棉130030,甘油炸药130032,炸药130034,地雷用炸药导火线130044,地雷(爆炸物)130045,火药130050,爆炸火药130051,自燃性引火物130053,炸药导火线130060,起

爆药（导火线）130061，炸药用引爆信管130062，炸药点火拉绳130062，非玩具用火帽130066

※做炸药用木粉C130002，射钉弹C130003，发令纸C130004

1303 烟火，爆竹

焰火130013，信号烟火130017，烟火产品130054，爆炸性烟雾信号130064，鞭炮130072
※爆竹C130005，烟花C130006

1304 个人防护用喷雾

个人防护用喷雾130073

第十四类

贵重金属及其合金,不属别类的贵重金属制品或镀有贵重金属的物品;珠宝首饰,宝石;钟表和计时仪器。

【注释】

第十四类主要包括贵重金属,不属别类的贵重金属制品,并通常包括珠宝首饰和钟表。

本类尤其包括:

——首饰(即仿真首饰、贵重金属制首饰和宝石);

——衬衫袖口的链扣,领带饰针。

本类尤其不包括:

——按功能或用途进行分类的贵重金属制品,如:画家、装饰家、印刷商和艺术家用金属箔及金属粉(第二类),牙科用金汞合金(第五类),刀、叉和勺餐具(第八类),电触点(第九类),金笔尖(第十六类),茶壶(第二十一类),金银线制刺绣品(第二十六类),雪茄烟盒(第三十四类);

——非贵重金属制艺术品(按其原料分类)。

1401 贵重金属及其合金

贵重金属锭 140003,铱 140045,未加工或半加工贵重金属 140055,未加工的金或金箔 140063,锇 140066,钯 140067,铂(金属)140075,铑 140083,钌 140085,贵重金属合金 140104,未加工、未打造的银 140163

1402 贵重金属盒

贵重金属盒 140113,首饰盒 140166,首饰包 140170

注:首饰盒与第八版及以前版本 2006 非贵重金属首饰盒交叉检索。

1403 珠宝,首饰,宝石及贵重金属制纪念品

玛瑙 140001,黄琥珀首饰 140004,人造琥珀制珍珠(压制的琥珀)140005,护身符(首

饰)140006,细银丝(银线)140008,银线(首饰)140009,手镯(首饰)140015,小饰物(首饰)140018,胸针(首饰)140019,链(首饰)140024,项链(首饰)140031,领带夹140033,硬币140034,金刚石140035,贵重金属丝线(首饰)140040,象牙(首饰)140046,黑色大理石饰品140047,未加工或半加工墨玉140048,铜纪念币140049,珠宝首饰140050,盒式项链坠140051,奖章140052,橄榄石(宝石)140062,贵橄榄石140062,金线(首饰)140064,装饰品(首饰)140068,贵重金属饰针140069,珍珠(珠宝)140070,次宝石140073,宝石140074,尖晶石(宝石)140095,贵重金属塑像140096,人造珠宝140097,戒指(首饰)140107,贵重金属艺术品140109,帽子装饰品(贵重金属)140117,耳环140118,鞋饰品(贵重金属)140119,衬衫袖口链扣140122,贵重金属半身雕像140123,贵重金属小雕像140146,贵重金属小塑像140146,别针(首饰)140150,领带别针140151,贵重金属徽章140152,钥匙圈(小饰物或短链饰物)140162,景泰蓝首饰140165,制首饰用珠子140167,首饰用扣钩140168,首饰配件140169

※金红石(宝石)C140001,人造金刚石C140002,翡翠C140003,激光宝石C140005

※玉雕艺术品C140004,银制工艺品C140006,玉雕首饰C140007,角、骨、牙、介首饰及艺术品C140008,磁疗首饰C140009,景泰蓝工艺品C140010

注:本类似群与第八版及以前版本1402仿金制品,镀金物品交叉检索。

1404 钟,表,计时器及其零部件

钟表指针(钟表制造)140002,钟140011,摆(钟表制造)140013,发条匣(钟表制造)140014,手表140016,手表带140017,表带140017,钟表盘(钟表制造)140021,日晷140022,钟表发条装置140023,表链140025,计时器(手表)140027,精密计时器140028,瞬时计140029,计时仪器140030,电子钟表140032,钟表盒140039,原子钟140042,主时钟140043,钟外壳140044,表140057,表发条140058,表蒙140059,表玻璃140059,钟表机件140060,闹钟140082,簧片(钟表制造)140106,表壳140144,表盒(礼品)140145,秒表140164

※语言报时钟C140011,电子万年台历C140012,表袋(套)C140013

第十五类

乐器。

【注释】

本类尤其包括：

——机械钢琴及其附件；

——八音盒；

——电动和电子乐器。

本类尤其不包括：

——录音、播音、扩音和放音装置(第九类)。

1501 乐器

手风琴150001，簧(管)乐器150003，钢琴150008，小六角手风琴150011，手摇风琴150012，低音提琴(乐器)150013，口琴150014，大号(号)150016，钟琴(乐器)150017，响板150018，小铃帽(乐器)150019，齐特拉琴150022，单簧管150023，乐器150025，六角手风琴150026，低音提琴150027，弦乐器150029，号(乐器)150030，短号(乐器)150031，铙钹150032，笛150036，锣150037，单簧口琴(乐器)150038，吉他150039，簧风琴150040，竖琴150041，双簧管150043，电子乐器150044，七弦琴150046，曼陀林150049，风笛150051，三角铁(乐器)150055，奥卡利那笛150056，风琴150057，管风琴150058，鼓(乐器)150066，铃鼓150067，印度手鼓150068，定音鼓150069，长号150070，号角150071，喇叭150072，中提琴150074，小提琴150075，木琴150076，胡琴150081，竹笛150082，琵琶150083，笙150084，唢呐150085，手摇铃(乐器)150086，音乐合成器150087，萨克斯管150089，巴拉莱卡琴(弦乐器)150090，班卓琴150091

※电子琴C150001，弹拨乐器C150002，打击乐器C150003，筝C150005，箫C150009，木鱼C150011

1502 乐器辅助用品及配件

校音扳头150002，乐器琴弓150004，乐器琴弓螺帽150005，弦乐器用弓柄150006，弓用马毛(乐器用)**150007**,指挥棒**150009**,鼓槌**150010**,乐器用肠线**150015**,定音鼓架**150020**,乐器弦轴**150021**,乐器键盘**150024**,乐器弦**150028**,音叉**150033**,吹奏乐器的管口**150034**,乐器盒**150035**,竖琴弦**150042**,机械钢琴用音量调节器**150045**,拨弦片**150048**,小提琴腮托**150050**,音乐盒**150052**,活页乐谱翻页器**150053**,琴码**150054**,鼓面**150059**,鼓皮**150059**,乐器用踏板**150060**,钢琴键盘**150061**,钢琴弦**150062**,钢琴键**150063**,乐器风管**150064**,乐器用弱音器**150065**,乐器栓塞**150073**,乐器音键**150077**,乐谱纸卷(钢琴)**150078**,穿孔乐谱纸卷**150079**,乐谱架**150080**,乐器架**150088**

※校音器(定音器)**C150012**,笛膜**C150013**

第十六类

纸和纸板,不属别类的纸和纸板制品;印刷品;装订用品;照片;文具;文具或家庭用粘合剂;美术用品;画笔;打字机和办公用品(家具除外);教育或教学用品(仪器除外);包装用塑料物品(不属别类的);印刷铅字;印版。

【注释】

第十六类主要包括纸、纸制品和办公用品。

本类尤其包括:

——切纸刀;

——油印机;

——包装用塑料纸、塑料提兜和塑料袋。

本类尤其不包括:

——某些纸制品和纸板制品(查阅按字母顺序排列的商品分类表);

——颜料(第二类);

——艺术家用手工具(如修平刀、雕塑凿刀)(第八类)。

1601 工业用纸

纸 * 160006,型纸 160191,羊皮纸 160210,纸带 160244,木浆纸 160279

※砂管纸 C160001,塑料贴面底层纸 C160002,纸粕辊纸(包括羊毛纸、石棉纸、棉料纸)C160003,印刷纸(包括胶版纸、新闻纸、书刊用纸、证券纸、凹版纸、凸版纸)C160004,精布轮纸 C160005,膏药纸 C160006,制版纸 C160007,铜版纸 C160008,钢纸原纸 C160009,油毡原纸 C160010,植绒纸 C160011

注:纸与 1602,1603,1604,1605,1609 第一、二自然段类似。

1602 技术用纸(不包括绝缘纸)

描图纸 160062,描图布 160063,复写纸 160066,记录机用纸 160067,心电图纸 160140,滤纸 160156,过滤材料(纸)160157,蜡纸(文具)160161,发光纸 160190,速印机用墨纸

114

160199,录制计算机程序用纸带和卡片 **160231**,无线电报纸 **160233**,文件复印机用墨纸 **160241**,复印纸(文具)**160332**,蜡纸 **160339**,宣纸(用于中国绘画和书法)**160347**

※唱片芯纸 **C160012**,扬声器纸 **C160013**,石蜡纸 **C160014**,黑照相卡纸 **C160015**,蜡光纸 **C160016**,胶卷感光防护纸 **C160017**,不透光纸 **C160018**,电传用纸 **C160019**,红外线光谱分析纸 **C160020**,地图纸 **C160021**,海图纸 **C160022**,镜头纸 **C160023**,防腐纸 **C160024**,制图纸 **C160025**,裱纸 **C160026**,有光纸 **C160027**,绘画用纸 **C160028**,打字蜡纸 **C160030**,防锈纸 **C160031**

注:**1.** 本类似群与 **1601** 纸类似;

2. 复印纸(文具),电传用纸与 **0107** 传真纸,热敏纸类似;

3. 复印纸(文具),复写纸与 **1605** 纸张(文具),写字纸类似;

4. 宣纸(用于中国绘画和书法)与绘画用纸,裱纸类似,与其他技术用纸不类似。

1603 生活用纸

啤酒杯垫 **160037**,卫生纸 **160094**,纸制餐桌用布 **160186**,纸手帕 **160198**,纸桌布 **160200**,纸制花盆套 **160229**,纸制杯盘垫 **160254**,纸围涎 **160276**,纸制杯垫 **160283**,卸妆用薄纸 **160294**,纸餐巾 **160295**,纸制餐具垫 **160296**,纸巾 **160306**,纸制洗脸巾 **160307**,抽屉用衬纸(有或没有香味)**160344**,纸蝴蝶结 **160351**

※彩色皱纹纸 **C160032**,木纹纸 **C160033**,纸制抹布 **C160034**

注:**1.** 本类似群与 **1601** 纸类似;

2. 卫生纸,纸手帕,卸妆用薄纸,纸餐巾,纸巾,纸制洗脸巾,纸制抹布与 **0506** 卫生棉条,卫生垫,卫生巾,浸药液的薄纸,消毒纸巾类似,与第九版及以前版本 **0506** 月经垫,浸药液的卫生纸交叉检索;

3. 卫生纸,纸手帕,卸妆用薄纸,纸餐巾,纸巾,纸制洗脸巾与 **0306** 浸化妆水的薄纸类似,与第九版及以前版本 **0306** 浸化妆品的卫生纸,浸化妆品的薄纸交叉检索;

4. 啤酒杯垫,纸制杯盘垫,纸制杯垫与 **2101** 纸盘,家用纸托盘类似。

1604 纸板

纸或纸板制广告牌 **160008**,卡纸板 ∗ **160075**,缝纫用型板 **160212**,纸或纸板制告示牌 **160305**,纸或纸板制标志牌 **160327**

※白纸板 C160035,箱纸板 C160036,牛皮纸板 C160037,提花纸板 C160038,过滤纸板 C160039,滤芯纸板 C160040,防水纸板 C160041,雷达纸板 C160042,瓦楞原纸（纸板）C160043,盲人书籍纸 C160044

注：本类似群与 1601 纸类似。

1605 办公、日用纸制品

（一）影集 160013,剪贴集 160013,票 160038,绘画便笺簿 160041,便笺本 160042,小册子 160046,绣花图样（纸样）160047,笔记本或绘图本 160058,描图图样 160061,笔记本 160068,卡片＊160070,图表 160070,索引卡片（文具）160072,纸张（文具）160074,提花机穿孔卡 160077,目录册 160080,索引卡标签条 160081,函件格 160101,印刷图表 160121,图表 160126,信封（文具）160127,纹章牌（纸封签）160137,分类账本 160153,索引卡片 160154,表格（印刷好的）160158,复制图 160167,明信片 160174,印刷品 160175,手册 160180,写字纸 160182,小册子（手册）160189,复写本（文具）160192,封条 160206,蓝图 160223,平面图 160223,书签 160249,贺卡 160250,日历（年历）160269,日历 160270,通知卡片（文具）160284,旗（纸制）160286,临摹用字帖 160303,非纺织品标签 160308,音乐贺卡 160336,非游戏用集换式卡片 160354,传单 160360

※稿纸 C160045,口取纸 C160046,名片 C160048,请帖 C160049,证书 C160050,练习本 C160051

（二）雪茄烟用套环 160016,硬纸管 160078,纸制小雕像 160155
※纸制声管 C160047,皮制行李标签 C160052

注：1. 本类似群各部分之间商品不类似,但皮制行李标签与非纺织品标签类似；

2. 本类似群除皮制行李标签外,其他商品与 1601 纸类似；

3. 本类似群第（一）部分与 1611 家具除外的办公必需品,文具,学校用品（文具）,1614 书写材料类似；

4. 日历（年历）,日历与 1606 印刷出版物类似；

5. 纸张（文具）,写字纸与 1602 复印纸（文具）,复写纸类似；

6. 印刷品与 1606,1607 第一、二自然段类似。

116

1606 印刷出版物

(一)海报 160007,地图册 160034,歌曲集 160082,书籍 160095,地图 160164,印刷时刻表 160172,印刷出版物 160179,说明书 160232,连环漫画书 160331

※带有电子发声装置的儿童图书 C160011

(二)报纸 160032,期刊 160033,杂志(期刊)160243,新闻刊物 160337

注:1. 本类似群第(二)部分商品与第(一)部分印刷出版物类似,与其他商品不类似;

    2. 本类似群与 1605 印刷品类似;

    3. 印刷出版物与 1605 日历(年历),日历,1607 第一、二自然段类似,与第九版及以前版本 1605 撕页日历交叉检索;

    4. 带有电子发声装置的儿童图书与 0908 学习机,电子教学学习机,带有图书的电子发声装置类似。

1607 照片,图片,图画

图画 160014,水彩画 160020,雕刻印刷品 160028,平版印刷工艺品 160029,镶框或未镶框的绘画(图画)160030,彩色石印画片 160090,印花用图画 160119,蚀刻版画 160129,书画刻印作品 160168,石印品 160187,石印油画 160204,肖像 160228

※年画 C160053,宣传画 C160054,油画 C160055,剪纸 C160056

邮票 160260

照片(印制的)160147,镶嵌照片用装置 160219,照相架 160220,照相板 160221

※照相角 C160057

注:本类似群第一、二自然段与 1605 印刷品,1606 印刷出版物类似。

1608 纸牌,扑克牌

注:本类似群第八版时移入 2803 类似群。

1609 纸及不属别类的塑料包装物品

锡纸 160025,纸板制帽盒 160076,锥形纸袋 160102,纸制奶油容器 160115,包装纸 160130,模绘板盒 160214,包装用纸袋或塑料袋(信封、小袋)160246,纸板盒或纸盒 160280,纸板或纸制瓶封套 160282,包装用再生纤维素纸 160288,纸制或塑料制垃圾袋 160292,瓶用纸板或纸制包装物 160304,包装用粘胶纤维纸 160310,微波烹饪袋 160323,咖啡过滤纸 160324,淀粉制包装材料 160338,纸制或塑料制食品包装用吸收纸 160355,纸制或塑料制食品包装用湿度调节纸 160356,纸或纸板制(填充或衬垫用)包装材料 160365,纸或纸板制填充材料 160366

※仿羊皮纸(防油纸)C160059,糖果包装纸 C160060,牛皮纸 C160061,水泥袋 C160062,纸箱 C160063

包装用塑料膜 160218,包装用塑料气泡膜 160285,垫货盘用可伸展塑料膜 160325
※保鲜膜 C160064

注:本类似群第一、二自然段与 1601 纸类似。

1610 办公装订、切削用具

订书钉 160010,手压订书机(办公用品)160012,削铅笔机(电或非电)160017,办公室用封口机 160056,办公室用打孔器 160093,打孔器(办公用品)160141,办公室用信封封口机 160146,书籍装订用织物 160150,装订带(装订书用)160205,书籍装订材料 160236,书籍装订用封皮 160237,书籍装订用布 160238,书籍装订细绳 160239,装订线 160239,办公用碎纸机 160287,切纸机(办公用品)160291,切纸刀(办公用品)160291,裁纸刀(办公用品)160291,削铅笔器(电或非电)160293,书籍装订器 160330,办公用文件层压机 160346

※订书机 C160065,订书针 C160066,卷笔刀 C160067,铅笔刀 C160068,办公用打孔、切纸两用机 C160070,开信封机 C160071,起钉器(办公用品)C160111

注:本类似群与 1611 家具除外的办公必需品,文具,学校用品(文具)类似。

1611 办公文具(不包括笔,墨,印,胶水)

办公用夹 160010,书挡 160018,文件夹(文具)160022,书写用石板 160023,活页夹 160035,固定书写工具用腕带 160045,图钉 160048,润湿器(办公用品)160049,封蜡

160055,分钱、数钱用托盘 160059,护指套(办公用品)160064,文件夹 160085,公文套 160085,文件夹(办公用品)160092,涂改液(办公用品)160103,修改墨(日光胶版术)160104,封面(文具)160108,文件套(文具)160108,纸夹子 160116,擦涂用品 160135,擦涂挡板 160138,橡皮擦 160139,钢笔擦净器 160148,家具除外的办公必需品 160159,办公室用刮子(擦除器)160169,胶面增湿器(办公用品)160173,压纸器 160183,夹纸曲别针 160202,文具 160209,夹子(文具)160224,学校用品(文具)160248,办公桌用书写垫 160255,透明软片(文具)160262,办公用橡皮筋 160275,木浆板(文具)160278,笔架 160281,文具柜(办公用品)160289,文具盒(文具)160300,文具盒(全套)160302,粘贴物(文具)160328,支票簿夹 160333,护照夹 160340,书写板用涂擦器 160348,带夹纸装置的书写板 160349,非电的地图指示器 160350,夹钱用夹子 160353,修正带(办公用品)160357,文件托架(文具)160361,书夹 160362,印记清除器 160364

※转盘笔挂 C160072,大头针(文具)C160073,回形针 C160074,昆虫针 C160075,学生读书矫正仪 C160076,护视力阅览架 C160077,木制参观卡片 C160078

注:1. 家具除外的办公必需品,文具,学校用品(文具)与 1605 第(一)部分,1610,1612,1613,1614,1615,1616 商品类似,家具除外的办公必需品也与 1618 商品类似;

2. 文件夹(文具),文件夹,文件夹(办公用品)与第八版及以前版本 1802 文件夹(皮革制)交叉检索;

3. 支票簿夹,护照夹与 1802 支票夹(皮革制),护照夹(皮革制)类似;

4. 粘贴物(文具)与 1615 商品类似;

5. 夹钱用夹子与第八版及以前版本 0611 普通金属制钱夹交叉检索;

6. 文具盒(文具),文具盒(全套)与第九版及以前版本 1614 笔盒交叉检索;

7. 封面(文具)与第十版及以前版本 1609 书籍封皮交叉检索。

1612 墨,砚

吸墨用具 160051,墨汁 160089,墨水 * 160142,墨水池 160144,墨水台 160301,块墨 160334,砚台 160335

※墨锭 C160079

注:1. 本类似群与 1614 书写材料类似;

2. 本类似群与 1611 家具除外的办公必需品,文具,学校用品(文具)类似。

1613 印章,印油

地址印章 **160004**,印章(印) **160052**,封口印章 **160053**,印台(油墨印台) **160054**,封印(印章) **160149**,手印器具 **160176**,编号机 **160203**,印台 **160247**,图章(印)托架 **160258**,图章(印)盒 **160259**,印章架 **160261**

※印油(打印油) **C160081**,朱印油 **C160082**,印台水 **C160083**,印泥 **C160084**,号码机 **C160085**

注:本类似群与 **1611** 家具除外的办公必需品,文具,学校用品(文具)类似。

1614 笔

钢笔 **160002**,笔夹 **160011**,铅笔 **160031**,画家用刷(画笔) **160050**,铅笔芯 **160105**,铅笔套 **160113**,自动铅笔 **160114**,笔尖 **160131**,钢笔盒 **160133**,金制笔尖 **160134**,书写材料 **160136**,炭笔 **160160**,绘画笔 **160185**,自来水笔 **160225**,钢笔(办公用品) **160242**,圆珠笔滚珠 **160253**,画笔 **160273**,笔杆 **160299**,毛笔 **160342**,书写工具 **160343**,记号笔(文具) **160359**

※活动铅笔 **C160086**,蜡笔 **C160087**,蘸水钢笔 **C160088**,圆珠笔油墨 **C160089**,排笔(文具) **C160090**,曲线笔 **C160091**,笔套 **C160092**,油画棒 **C160094**,素描木炭条 **C160095**,白板笔 **C160096**

注:1. 本类似群与 **1611** 家具除外的办公必需品,文具,学校用品(文具)类似;

　　2. 书写材料与 **1605** 第(一)部分,**1612** 商品类似;

　　3. 排笔(文具)与 **2107** 排笔刷类似。

1615 办公或家庭用胶带或粘合剂

胶带分配器(办公用品) **160003**,文具用胶带 **160036**,文具用密封化合物 **160057**,文具或家用谷朊胶 **160264**,文具或家用粘合剂(胶水) **160265**,文具或家用胶条 **160266**,文具或家用胶带 **160267**,办公或家用淀粉浆糊(胶粘剂) **160271**,文具或家用自粘胶带 **160274**,文具或家用胶 **160290**,文具或家用浆糊 **160290**,文具或家用胶水 **160311**,文具胶布 **160312**,文具或家用鱼胶 **160313**

※不干胶纸 **C160097**

注:本类似群与1611家具除外的办公必需品,文具,学校用品(文具),粘贴物(文具)类似。

1616 办公室用绘图仪器,绘画仪器

直角尺160069,绘图用圆规160096,曲线板160107,绘画仪器160125,画图用描图针160184,比例绘图仪(绘图器械)160208,制图尺160234,绘图用直角尺160297,绘图用丁字尺160298

※比例尺C160098

注:1. 本类似群与1611家具除外的办公必需品,文具,学校用品(文具)类似;
   2. 本类似群与0905规尺(量具),圆规(测量仪器),量具,尺(量器),刻度尺类似。

1617 绘画用具(不包括绘图仪器,笔)

画家用靠手架160019,画家用画架160087,绘木纹用梳具160122,绘画板160123,绘画材料160124,绘画支架160151,艺术家用水彩颜料碟160166,画家用调色板160207,房屋油漆用辊子160215,油画布160216,颜料盒(学校用品)160217,画蔓叶花饰器具160263,蚀刻针160309,颜料盘160358

※画箱C160099,绘画膜C160100

1618 打字机、誊写机、油印机及其附件(包括印刷铅字、印版)

姓名地址印写机160005,办公用邮资盖印机160009,办公用邮资计费器160009,速印机160128,电动或非电动打字机160132,色带160143,便携式印刷成套工具(办公用品)160178,油印器械及机器160230,打字机键160257,电脑打印机用色带160326,非电的信用卡盖印机160345

钢字160001,印模(雕版)160015,凸印版160040,色带卷轴160043,印刷铅字160065,排字架(印刷)160084,数字(打字用铅字)160088,铅字(打字)160097,铅字(数字和字母)160097,排字盘160098,石板印刷用白垩160110,打字机辊160118,活字盘架(印刷用)160162,电铸版160163,雕刻版160170,胶版160171,非纺织品制印刷机垫160177,石印石160188,镂花模板160226,蜡纸模板160227,铅字排版嵌条160235,打字机带160245,姓名地址印写机用印版160268

121

※胶滚卡盘 C160101,家用油墨辊 C160112

注:1. 本类似群与 1611 家具除外的办公必需品类似;

2. 凸印版,胶版,电铸版与 0705 印刷版类似;

3. 办公用邮资盖印机,办公用邮资计费器与第九版及以前版本 0902 邮件打戳器交叉检索。

1619 教学用具(不包括教学实验用仪器)

(一)石笔 160024,算术表 160027,计算表 160027,显微镜用生物样本(教学材料) 160039,教学材料(仪器除外)160071,教学用组织剖面图 160106,粉笔 160109,粉笔盒 160112,地球仪 160165,做标记用粉笔 160193,黑板 160201,彩色粉笔(蜡笔)160211

※黑板擦 C160104,教学用模型标本 C160105,数学教具 C160106,磁性写字板 C160107,教学挂图 C160108,电动吸尘擦 C160109,教学教鞭 C160110

(二)裁缝用粉块 160111,裁缝用划线块 160251

注:本类似群各部分之间商品不类似,但第(二)部分商品与第(一)部分粉笔,做标记用粉笔,彩色粉笔(蜡笔)类似,与第八版及以前版本印记用粉笔交叉检索。

1620 室内模型物(不包括教学用模型标本)

建筑模型 160021,模型用黏土 160026,非牙科用模型蜡 160091,制模型用塑料 160195,模型材料 160196,模型用湿黏土 160197,雕塑黏土用模具(艺术家用原材料)160352,模型用聚合物制黏土 160363

注:模型用聚合物制黏土与第十版及以前版本 2802 橡皮泥交叉检索。

1621 单一商品

念珠 160083

第十七类

橡胶、古塔胶、树胶、石棉、云母,以及不属别类的这些原材料的制品;生产用成型塑料制品;包装、填充和绝缘用材料;非金属软管。

【注释】

第十七类主要包括电绝缘,隔热或隔音材料,以及生产用塑料片、板或杆。

本类尤其包括:

——修复轮胎用橡胶材料;

——橡胶或塑料制衬垫及填充料;

——抗污染的浮动屏障。

1701 不属别类的橡胶,古塔胶,树胶

巴拉塔树胶170010,生橡胶或半成品橡胶170017,合成橡胶170020,古塔胶170050,乳胶(天然胶)170064,液态橡胶170113,橡胶水170114,未加工或半加工树胶170117

※再生胶C170001,固体古马隆C170002

注:1. 液态橡胶,橡胶水与0115商品类似;

2. 跨类似群保护商品:生橡胶或半成品橡胶(1701,1703第(一)部分)。

1702 非金属密封减震制品

橡皮圈170004,密封环170009,防水圈170009,瓶用橡胶密封物170012,挡风条170013,挡风雨条170013,挡风雨条材料170015,橡皮塞子170018,橡胶制瓣阀170019,橡胶制减震缓冲器170021,管道垫圈170030,管道接头垫圈170030,离合器垫170039,填缝材料170040,补漏用化学合成物170042,垫片(密封垫)170043,填充垫圈170043,密封物170043,部分加工的刹车衬垫材料170048,封泥170066,非金属制管套筒170067,非金属制管套170067,保护机器零件用橡胶套170068,接头用密封物170069,橡胶或硬纤维垫圈170076,非文具用、非医用、非家用胶带170085,压缩空气管道用非金属附件170086,管道用非金属加固材料170089,非文具、非医用、非家用自粘胶带170092,橡皮挡块170093

※高压锅圈 **C170004**，胶衬 **C170005**，胶套 **C170006**，胶壳 **C170007**，石棉油盘根 **C170008**

注：补漏用化学合成物与 **0115** 商品类似。

1703 橡胶，树脂，纤维制品

（一）半加工醋酸纤维素 **170001**，丙烯酸树脂（半成品）**170002**，生橡胶或半成品橡胶 **170017**，橡胶绳 **170031**，硬橡胶 **170036**，非纺织用弹性线 **170038**，非纺织用弹性纱 **170038**，硫化纤维 **170046**，塑料焊丝 **170047**，焊接用塑料线 **170047**，非包装用再生纤维素箔 **170053**，非包装用再生纤维素片 **170053**，人造树脂（半成品）**170075**，合成树脂（半成品）**170075**，橡胶或硫化纤维制阀 **170082**，非包装用粘胶纤维纸 **170083**，非纺织用橡胶线 **170095**，非纺织用碳纤维 **170096**，半加工塑料物质 **170097**，硬橡胶铸模 **170100**，非纺织用塑料纤维 **170102**，非纺织用塑料线 **170105**，过滤材料（未加工泡沫或塑料膜）**170106**，翻新轮胎用橡胶材料 **170109**，插花用泡沫支撑物（半成品）**170112**

※半成品海绵 **C170014**，有机玻璃 **C170015**

（二）汽缸接头 **170033**，管道用非金属接头 **170073**

※塑料管 **C170009**，塑料板 **C170024**，塑料杆 **C170025**，塑料条 **C170026**

（三）非包装用塑料膜 **170072**，农业用塑料膜 **170111**，窗户用防强光薄膜（染色膜）**170115**

※农用地膜 **C170013**，电控透光塑料薄膜 **C170016**

（四）※橡胶榔头 **C170010**，贮气囊 **C170011**，渔业用浮球 **C170012**

注：1. 本类似群各部分之间商品不类似，第（四）部分各商品之间互不类似；

2. 跨类似群保护商品：生橡胶或半成品橡胶（**1701**，**1703** 第（一）部分）；

3. 塑料管，管道用非金属接头与 **1704** 浇水软管，非金属软管，纺织材料制软管，运载工具散热器用连接软管，**1909** 第（一）部分第一、二自然段类似，与第九版及以前版本 **1704** 车辆取暖器软管，车辆水箱用连接软管交叉检索；

4. 塑料管，塑料板，塑料杆，塑料条与 **1909** 建筑用塑料管，建筑用塑料板，建筑用塑料杆，建筑用塑料条类似。

1704 软管

浇水软管 170006,非金属软管 170022,纺织材料制软管 170025,帆布水龙带 170065,运载工具散热器用连接软管 170074

注:1. 浇水软管,非金属软管,纺织材料制软管,运载工具散热器用连接软管与 **1703** 塑料管,管道用非金属接头,**1909** 第(一)部分第一、二自然段类似;

2. 帆布水龙带与 **0916** 消防水龙带类似。

1705 保温、隔热、隔音材料

(一)石棉防火幕 170003,石棉石板 170005,保温用非导热材料 170016,防热辐射合成物 170024,锅炉隔热材料 170026,石棉板 170035,石棉毡 170044,建筑防潮材料 170058,石棉纸 170071,石棉遮盖物 170078,石棉织物 170079,石棉布 170080,石棉包装材料 170081,石棉厚纸板 170087,石棉纤维 170088,石棉 170091

隔音材料 170008,隔音用树皮板 170037

※石棉绳、线、带 C170017,石棉粉 C170018,玻璃纤维保温板和管 C170019,防水隔热粉 C170020

(二)防污染的浮动障碍物 170108

注:1. 本类似群各部分之间商品不类似;

2. 防水隔热粉与 **0205** 防水粉(涂料)类似;

3. 石棉包装材料与第八版及以前版本 **1707** 石棉包装材料交叉检索。

1706 绝缘用材料及其制品

绝缘材料 170023,电容器纸 170029,电介质(绝缘体)170034,绝缘毡 170045,绝缘手套 170049,变压器用绝缘油 170051,绝缘油 170052,绝缘纸 170055,绝缘织物 170056,绝缘清漆 170057,绝缘用金属箔 170059,绝缘漆 170060,矿渣棉(绝缘体)170061,矿棉(绝缘体)170062,绝缘用玻璃棉 170063,未加工或部分加工云母 170070,铁路轨道绝缘物 170084,电缆绝缘体 170094,电网用绝缘体 170098,绝缘体 170099,绝缘用玻璃纤维 170103,绝缘用玻璃纤维织物**170104**,绝缘胶布和绝缘带**170107**,绝缘胶带**170107**,绝缘灰浆**170110**,绝缘耐火材料**170116**

※绝缘电瓷 **C170021**,绝缘涂料 **C170022**

注:绝缘耐火材料与 **1907** 商品类似。

1707 包装、填充用材料(包括橡胶、塑料制品)

防水包装物**170011**,橡胶或塑料制填充材料**170014**,橡胶或塑料填料**170014**,包装用棉绒(堵缝)**170032**,膨胀接合填料**170041**,包装用橡胶袋(信封、小袋)**170077**,橡胶或塑料制(填充或衬垫用)包装材料**170101**

1708 单一商品

※封拉线(卷烟)**C170023**

第十八类

皮革和人造皮革,不属别类的皮革和人造皮革制品;毛皮;箱子和旅行袋;雨伞和阳伞;手杖;鞭和马具。

【注释】

第十八类主要包括皮革、人造皮革、不属别类的旅行用品和马具。

本类尤其不包括:

——服装、鞋、帽(查阅按字母顺序排列的商品分类表)。

1801 皮革和人造皮革,裘皮

动物皮 180002,金箔加工用肠膜 180008,皮板 180022,鞣制过的皮 180032,背皮(兽皮的一部分)180038,半加工或未加工皮革 180039,仿皮革 180042,家畜皮 180088,非清洁用麂皮 180094

生毛皮 180002,小山羊皮 180027,软毛皮(仿皮制品)180063,裘皮 180067,毛皮 180067

注:本类似群与第九版及以前版本 1803 商品交叉检索。

1802 不属别类的皮革、人造皮革制品,箱子及旅行袋,日用革制品

(一)(女式)钱包 180010,乐谱盒 180013,猎物袋(打猎用具)180019,书包 180020,卡片盒(皮夹子)180021,皮制帽盒 180023,旅行箱 180029,抱婴儿用吊袋 180044,皮革工具袋(空的)180047,弹簧用皮套 180052,背包 180058,手提包骨架 180065,钱包(钱夹)180069,带轮购物袋 180070,购物袋 180071,公文箱 180073,爬山用手提袋 180074,野营手提袋 180075,海滨浴场用手提袋 180076,手提包 180077,旅行包 180078,包装用皮袋(信封、小袋)180079,包装用皮革封套 180079,包装用皮袋 180079,公文包 180083,旅行用具(皮件)180084,手提旅行包(箱)180085,手提箱提手 180086,皮革或皮革板制盒 180089,链式网眼钱包 180090,皮箱或皮纸板箱 180091,行李箱 180092,非专用化妆包 180093,硫化纤维盒 180098,帆布背包 180100,旅行用衣袋 180111,钥匙包 180113,购物网袋 180114,手提箱 180115,运动包＊180118,抱婴儿用吊带 180122,婴儿背袋 180123,包＊180124,信用卡包

180125,名片夹 **180126**

　　※人造革箱 **C180001**,帆布箱 **C180002**,支票夹(皮革制) **C180008**,护照夹(皮革制) **C180009**

　　(二)家具用皮装饰 **180041**,家具用皮缘饰 **180041**,皮制家具罩 **180116**
　　※皮褥子 **C180003**,皮床单 **C180004**,皮凉席 **C180005**,皮垫 **C180006**

　　(三)士兵装备用皮带 **180012**,皮制系带 **180031**,冰鞋系带 **180035**,捆扎用皮带 **180036**,皮制带子 **180036**,皮线 **180040**,皮绳 **180040**,皮制下颏带 **180062**,皮活门 **180087**,皮肩带 **180096**

　　注:**1.** 本类似群各部分之间商品不类似;
　　　　2. 本类似群第一部分商品与第八版及以前版本 **1402** 贵重金属钱包,贵重金属链式网眼钱包交叉检索;
　　　　3. 支票夹(皮革制),护照夹(皮革制)与 **1611** 支票簿夹,护照夹类似,与第十版及以前版本 **1611** 支票夹,第九版及以前版本 **1611** 支票本(支票簿)夹交叉检索;
　　　　4. 皮制家具罩与 **2407** 家具罩(宽大的),家具遮盖物,塑料家具罩,纺织品制家具罩类似;
　　　　5. 皮褥子,皮床单,皮凉席与 **2406** 商品类似;
　　　　6. 皮垫与 **2013** 软垫类似,与第八版及以前版本 **2407** 坐垫(非纸制),纺织品垫交叉检索;
　　　　7. 名片夹与第十版及以前版本 **1611** 已接受商品名片夹等类似商品交叉检索。

1803 　裱皮

　　注:本类似群第十版时移入 **1801** 类似群。

1804 　雨伞及其部件

　　伞环 **180003**,雨伞或阳伞的伞骨 **180007**,伞杆 **180014**,雨伞或阳伞骨架 **180018**,伞 **180043**,伞套 **180051**,女用阳伞 **180066**,伞柄 **180068**

1805 手杖

铁头登山杖 **180001**,登山杖 **180001**,手杖 **180015**,带凳手杖 **180016**,手杖柄 **180060**

1806 动物用具

鞍架 **180004**,牵引动物用皮索 **180005**,系狗皮带 **180005**,马鞍扣栓 **180006**,小勒缰 **180011**,动物嚼子(马具)**180017**,马轭 **180025**,马毯 **180026**,动物用口套 **180028**,动物项圈 **180030**,马具用带 **180033**,马缰绳 **180033**,皮带(鞍具)**180034**,马镫橡皮件 **180045**,马镫皮带 **180046**,鞭子 **180049**,秣囊(草料袋)**180050**,马用护膝 **180053**,动物外套 **180054**,宠物服装 **180054**,动物用挽具 **180055**,眼罩(马具)**180056**,挽绳(马具)**180057**,笼头 **180059**,马笼头 **180059**,九尾鞭 **180061**,缰绳 **180072**,皮肚带 **180080**,马鞍 **180081**,鞍具 **180082**,马鞍套 **180097**,辔头(马具)**180112**,马鞍用垫 **180117**,马镫 **180119**,马具配件 **180120**,马掌 **180121**

> **注**:本类似群与第八版及以前版本 0615 金属马镫,金属马掌,1402 贵重金属马具配件,1708 非金属马掌交叉检索。

1807 肠衣

制香肠用肠衣 **180009**

第十九类

非金属的建筑材料；建筑用非金属刚性管；柏油，沥青；可移动非金属建筑物；非金属碑。

【注释】

第十九类主要包括非金属建筑材料。

本类尤其包括：

——半成品木材（如横梁、板、护板）；

——胶合板；

——建筑用玻璃（如平板、玻璃瓦片）；

——路标用玻璃颗粒；

——混凝土制信箱。

本类尤其不包括：

——水泥贮藏或防水用制剂（第一类）；

——防火制剂（第一类）。

1901 半成品木材

木衬条 190015，屋顶板 190021，半成品木材 190026，木材 190027，建筑用木材 190027，胶合板 190028，成品木材 190029，制家用器具用木材 190030，已切锯木材 190031，铺地木材 190032，贴面板 190033，镶饰表面的薄板 190033，胶合木板 190034，木板条 190035，拼花地板条 190106，软木（压缩）190111，狭木板 190125，制桶用木板 190125，可塑木料 190127，制模用木材 190127，厚木板（建筑用）190149，铁路用非金属枕木 190176，小块木料（木工用）190185，木屑板 190186，建筑用木浆板 190201，木地板条 190248

※纤维板 C190001，树脂复合板 C190002，镁铝曲板 C190003，木地板 C190035

注：地板条，拼花地板条，木地板与 1909 拼花地板，非金属地板类似。

1902 土,沙,石,石料,灰泥,炉渣等建筑用料

板岩粉 190008，细沙 190010，制陶器用黏土 190011，火磨石（砂岩）190012，混凝土

190023, 制砖用土 190039, 石灰石 190043, 陶土 (原材料) 190047, 筑路或铺路材料 190051, 石灰 190052, 建筑灰浆 190053, 砂浆 190053, 片岩 190059, 未加工的白垩 190072, 石英 190073, 石料 190094, 黏土 * 190096, 沙砾 190099, 建筑用砂石 190100, 炉渣 (建筑材料) 190104, 铺路用道渣 190105, 碎石 190116, 建筑用橄榄石 190132, 建筑石料 190141, 矿渣石 190143, 石灰华 190145, 石制品 190146, 砂 (铸造砂除外) 190166, 硅石 (石英) 190168, 赤土 190172, 非金属铺路块料 190200, 含钙泥灰土 190211, 水族池砾石 190233, 水族池用沙 190234, 块石 190237, 斑岩 (石头) 190244, 水晶石 190253

石板 190006, 屋顶石板片 190007, 花岗石 190098, 大理石 190120, 人造石 190142

※膨胀珍珠岩 C190004, 建筑用石粉 C190005

注: 石板, 屋顶石板片, 花岗石, 大理石, 人造石与 1906 商品类似。

1903 石膏

雪花石膏 190003, 熟石膏 * 190054, 石膏 190102

※石膏板 C190006

1904 水泥

石棉水泥 190004, 水泥 * 190036, 熔炉用水泥 190092, 高炉用水泥 190093, 镁氧水泥 190118

1905 水泥预制构件

混凝土建筑构件 190024, 水泥板 190057, 水泥柱 190058, 混凝土用非金属模板 190198

※水泥管 C190007, 水泥电杆 C190008, 水泥架 C190009, 石棉水泥板 C190010

注: 水泥电杆与 1909 电线用非金属杆, 非金属电线杆类似。

1906 建筑砖瓦

砖 190038, 建筑用嵌砖 190126, 非金属屋瓦 190151, 建筑用非金属砖瓦 190213, 非金属地板砖 190214, 非金属砖地板 190249, 波形瓦 190250, 非金属墙砖 190251

※石棉水泥瓦 **C190011**,玻璃马赛克 **C190012**,水磨石 **C190013**,瓷砖 **C190014**

注:本类似群与 **1902** 石板,屋顶石板片,花岗石,大理石,人造石类似。

1907 非金属耐火材料及制品

石棉灰泥 **190005**,耐火黏土 **190048**,熟耐火黏土 **190048**,防火水泥涂层 **190056**,非金属耐火建筑材料 **190242**

※耐火砂 **C190015**,耐火纤维 **C190016**,硅酸铝耐火纤维 **C190017**,耐火砖、瓦 **C190018**,陶瓷纤维棉、毡 **C190019**,矽砂 **C190020**,矽砂火泥 **C190021**,黏土火泥 **C190022**,镁泥 **C190023**,炉用耐火材料(电炉瓷盘) **C190024**

注:本类似群与 **1706** 绝缘耐火材料类似。

1908 柏油,沥青及制品

柏油 **190013**,铺路沥青 **190014**,沥青 **190017**,建筑用焦油条 **190018**,建筑用沥青制成物 **190025**,沥青(人造沥青) **190037**,建筑用纸板(涂柏油的) **190046**,屋顶用沥青涂层 **190082**,建筑用毡 **190090**,煤焦油沥青 **190097**,路面敷料 **190161**,沥青(焦油沥青) **190171**

※油膏 **C190026**,防水卷材 **C190027**

1909 非金属建筑材料及构件(不包括水泥预制构件)

(一)非金属雨水管 **190075**,非金属水管 **190076**,非金属分岔管 **190080**,非金属硬管(建筑用) **190178**,非金属排水管 **190220**,非金属压力水管 **190232**,通风和空调设备用非金属管 **190235**

※建筑用塑料管 **C190033**,铝塑复合管 **C190042**

屋脊 **190009**,栏杆 **190016**,非金属折门 **190022**,非金属檐槽 **190044**,建筑用卡纸板 **190045**,建筑用纸板 **190045**,壁炉台 **190049**,建筑用非金属框架 **190050**,非金属烟囱 **190055**,非金属隔板 **190060**,建筑用纸 **190062**,非金属檐口 **190064**,非金属檐板嵌条 **190065**,非金属制屋顶防雨板 **190066**,非金属角铁 **190067**,非金属窗 **190068**,非金属门 * **190069**,非金属检修孔盖 **190070**,非金属制屋顶覆盖物 **190071**,非金属楼梯踏板 **190074**,非

金属、非塑料制水管阀 190077，非金属脚手架 190078，电线用非金属杆 190079，非金属梁 190083，非金属支架 190086，建筑用玻璃板（窗）190095，砂石管 190101，非金属固定百叶窗 190103，非金属和非纺织品制室外遮帘 190107，非金属板条 190109，拼花地板 190112，非金属楼梯基（楼梯部件）190113，非金属楣 190114，建筑用非金属门廊 190123，建筑用非金属嵌条 190128，墙用非金属包层（建筑）190130，建筑用非金属盖板 190131，非金属百叶窗 190133，非金属围栏 190134，非金属栅栏 190135，非金属桩 190136，非金属板柱 190136，墙用非金属衬料（建筑）190138，（鸟的）栖木 190140，非金属地板 190147，非金属天花板 190148，建筑用非金属包层 190150，建筑用非金属遮盖物 190150，建筑用非金属覆盖层 190150，建筑用非金属衬板 190150，建筑用非金属外表面 190150，非金属大门 190153，非金属门板 190154，非金属电线杆 190155，非金属搁栅 190157，预制非金属台 190158，非金属槛 190162，建筑用芦饰 190163，非金属屋顶 190173，非金属格架 190177，非金属竖铰链窗 190179，彩绘玻璃窗 190182，非金属护壁板 190189，建筑用非金属加固材料 190191，非金属建筑材料 190197，非金属柱 190206，非金属窗框 190208，非金属门框 190209，非金属门框架 190209，温室用非金属架 190210，非金属园艺格架 190210，非金属烟囱罩 190212，非金属烟囱管帽 190216，非金属烟囱接长部件 190217，非金属烟囱柱 190218，非金属铺地平板 190219，非金属或非塑料排水阱（阀）190221，非金属楼梯 190222，建筑用非金属嵌板 190223，凝结的甘蔗渣（建筑材料）190231，土工布 190236，乙烯基壁板 190238，非金属防昆虫纱窗 190239，太阳能电池组成的非金属屋顶板 190240，非金属垫路板 190241，非金属制街道排水沟 190245，非金属旋转栅门 190246，建筑用非金属平板 190252，非金属装甲门 190254

※岩棉制品（建筑用）C190028，玻璃用建筑材料（不包括卫生设备）C190029，玻璃钢制门、窗 C190030，玻璃钢制天花板 C190031，玻璃钢建筑构件 C190032，塑钢门窗 C190038，建筑用塑料板 C190039，建筑用塑料杆 C190040，建筑用塑料条 C190041，塑料地板 C190043，橡胶地板 C190044

（二）非金属铸模 190091，发光铺路块料 190115

注：1. 本类似群各部分之间商品不类似；
   2. 建筑用塑料管，建筑用塑料板，建筑用塑料杆，建筑用塑料条与 1703 塑料管，塑料板，塑料杆，塑料条类似；
   3. 拼花地板，非金属地板与 1901 地板条，拼花地板条，木地板类似；
   4. 非金属地板，塑料地板，橡胶地板与第九版及以前版本 2703 塑料或橡胶地板块，塑料或橡胶地板革，塑料或橡胶地板砖类似；

5. 电线用非金属杆,非金属电线杆与 **1905** 水泥电杆类似;

6. 铝塑复合管与第八版及以前版本 **0603** 铝塑复合管(以铝为主),**1703** 铝塑复合管交叉检索;

7. 塑钢门窗与 **0603** 金属门,金属固定百叶窗,室外金属百叶窗,金属百叶窗,金属大门,金属竖铰链窗,金属窗等金属制门窗类似;

8. 第(一)部分第一、二自然段与 **1703** 塑料管,管道用非金属接头,**1704** 浇水软管,非金属软管,纺织材料制软管,运载工具散热器用连接软管类似,与第九版及以前版本 **1704** 车辆取暖器软管,车辆水箱用连接软管交叉检索;

9. 非金属垫路板与第八版及以前版本 **2003** 非金属狭道板交叉检索;

10. 非金属旋转栅门与第九版及以前版本 **0914** 自动旋转栅门交叉检索;

11. 太阳能电池组成的非金属屋顶板与 **0922** 太阳能电池,发电用太阳能电池板类似。

1910 非金属建筑物

非金属广告栏 **190001**,棚屋 **190019**,集市棚屋 **190020**,非金属电话间 **190041**,非金属电话亭 **190041**,水下建筑工程用沉箱 **190042**,非金属建筑物 **190061**,非金属猪圈 **190084**,非金属牲畜棚 **190085**,非金属火箭发射台 **190108**,可移动的非金属建筑物 **190119**,合成材料制成的路标板和路标条 **190122**,非金属桅杆 **190124**,不发光、非机械的非金属信号板 **190137**,溜冰场(非金属结构)**190139**,非金属跳水板 **190152**,非金属鸡房 **190156**,(贮液或贮气用)砖石容器 **190160**,不发光、非机械的非金属路牌 **190164**,不发光、非机械的非金属标志 **190165**,可移动的非金属温室 **190167**,非金属筒仓 **190169**,凉亭(非金属结构)**190175**,鸟舍(非金属结构)**190184**,非金属下锚柱 **190187**,船只停泊用非金属浮动船坞 **190188**,水族池(建筑物)**190190**,鸟食台(非金属结构)**190194**,不发光非金属信号台 **190195**,游泳池(非金属结构)**190196**,非金属制自行车停放装置 **190199**,非金属简易小浴室 **190203**,喷漆用非金属间 **190205**,公路防撞用非金属护栏 **190227**,砖石信箱 **190228**,非金属预制房(成套组件)**190243**

1911 建筑用玻璃及玻璃材料

磨砂玻璃 **190002**,建筑玻璃 **190063**,路标用玻璃颗粒 **190121**,隔热玻璃(建筑)**190180**,窗玻璃(运载工具窗玻璃除外)**190181**,建筑用窗玻璃 **190183**,安全玻璃 **190192**

※镀膜玻璃 **C190034**

注：本类似群与 2113 彩饰玻璃,乳白玻璃,半透明玻璃,运载工具用窗玻璃(半成品),不碎玻璃,钢化玻璃类似,与第十版及以前版本 2113 乳色玻璃,第九版及以前版本 2113 车窗玻璃(半成品)交叉检索。

1912 建筑用涂层

涂层(建筑材料)190129

注：本类似群与 0205 商品类似。

1913 建筑用粘合料

制煤砖用粘合料 190040,制砖用粘合料 190040,修路用粘合材料 190110

1914 石、混凝土、大理石雕塑品

石、混凝土或大理石像 190170,石、混凝土或大理石艺术品 190193,石、混凝土或大理石半身雕塑像 190202,石、混凝土或大理石小塑像 190224,石、混凝土或大理石小雕像 190224

1915 棺椁墓碑

墓穴用非金属围栏 190081,非金属墓板 190088,非金属纪念标牌 190089,非金属纪念碑 190117,墓碑 190144,墓石 190144,非金属墓 190174,非金属墓穴 190215,非金属墓(纪念物)190225,非金属墓碑柱 190226,非金属墓碑标牌 190247

第二十类

家具,镜子,相框;不属别类的木、软木、苇、藤、柳条、角、骨、象牙、鲸骨、贝壳、琥珀、珍珠母、海泡石制品,这些材料的代用品或塑料制品。

【注释】

第二十类主要包括家具及其部件和不属别类的塑料制品。

本类尤其包括:

——金属家具和野营用家具;

——床上用品(如床垫、弹簧垫、枕头);

——镜子及陈设或梳妆用镜;

——非金属牌照;

——非金属、非混凝土制信箱。

本类尤其不包括:

——某些按其功能或用途分类的特种镜子(查阅按字母顺序排列的商品分类表);

——实验室用特种家具(第九类);

——医用特种家具(第十类);

——床单和枕套(第二十四类);

——鸭绒被(第二十四类)。

2001 家具

碗柜200014,药柜200015,长凳(家具)200020,婴儿玩耍用携带式围栏200022,婴儿床200023,婴儿摇床200023,摇篮200023,图书馆书架200024,床架(木制)200026,瓶架200031,餐具柜200034,书桌200036,办公家具200037,服装架200038,家具200041,索引卡片柜(家具)200043,文件柜200044,椅子(座椅)200050,座椅200050,安乐椅200051,头靠(家具)200052,帽架200053,陈列架200057,衣架200059,档案架(家具)200062,扶手椅200063,有抽屉的橱200066,柜台(台子)200067,桌子＊200070,床垫＊200079,有小脚轮的茶具台200082,制图桌200083,长沙发200085,细木工家具200088,学校用家具200094,打字机架200095,打字台200095,床＊200102,搁物架(家具)200108,花架(家具)200115,花盆台座200116,枪架200118,非金属盛肉柜200122,砧板(桌子)200126,衣服罩(衣柜)

中国工商出版社商标注册与管理类图书目录

书　名	出版日期	定　价
商标法理解与适用	2015－03	50.00
工商行政管理机关查处商标违法案件实务	2015－04	36.00
地理标志先锋人物（一）	2014－07	48.00
地理标志工作札记（一）	2014－07	48.00
田野里盛开商标花——地理标志及农产品商标管理经验汇编（二）	2014－04	48.00
中国百年商标法律集成	2014－04	528.00
中华人民共和国商标法释义	2013－09	48.00
中国工商行政管理分论丛书——商标注册与管理	2012－06	43.00
商标注册用商品和服务国际分类（按字母顺序排列）	2012－01	48.00
商标注册用商品和服务国际分类（按类别顺序排列）	2012－01	48.00
国家商标战略实施示范城市（区）经验交流暨商标运用保护会议文件汇编	2011－05	45.00
地方商标战略文件汇编	2010－12	25.00
全国工商系统商标战略暨世博会标志保护培训文件汇编	2010－08	30.00
中国加入马德里商标国际注册体系20周年座谈会文件汇编	2010－04	18.00

购书请联系我们：

发行一部：东北、华东、西北地区
传真号码：010－63711281
邮　　箱：fx63735995@163.com
联系电话：63725178
户　　名：中国工商出版社
开户银行：工商银行北京市长安支行
帐　　号：0200003319916816851

发行二部：华北、中南、西南地区
传真号码：010－83610373
邮　　箱：fx63730074@163.com
联系电话：63730074

200129,金属家具200132,报纸陈列架200134,杂志架200135,盥洗台（家具）200137,医院用病床200138,讲稿小搁台200141,衣帽架200144,立式书桌200152,伞搁架200164,屏风（家具）200165,搁架（家具）200172,写字台200180,金属座椅200182,沙发200183,长靠椅200184,床架200185,金属桌200188,梳妆台200189,贮存架200191,带锁小柜200192,折叠式躺椅200194,支架（家具）200196,餐具架200198,陈列柜（家具）200200,计算机架200212,送餐车（家具）200222,按摩用床200229,非医用水压床200230,非医用水床200230,搁脚凳200235,凳子200235,理发座椅200241,衣服罩（储藏用）200252,手推车（家具）200254,婴儿用高椅200257,婴儿学步车200258,装有脚轮的计算机架200266,阅书架（家具）200270,毛巾架（家具）200276,婴儿尿布更换台200278,装在墙上的尿布更换台200278,自立式隔板（家具）200284,充气家具200288,首饰展示架200292

※绘图桌C200001,美容柜（家具）C200002,电视机架C200003,音响支架（家具）C200004,茶几C200006,琴凳C200007,摇椅C200040

注:1. 手推车（家具）与1206手推车类似;

2. 医院用病床,按摩用床与1004医用床类似;

3. 陈列架与第九版及以前版本0611金属陈列架交叉检索;

4. 婴儿学步车与1206婴儿车,折叠式婴儿车,轻便婴儿车类似;

5. 婴儿玩耍用携带式围栏与第八版及以前版本2003婴儿玩耍用携带式围栏交叉检索;

6. 本类似群与2012木制家具隔板,桌面,家具门类似。

2002 非金属容器及附件

滗析葡萄酒用木桶200017,鱼篮200021,装卸用非金属货盘200054,液态燃料用非金属容器200065,存储和运输用非金属容器200068,非金属浮动容器200069,非金属托盘 * 200072,非金属大桶200081,塑料包装容器200100,非金属桶200119,板条箱200128,带盖的篮200143,运输用非金属货盘200145,搬运用非金属货盘200146,面包师用面包筐200163,非金属、非砖石蓄水池200174,非金属、非砖石容器（贮液或贮气用）200174,搅拌灰浆用非金属槽200206,非金属箱200207,非金属琵琶桶200210,木制或塑料制箱200228,装瓶用木箱200238,非金属筐200243,非金属、非砖石制信箱200244,玩具箱200256

软木瓶塞200029,软木塞200030,桶用非金属活嘴200042,木桶板200087,容器用非金属盖200112,非金属桶架200120,非金属桶箍200211,桶用非金属塞200213,非金属密封盖200214,非金属塞200214,非金属瓶盖200219,非金属瓶塞200220,瓶用非玻璃、非金属、非

橡胶塞子 200220,瓶用非金属螺旋盖 200285

※塑料周转箱 C200009,玻璃钢容器 C200010

注:1. 本类似群根据原料、用途与 2101 商品判断类似;

2. 带盖的篮,非金属筐与 2005 竹篮类似;

3. 面包师用面包筐与 2101 面包篮(家用),面包箱类似;

4. 非金属桶,非金属大桶与 2106 水桶,提桶类似。

2003 不属别类的工业、建筑配件

缆绳和管道用非金属夹 200016,纱线、丝线、绳子用绕线木轴 200025,刷子托座 200033,壁炉隔屏(家具)200046,铁路货车用非金属载量规杆 200055,非金属刀柄 200075,木或塑料梯 200092,乘客登乘用可移动非金属梯 200093,洗涤槽用可拆卸的垫 200099,洗涤槽用可拆卸的垫或罩 200099,软管用非机械、非金属绕轴 200103,软管用非机械、非金属卷轴 200104,楼梯地毯固定杆 200105,工作台 200106,非金属镰刀柄 200111,旗杆 200127,非金属工具柄 200142,非金属台阶(梯子)200147,非金属帐篷桩 200168,非金属阀(非机器零件)200186,挂钥匙用钥匙板 200197,非金属扫帚柄 200208,非金属制钳工台 200209,塑料排水阱(阀)200231,塑料水管阀 200236,非金属系船浮标 200251,锯木架 200263,锯台(家具)200287,非金属梯凳 200289,非金属制钥匙圈 200294

※非金属球阀 C200011,塑料线卡 C200012,电缆、电线塑料槽 C200013,软梯 C200041

注:软梯与第十版及以前版本 2807 软梯交叉检索。

2004 镜子、画框及部件

镀银玻璃(镜子)200013,相框边条 200190,画框边条 200190,镜子(玻璃镜)200193,画框 200225,画框托架 200226,画框挂杆 200226,镜砖 200261,手持镜子(化妆镜)200274

2005 不属别类的竹、藤、棕、草制品

竹子 200019,绣花绷子 200032,个人用扇(非电动)200110,藤 200133,草编织物(草席除外)200160,稻草编辫状物 200161,稻草制镶边 200162,芦苇(编织用料)200178,柳条制品 200199,竹帘 200255,扁担 200265

※竹编制品(不包括帽、席、垫)C200014,藤编制品(不包括鞋、帽、席、垫)C200015,棕编制品(包括棕箱,不包括席、垫)C200016,草编制品(不包括鞋、帽、席、垫)C200017,柳条提篮编织物C200018,竹工艺品C200019,竹木工艺品C200020,竹篮C200021,草(编织原料)C200042,草工艺品C200043

注:1. 竹木工艺品与2006软木工艺品类似;

2. 竹篮与2002非金属筐,带盖的篮类似;

3. 草工艺品与2006麦秆工艺品类似。

2006 未加工或半加工的骨、角、牙、介及不属别类的工艺品

黄琥珀200005,动物标本200006,动物爪200010,未加工的或半加工鲸须200018,动物角200035,仿制玳瑁壳200045,牡鹿角200049,裁缝用人体模型200064,人体模型200064,珊瑚200071,未加工或半加工的动物角200074,象牙棕榈200076,玳瑁壳200089,牡蛎壳200090,海泡石200098,未加工或半加工象牙200131,风铃状装饰品200151,珍珠母(未加工或半加工的)200153,鸟类标本200156,装饰珠帘200167,动物蹄200179,木、蜡、石膏或塑料像200187,人造琥珀条200203,人造琥珀板200204,木、蜡、石膏或塑料艺术品200205,木、蜡、石膏或塑料制半身雕像200223,贝壳200233,木、蜡、石膏或塑料小雕像200239,风铃(装饰)200268

※未加工或半加工角、牙、介制品C200022,漆器工艺品C200023,羽兽毛工艺品C200024,软木工艺品C200025,麦秆工艺品C200026,水晶画C200027,树皮画C200028,泥塑工艺品C200029,玻璃钢工艺品C200030,树脂工艺品C200031,树脂小雕像C200037,具有造型的手提电话(装饰)C200038

注:1. 软木工艺品与2005竹木工艺品类似;

2. 麦秆工艺品与2005草工艺品类似。

2007 非金属牌照

展示板200002,树或植物的支桩200091,木制或塑料制招牌200096,非金属车牌200130,非金属身份牌200154,不发光非金属门牌200155,木头或塑料标志牌200253,可充气广告物200259,塑料钥匙卡(未编码、非磁性)200260

2008 食品用塑料装饰品

食品用塑料装饰品 200003

2009 禽、畜等动物用制品

蜂箱 200001,家养宠物用床 200007,家养宠物栖息箱 200008,家养宠物窝 200009,蜂箱用巢础 200039,蜂箱用木格子 200040,狗窝 200058,巢箱 200109,饲料架 200117,蜂房 200150,猫用磨爪杆 200264,宠物靠垫 200271

注:本类似群与 2114 第(一)部分商品类似。

2010 非金属制身份鉴别手环

非金属制身份鉴别手环 200221

注:本类似群与 0618 商品(除手铐外)类似。

2011 非金属棺材及附件

棺材 200047,棺材用非金属附件 200048,骨灰盒 200267
※纸板棺材 C200032

2012 非金属家具附件

装饰用木条 200027,非金属挂衣钩 200080,挂衣杆用非金属钩 200080,非金属制固定式毛巾分配器 200084,家具用非金属附件 200113,床用非金属附件 200124,床用非金属脚轮 200139,木制家具隔板 200148,家具用非金属脚轮 200149,非金属的衣服挂钩 200166,桌面 200169,家具门 200170,家具的塑料缘饰 200173,球形非金属把手 200277,非金属制浴缸扶手 200290

注:1. 木制家具隔板,桌面,家具门与 2001 商品类似;

2. 球形非金属把手与 2014 非金属门把手,门用非金属附件类似,与第九版及以前

140

版本2103球形瓷把手,第八版及以前版本2103瓷制门把手交叉检索。

2013 垫,枕

垫褥(亚麻制品除外)200077,软垫200078,枕头200157,非医用气枕200158,草垫200159,垫枕200195,非医用气垫200201,非医用气褥垫200202,野营睡袋200234,婴儿游戏围栏用垫200275,婴儿更换尿布用垫200279,野营用睡垫200293

※羽绒枕头C200033,玉枕C200034,磁疗枕C200035

注:1. 枕头,羽绒枕头与2406床单和枕套,枕套,装饰用枕套类似;
   2. 软垫与1802皮垫类似,与第八版及以前版本2407坐垫(非纸制),纺织品垫交叉检索;
   3. 野营睡袋与第十版及以前版本2406睡袋(被子替代物)交叉检索;
   4. 婴儿更换尿布用垫与2406婴儿更换尿布用布单类似。

2014 非金属紧固件及门窗附件

窗帘环200011,非金属合页200056,非金属螺母200097,非纺织品制窗帘圈200101,窗帘滚轴200121,窗用非金属附件200123,门用非金属附件200125,室内百叶帘200136,非金属闩200140,窗帘轨200171,窗帘杆200175,窗帘钩200176,窗帘扣200177,运载工具用非金属锁200181,非金属螺丝200215,非金属铆钉200216,非金属钉200217,非金属销钉200217,非金属销栓200217,非金属螺栓200218,缆绳用非金属接线螺钉200224,非金属膨胀螺栓200232,非金属锁(非电)200240,非金属杆200242,窗帘用塑料滑轮200262,木编织百叶窗帘(家具)200269,室内百叶窗帘(家具)200272,非金属门把手200273,非金属门插销200280,纸制百叶窗帘200281,室内纺织品制百叶窗帘200282,非金属门铃(非电动)200283,非金属门环200286,紧固管道用非金属环200291

注:非金属门把手,门用非金属附件与2012球形非金属把手类似,与第九版及以前版本2103球形瓷把手,第八版及以前版本2103瓷制门把手交叉检索。

第二十一类

家用或厨房用器具和容器;梳子和海绵;刷子(画笔除外);制刷材料;清洁用具;钢丝绒;未加工或半加工玻璃(建筑用玻璃除外);不属别类的玻璃器皿、瓷器和陶器。

【注释】

第二十一类主要包括家庭和厨房用小型手动器具以及盥洗室用具、玻璃器皿和瓷器。

本类尤其包括:

——家庭和厨房用器具及容器,如:厨房用具,桶,用铁、铝、塑料或其他材料制成的盆,以及小型手动的切碎机、研磨机、压榨机;

——电梳;

——电牙刷;

——碗碟架和饮料瓶架(餐具)。

本类尤其不包括:

——某些玻璃制品、瓷器和陶器(查阅按字母顺序排列的商品分类表);

——清洁制剂、肥皂等(第三类);

——小型电动的切碎机、研磨机、压榨机(第七类);

——剃刀及剃毛装置、修剪刀(手工器具)、修指甲和修脚的金属器具(第八类);

——电烹饪器具(第十一类);

——梳妆镜(第二十类)。

2101 厨房炊事用具及容器(包括不属别类的餐具)

盆(容器)210025,黄油碟210030,黄油碟罩210031,盆(碗)210039,碗210039,瓶210045,调味瓶210057,水果杯210089,调味品套瓶210122,午餐盒210140,罐210153,蔬菜盘210154,家用器皿210159,面包屑盘210160,蛋杯210165,纸盘210173,家用纸托盘210180,胡椒瓶210185,家用或厨房用容器210199,色拉碗210203,盐瓶210204,成套杯、碗、碟210207,碟210208,汤碗210214,糖碗210218,杯210220,缸＊210226,餐具(刀、叉、匙除外)210227,盘210235,糖果盒210244,奶酪盘罩210265,家用托盘210267,碟罩210269,水壶210271,水瓶210271,厨房容器210272,长颈瓶＊210289,油和醋用调味套瓶210292,纸或塑料杯210318,饭盒210325,一次性盘子210333

※日用搪瓷塑料器皿（包括盆、碗、盘、壶、杯）C210015，磁疗杯 C210016

面包篮（家用）210017，成套的烹饪锅 210026，开塞钻（电或非电）210043，开瓶器（电或非电）210048，烹饪用金属扦 210049，菜单卡片夹 210064，炖锅 210065，大锅 210070，模子（厨房器具）210079，鸡尾酒调酒器 210082，胶锅 210084，家用过滤器 210088，桌用刀架 210090，壶盖塞 210091，锅盖 210092，家用非电动搅拌机 210096，烹饪锅 210101，勺形铲（餐具）210102，烹调用模 210103，煮牛奶防溢片 210107，厨房用切菜板 210108，漏斗 210121，家用非电动打蛋器 210134，煎锅 210136，家用非电动榨水果器 210138，蛋糕模子 210142，烤盘（烹饪用具）210145，烤架（烹饪用具）210145，烤架支架 210146，涂油匙（厨房用具）210156，厨房用非电动碾磨器 210158，家用手动研磨机 210162，切面包板 210169，装备齐全的野餐篮（包括盘、碟）210170，过滤器 210174，擀面杖（家用）210175，馅饼用铲 210177，手动胡椒研磨器 210184，厨房用擦菜板 210197，餐巾环 210200，餐巾架 210210，分隔层饰盘 210219，非电高压锅（加压炊具）210236，非电力压力锅（高压锅）210236，非电动搅拌器 210238，奶瓶用非电加热器 210239，非电烧水壶 210246，非纸制、非纺织品制杯垫 210258，非电力油炸锅 210260，家用篮 210266，矮脚金属架（餐具）210270，厨房用具 210273，非电气炊具 210274，烘蛋奶饼的非电铁模 210309，面包箱 210310，筷子 210311，鸡尾酒搅拌棒 210314，糕点裱花用袋（裱花袋）210315，饼干切刀 210316，饼干筒 210317，非电加热的火锅 210322，餐桌用旋转盘 210324，搅拌匙（厨房用具）210326，面条机（手动）210327，切糕点器 210328，刮板（厨房用具）210330，蒜压榨器（厨房用具）210332，烘焙垫 210346，接油盘 210350，非电蒸锅 210353，厨房用非电动轧碎机 210355，隔热垫 210356，涂油管 210359

※铁锅 C210001，铁壶 C210002，炒勺 C210003，铁桶 C210004，蒸屉 C210005，笼屉 C210006，笊篱 C210007，铁镂 C210009，笊斗 C210010，纱罩 C210011，笊底 C210012，煤气火锅 C210013，铁丝筛子 C210014，冰棍棒 C210017，冰淇淋夹勺 C210018

注:1. 纸盘，家用纸托盘与 1603 啤酒杯垫，纸制杯盘垫，纸制杯垫类似，与第九版及以前版本 1603 纸垫，桌上纸杯垫交叉检索；

2. 瓶与 2102，2106，2111 各种瓶类似；

3. 本类似群根据功能、用途与 2002 商品类似，与第八版及以前版本 1402 商品交叉检索；

4. 开塞钻（电或非电），开瓶器（电或非电）与 0810 非电动开罐器类似，与第九版及以前版本 0810 非电动开罐头器交叉检索；

5. 面包篮（家用），面包箱与 2002 面包师用面包筐类似，与第九版及以前版本 2002 面包筐交叉检索；

6. 盆（容器），铁桶与 2106 水桶，提桶类似；

143

7. 本类似群第一、二自然段与 **2102** 玻璃碗,玻璃杯(容器),彩色玻璃器皿,日用玻璃器皿(包括杯、盘、壶、缸),**2103** 商品,**2105** 商品类似,与第八版及以前版本 **2106** 非贵重金属罐,非贵重金属水瓶,非贵重金属瓶交叉检索。

2102 不属别类的玻璃器皿

玻璃球瓶(容器)**210009**,小玻璃瓶(容器)**210009**,玻璃瓶(容器)**210022**,广口玻璃瓶 **210033**,玻璃盖 **210042**,玻璃塞 **210042**,玻璃碗 **210044**,玻璃杯(容器)**210085**,彩色玻璃器皿 **210230**,玻璃盒 **210243**,陶瓷或玻璃标志牌 **210279**

※日用玻璃器皿(包括杯、盘、壶、缸)**C210019**,家用玻璃管和棒 **C210020**,抗热管 **C210021**,药瓶 **C210022**

注:1. 玻璃碗,玻璃杯(容器),彩色玻璃器皿,日用玻璃器皿(包括杯、盘、壶、缸)与 **2101** 第一、二自然段,**2103** 商品,**2105** 商品类似;
2. 本类似群各种瓶与 **2101** 瓶类似。

2103 瓷器,陶器(茶具,酒具除外)

酸坛 **210040**,细颈坛 **210040**,家庭用陶瓷制品 **210068**,瓦器 **210129**,锡釉陶器 **210157**,陶制平底锅 **210181**,瓷器 **210189**,陶器 **210193**

※日用瓷器(包括盆、碗、盘、壶、餐具、缸、坛、罐)**C210024**,日用陶器(包括盆、碗、盘、缸、坛、罐、砂锅、壶、炻器餐具)**C210025**,陶瓷支撑球 **C210026**,耐酸耐碱陶瓷器 **C210027**,仿瓷器 **C210028**,仿陶器 **C210029**

注:本类似群与 **2101** 第一、二自然段,**2102** 玻璃碗,玻璃杯(容器),彩色玻璃器皿,日用玻璃器皿(包括杯、盘、壶、缸),**2105** 商品类似。

2104 玻璃、瓷、陶的工艺品

瓷器装饰品 **210078**,瓷、陶瓷、陶土或玻璃塑像 **210217**,瓷、陶瓷、陶土或玻璃艺术品 **210234**,瓷、陶瓷、陶土或玻璃半身雕像 **210252**,瓷、陶瓷、陶土或玻璃小雕像 **210285**
※唐三彩 **C210030**,水晶工艺品 **C210054**

2105 茶具、酒具、咖啡具及饮水用具

啤酒杯 210032，饮用器皿 210034，茶叶罐 210038，酒具（托盘）210058，细颈圆酒瓶 210063，角形饮水器 210086，苏打水用虹吸瓶 210118，运动用饮水瓶 210144，酒具 210155，吸液管（品酒用具）210178，品酒用具（虹吸管）210178，茶具（餐具）210209，茶托 210212，茶壶 210222，有柄大杯 210232，滤茶球 210248，茶叶浸泡器 210248，手动磨咖啡器 210254，咖啡具（餐具）210255，非电咖啡过滤器 210256，非电咖啡渗滤壶 210257，非电咖啡壶 210287，滤茶器 210288，单柄大酒杯 210291，饮水玻璃杯 210319，饮用吸管 210342，扁酒壶 210348

注：1. 本类似群与 2101 第一、二自然段，2102 玻璃碗，玻璃杯（容器），彩色玻璃器皿，日用玻璃器皿（包括杯、盘、壶、缸），2103 商品类似；

2. 本类似群根据功能、用途与第八版及以前版本 1402 商品交叉检索；

3. 饮用吸管与第九版及以前版本 2008 饮用麦秆吸管，饮用麦管交叉检索；

4. 运动用饮水瓶与第十版及以前版本 2106 旅行饮水瓶，葫芦瓶交叉检索。

2106 家庭日用及卫生器具

（一）搓衣板 210006，浇水软管用喷嘴 210012，洒水设备 210013，洒水器 210015，喷壶 210016，水桶 210023，提桶 210023，喷管 210027，纸巾盒 210036，肥皂盒 210037，脱靴器 210041，家用细筛 210061，煤渣用筛（家用器皿）210067，熨衣板套（成形的）210093，领带压平器 210094，筛（家用器具）210097，洗涤桶 210106，熨斗架 210112，卫生纸分配器 210116，肥皂分配器 210117，鞋楦（撑具）210120，洗衣用晾衣架 210126，纺织品制桶 210127，花和植物用固定物（插花用具）210132，花盆 210133，家用除烟器 210139，手套撑具 210141，压裤器 210171，熨衣板 210179，喷水壶喷头 210183，喷壶莲蓬头 210183，花瓶 210190，肥皂碟 210191，肥皂架 210191，便壶 210192，垃圾箱 210194，垃圾桶 210194，浇花和植物用洒水器 210206，浇花和植物用喷水器 210206，鞋拔 210213，衣服撑架 210221，纽扣钩 210223，存钱罐 210224，盥洗室器具 210225，非医用喷雾器 210233，烛环 210242，蜡烛架（烛台）210245，烛台 210245，非纸制花盆套 210253，个人用除臭装置 210277，熄烛器 210295，婴儿浴盆（便携式）210301，衣夹 210313，清理堵塞排水管用手压皮碗 210329，毛巾架和毛巾挂环 210334，卫生纸架 210335，拖把绞干器 210339，废纸篓 210340，窗台花箱 210341，靴楦（撑具）210347，蜡烛罐 210352

※痰盂 C210031

（二）熏香炉 210056

※祭祀容器 C210055，香炉 C210057

注：1. 本类似群各部分间不类似；

2. 便壶，痰盂与 1004 卧床病人用便盆，卧床病人用尿壶类似，与第九版及以前版本 1004 病床上用便盆，尿壶（容器）交叉检索；

3. 痰盂与 1004 医用痰盂类似；

4. 水桶，提桶与 2101 盆（容器），铁桶，2002 非金属桶，非金属大桶类似；

5. 烛环，蜡烛架（烛台），烛台，熄烛器与第八版及以前版本 1402 贵重金属蜡烛架（烛台），贵重金属烛台，贵重金属熄烛器，贵重金属烛环交叉检索；

6. 花瓶与第八版及以前版本 1402 贵重金属花瓶交叉检索；

7. 本类似群各种瓶与 2101 瓶类似；

8. 香炉，祭祀容器与第八版及以前版本 2106 非贵重金属祭祀用容器，1402 贵重金属制祭祀容器交叉检索；

9. 花瓶，花盆，窗台花箱与 2114 第（二）部分商品类似。

2107 梳子，刷子（不包括牙刷），制刷材料

（一）梳 * 210076，大齿发梳 210110，梳子盒 210128，电梳 210176

※篦子 C210033

（二）刷子 * 210014，马梳 210028，指甲刷 210050，马桶刷 210051，玻璃灯罩刷 210052，刷制品 210053，鞋刷 210071，马刷 210073，动物用梳 210075，擦洗刷 210137，长柄柏油刷 210147，电刷（机器部件除外）210251，擦罐和容器用刷 210278，洗餐具刷 210304，涂油刷 210358

※排笔刷 C210034

（三）制刷用兽毛 210010，制刷原料 210054，制刷用毛 210055，猪鬃 210188

注：1. 本类似群各部分之间商品不类似；

2. 排笔刷与 1614 排笔（文具）类似。

2108 刷牙用具

牙刷 210250，牙及牙床清洁用吸水器 210262，电动牙刷 210276

※牙刷盒 C210056

2109 牙签

牙签 210105，牙签盒 210275，牙线 210320

注：牙签盒与第八版及以前版本 1402 贵重金属牙签盒交叉检索。

2110 化妆用具

化妆用具 210087，梳妆盒 210115，专用化妆包 210115，梳妆海绵 210123，粉扑 210148，随身携带的粉饼盒 210195，眉刷 210215，喷香水器 210228，香水喷瓶 210228，修面刷 210240，修面刷架 210241，擦皮肤用摩擦海绵 210331，卸妆器具 210344，化妆用刮板 210349，化妆用海绵 210354

※颊刷 C210036，眼影刷 C210037，睫毛刷 C210038

注：1. 本类似群与 0306 化妆用棉签，化妆棉，唇膏盒类似，与第十版及以前版本 0306 棉签（梳妆用品），第九版及以前版本 0306 成套化妆用具交叉检索；

2. 擦皮肤用摩擦海绵与 2112 沐浴海绵类似；

3. 随身携带的粉饼盒与第八版及以前版本 1402 贵重金属制随身携带的粉饼盒交叉检索；

4. 卸妆器具与第九版及以前版本 0924 卸妆用电力器具交叉检索。

2111 隔热用具

食物保温容器 210007，饮料隔热容器 210035，隔热瓶 210046，保温瓶 210046，冷藏瓶 210047，隔热容器 210062，冰块模 210099，冷却容器（冰桶）210196，冰桶 210196，制冰和冷饮的金属容器 210211，非电便携式冷藏盒 210261，保温袋 210323，茶壶保暖套 210343

※暖水瓶 C210039，暖水瓶壳 C210040，非电热壶 C210053

注:1. 本类似群各种瓶与 **2101** 瓶类似；

    2. 茶壶保暖套与第九版及以前版本 **2610** 茶壶保暖套交叉检索；

    3. 暖水瓶与 **1104** 电热水瓶类似。

2112 家务用具

清洁用钢丝绒 **210005**，地毯拍打器（手工具）**210008**，扫帚 **210020**，扫地毯器 **210021**，金属制擦锅器 **210066**，清洁用布 **210077**，非电动打蜡设备 **210080**，抛光用皮革 **210100**，手动清洁器具 **210104**，非电掸灰设备 **210111**，海绵夹持器 **210124**，家具掸 **210125**，拖把 **210135**，清洁用废羊毛 **210163**，清洁用垫 **210168**，擦洗垫 **210168**，家用抛光设备和机器（非电动的）**210186**，抛光材料（使发光用）（制剂、纸、石料除外）**210187**，厨房用擦垫 **210259**，清洁用麂皮 **210263**，擦鞋用非电动打蜡机 **210264**，清洁用废棉纱 **210268**，家用海绵 **210280**，羽毛掸 **210281**，抹布 **210282**，家务手套 **210290**，抛光用手套 **210294**，洗地板布 **210303**，清洁用纤维束 **210312**，园艺手套 **210321**，烤箱用手套 **210357**，厨房用隔热手套 **210357**，烧烤用手套 **210357**，洗车用手套 **210360**

※擦鞋器 **C210041**，清扫器 **C210042**，钢丝轮 **C210043**，门窗玻璃清洁器 **C210044**，玻璃防雾布 **C210045**，沐浴海绵 **C210047**

注:1. 家务手套，抛光用手套，园艺手套，洗车用手套与第十版及以前版本 **2408** 商品交叉检索；

    2. 沐浴海绵与 **2110** 擦皮肤用摩擦海绵类似。

2113 未加工或半加工玻璃（不包括建筑用玻璃）

水晶（玻璃制品）**210098**，装饰用玻璃粉 **210114**，彩饰玻璃 **210119**，玻璃板（原材料）**210143**，未加工或半加工玻璃（建筑玻璃除外）**210149**，非绝缘用玻璃棉 **210152**，非建筑用玻璃镶嵌物 **210161**，乳白玻璃 **210166**，半透明玻璃 **210167**，合成灵敏导电玻璃 **210229**，运载工具用窗玻璃（半成品）**210231**，非纺织用矽玻璃纤维 **210283**，非绝缘用、非纺织用玻璃纤维 **210284**，非纺织用玻璃纤维线 **210286**，非建筑用石英玻璃（半成品）**210308**

※不碎玻璃 **C210048**，钢化玻璃 **C210049**，半制品玻璃管 **C210051**

注:彩饰玻璃，乳白玻璃，半透明玻璃，运载工具用窗玻璃（半成品），不碎玻璃，钢化玻璃与 **1911** 商品类似。

2114 不属别类的动植物器具

（一）饮水槽 210001，喂料槽 210002，家禽环 210011，鸟环 210018，鸟食台 * 210019，鸟笼 210059，动物饲料槽 210074，人造留窝鸡蛋 210164，家养宠物用笼子 210302，宠物排泄用盒（盘）210306

（二）室内植物培养箱 210305，室内水族池 210336，水缸（室内水族池）210336，水族池罩 210337，室内生态培养箱 210338

注：1. 本类似群各部分之间商品不类似；
　　2. 本类似群第（一）部分与 2009 商品类似；
　　3. 本类似群第（二）部分与 2106 花瓶，花盆，窗台花箱类似，与第九版及以前版本 2106 室内养殖池（种植物用），室内培养池（种植物用），第八版及以前版本 1620 第二自然段商品交叉检索。

2115 家用灭虫、灭鼠用具

蝇拍 210069，捕虫器 210150，捕鼠机 210198，捕鼠器 210216，诱杀昆虫用电力装置 210345，捕蝇器 210351

※除蚊器 C210052

注：诱杀昆虫用电力装置与第九版及以前版本 0924 诱杀昆虫用电力装置交叉检索。

第二十二类

缆,绳,网,帐篷,遮篷,防水遮布,帆,袋和包(不属别类的);衬垫和填充材料(橡胶或塑料除外);纺织用纤维原料。

【注释】

第二十二类主要包括绳缆及帆篷制品,衬垫和填充材料,纺织用纤维原料。

本类尤其包括:

——用天然或人工纺织纤维、纸或塑料制成的缆和绳。

本类尤其不包括:

——某些网、袋和包(查阅按字母顺序排列的商品分类表);

——乐器弦(第十五类)。

2201 缆,绳,线,带

绑藤本植物的带子 220003,麻带 220015,非金属绳索 220020,绳索 * 220021,鞭绳 220022,绳梯 220023,包装带 220032,细绳 220035,纸绳 220038,捆扎纱 220042,软百叶窗用梯形带 220045,蜡绳 220055,包装或捆扎用非金属带 220078,捆扎用非金属线 220079,装卸用非金属吊带 220081,装卸用非金属带 220082,装卸用非金属吊索 220083,非金属缆 220084,农业用非金属捆扎线 220086,拉窗绳 220088,挂图片用绳 220089,包装绳 220091,汽车拖缆 220103,非金属捆扎物 220112

※丝绳 C220001,绽子绳 C220002,塑料打包带 C220003,塑料线(包扎用)C220004

2202 网,遮篷,帐篷,防水帆布,帆

(一)伪装网 220009,渔网 220011,网线 220039,捕动物陷网 220048,网织物 220049,网 * 220094,洗针织品用袋 220106,捕鱼用围网 220108,鱼类养殖用网箱 220109

(二)运载工具非专用盖罩 220075,伪装罩 220085

(三)帆 220059,风帆滑雪运动用帆 220105

150

（四）风障布 **220001**，防水帆布 **220002**，船帆用帆布 **220110**

※苫布 **C220006**，涂胶布 **C220007**，漆布 **C220008**，阻燃布 **C220009**，涂塑布 **C220010**

（五）吊床 **220043**，纺织品遮篷 **220058**，帐篷 **220071**，合成材料制遮篷 **220102**，纺织品制室外遮帘 **220111**

※蒙古包 **C220005**

注：1. 本类似群各部分之间商品不类似，但第（一）部分伪装网与第（二）部分伪装罩类似；

2. 洗针织品用袋与第七版及以前版本 **2112** 洗衣袋交叉检索。

2203 袋子，装卸、包装用物品

（一）运输和贮存散装物用口袋（麻袋）**220068**，包装用纺织品袋（信封、小袋）**220069**，包装用纺织品袋（包）**220069**，邮袋 **220104**

※尼龙编织袋（仿麻袋）**C220011**，面袋 **C220012**，编织袋 **C220013**，集装袋 **C220014**

（二）草制瓶封套 **220080**，瓶用草制包装物 **220080**，草制瓶用包装物 **220080**

（三）裹尸袋 **220107**

注：本类似群各部分之间商品不类似。

2204 衬垫，填充料，密封物品（不包括橡胶、塑料制品）

刨花 **220004**，锯末 **220006**，棉屑（填塞物）**220007**，羽绒 **220028**，鸭绒毛 **220029**，非橡胶、非塑料、非纸或纸板制填充材料 **220030**，非橡胶、非塑料、非纸或纸板制（填充或衬垫用）包装材料 **220031**，装潢填充用羊毛 **220033**，船用纤维密封圈 **220036**，填充用草 **220044**，被褥用羽毛 **220057**，过滤用软填料 **220060**，衬垫和填充室内装饰品的填料 **220061**，装潢填充用稻草 **220062**，装潢填充用羽毛 **220064**，茅草 **220070**，填充用海藻 **220074**，衬垫和填充用废棉絮 **220090**

2205 纤维原料

　　木丝 **220005**，生丝 **220008**，纤维纺织原料 **220010**，驼毛 **220012**，大麻 **220013**，短麻屑 **220014**，绢丝（废生丝）**220016**，废丝 **220016**，椰子纤维 **220018**，茧 **220019**，未加工棉花 **220025**，棉纤维束 **220026**，马毛 **220027**，纺织用矽玻璃纤维 **220037**，丝绵 **220040**，羊毛絮 **220041**，黄麻 **220046**，木棉 **220047**，未加工或加工过的羊毛 **220050**，机梳羊毛 **220051**，精梳羊毛 **220052**，韧皮（植）**220054**，生亚麻（亚麻纤维）**220056**，兽毛 **220065**，苎麻纤维 **220066**，酒椰叶纤维 **220067**，羊毛 **220072**，剪下的羊毛 **220073**，纺织纤维 **220076**，剑麻 **220077**，纺织用碳纤维 **220087**，纺织品用塑料纤维（纤维）**220092**，纺织用玻璃纤维 **220093**，棉籽绒 **220101**

152

第二十三类

纺织用纱和线。

2301 纺织用纱、丝

纱 * 230001，棉线和棉纱 230002，绣花用线和纱 230003，毛线和粗纺毛纱 230004，麻线和纱 230005，椰纤维线和纱 230006，丝线和纱 230007，精纺棉 230008，缝纫线和纱 230009，细线和细纱 230010，黄麻线和纱 230011，精纺羊毛 230012，亚麻线和纱 230013，人造线和纱 230014，纺织线和纱 230015，绢丝 230016，纺织用弹性线和纱 230019

※落丝 C230001，棕丝 C230002，弹力丝（纺织用）C230003，聚乙烯单丝（纺织用）C230004，长丝 C230005，厂丝 C230006，人造丝 C230007

注：跨类似群保护商品：棉线和棉纱（2301,2302），绣花用线和纱（2301,2302），麻线和纱（2301,2302），椰纤维线和纱（2301,2302），丝线和纱（2301,2302），缝纫线和纱（2301,2302），细线和细纱（2301,2302），黄麻线和纱（2301,2302），亚麻线和纱（2301,2302），人造线和纱（2301,2302），纺织线和纱（2301,2302），纺织用弹性线和纱（2301,2302），毛线和粗纺毛纱（2301,2303）。

2302 线

线 * 230001，棉线和棉纱 230002，绣花用线和纱 230003，麻线和纱 230005，椰纤维线和纱 230006，丝线和纱 230007，缝纫线和纱 230009，细线和细纱 230010，黄麻线和纱 230011，亚麻线和纱 230013，人造线和纱 230014，纺织线和纱 230015，纺织用玻璃纤维线 230017，纺织用橡皮线 230018，纺织用弹性线和纱 230019，纺织用塑料线 230020，刺绣用金属线 230032

※宝塔线 C230008，蜡线 C230009，尼龙线 C230010

注：1. 棉线和棉纱（2301,2302），绣花用线和纱（2301,2302），麻线和纱（2301,2302），椰纤维线和纱（2301,2302），丝线和纱（2301,2302），缝纫线和纱（2301,2302），细线和细纱（2301,2302），黄麻线和纱（2301,2302），亚麻线和纱（2301,2302），

人造线和纱（**2301**,**2302**）,纺织线和纱（**2301**,**2302**）,纺织用弹性线和纱（**2301**,**2302**）;

2. 刺绣用金属线与第九版及以前版本 **2601** 绣花用金属线,刺绣用金属线交叉检索。

2303 毛线

毛线和粗纺毛纱 **230004**,毛线 **230012**,绳绒线 **230031**

※绒线 **C230011**,人造毛线 **C230012**,膨体线 **C230013**,开司米 **C230014**

注:跨类似群保护商品:毛线和粗纺毛纱（**2301**,**2303**）。

第二十四类

布料和不属别类的纺织品;床单;桌布。

【注释】

第二十四类主要包括纺织品(布匹)和家用纺织品制罩布。

本类尤其包括:

——纸制床单和枕套。

本类尤其不包括:

——某些特殊织物(查阅按字母顺序排列的商品分类表);

——医用电热毯(第十类)和非医用电热毯(第十一类);

——纸制桌布和餐巾(第十六类);

——马用罩布(第十八类)。

2401 纺织品,布料

仿兽皮的织物 240003,装饰织品 240004,台球布 240007,织物＊240008,筛布 240009,硬(麻)布 240010,锦缎 240011,纺织织物 240012,布＊240013,挂毯和刺绣用粗帆布 240015,大麻织物 240017,麻布 240018,片状纺织品帽衬 240019,鞋的衬里织物 240020,鞋用织物 240021,啥味呢(布料)240023,丝绒 240026,棉织品 240028,坚质条纹棉布(亚麻布)240031,绉布(织物)240035,重绉纹织物 240036,缎子 240037,内衣用织物 240038,衬料(纺织品)240039,旗布 240043,纺织的弹性布料 240046,绣花图案布 240049,刺绣用描绘布 240049,法兰绒(织物)240050,起绒粗呢(布)240052,干酪布 240053,凸纹条格细平布 240054,粗斜纹布 240054,纱布(布)240056,马毛与绒布混织物(粗麻布)240058,印花丝织品 240060,印花棉布 240061,平针织物 240062,黄麻织品 240063,毛料布 240064,毛织品 240064,亚麻布 240067,菱形花纹亚麻布 240069,家用亚麻布 240071,斜纹厚绒布 240077,苎麻织品 240083,人造丝织品 240084,丝绸(布料)240088,薄纱 240089,茅草纤维织物 240090,塔夫绸(布)240091,编织织物 240092,轻薄织物(布料)240094,白布 240095,绳绒线织物 240111,纺织纤维织物 240116

※牛津布 C240001,帆布 C240002,毛巾布 C240003,蚊帐织布 C240004,衬布 C240005,纱绢 C240006,单丝筛绢 C240007,夏布罗纹 C240008,麻皮布 C240009,篦麻绢纺 C240010,

麻绒 **C240011**,静电植绒布 **C240012**,呢绒 **C240013**

2402 特殊用织物

热敷胶粘纤维布 **240001**,航空气球用不透气织物 **240002**,布棚 **240016**,玻璃布 **240048**,非文具用胶布 **240057**,塑料材料(织物代用品)**240081**,无纺布 **240098**,布制标签 **240102**,纺织用玻璃纤维织物 **240104**,纺织品制过滤材料 **240105**

※金属棉(太空棉)**C240014**,过滤布 **C240015**,帘子布 **C240016**,聚丙烯编织布 **C240017**,滤气呢 **C240018**,树脂布 **C240020**

2403 纺织品壁挂

纺织品制墙上挂毯 **240103**,纺织品制壁挂 **240103**

※丝织、交织图画 **C240021**,织锦人像 **C240022**,丝绒绢画 **C240023**,剪绢画 **C240024**,手绣、机绣图画 **C240025**,丝织美术品 **C240026**

注:1. 纺织品制墙上挂毯,纺织品制壁挂与 **2701** 商品类似;
2. 纺织品制墙上挂毯,纺织品制壁挂与 **2704** 非纺织品制墙上挂毯,非纺织品制壁挂类似,与第十版及以前版本非纺织品制壁毯,第九版及以前版本非纺织品壁挂,非纺织品制墙帷,非纺织品挂毯(墙上挂帘帷)交叉检索。

2404 毡及毡制品

毡＊**240027**,纺织品制印刷机垫 **240106**
※造纸毛毯(毛巾)**C240027**

2405 毛巾,浴巾,手帕

浴室亚麻布(服装除外)**240005**,卫生绒布 **240051**,搓澡巾 **240055**,纺织品毛巾 **240072**,纺织品餐巾 **240076**,纺织品手帕 **240078**,纺织品洗脸巾 **240087**,卸妆用布 **240101**
※浴巾 **C240029**,地巾 **C240031**

2406 床上用品

床罩 240029,被子 240029,床垫遮盖物 240030,纸制床罩 240032,旅行用毯(膝盖保暖用)240034,床单(纺织品)240040,鸭绒被 240045,床单和枕套 240068,褥垫套 240074,蚊帐240079,枕套 240080,床上用覆盖物 240099,睡袋衬里 240100,装饰用枕套 240112,床上用毯 240114,婴儿更换尿布用布单 240120

※毛巾被 C240028,枕巾 C240030,被絮 C240032,被面 C240033,褥子 C240034,棉毯C240036,毛毯 C240037,丝毯 C240038,帐沿 C240039,床沿 C240040,帐帘 C240041,床帏C240042,塑料床单 C240043,被罩 C240049,床单 C240050

注:1. 床单和枕套,枕套,装饰用枕套与 2013 枕头,羽绒枕头类似;

2. 本类似群与 1802 皮褥子,皮床单,皮凉席类似;

3. 本类似群与第九版及以前版本 2405 毛巾被交叉检索;

4. 枕巾与第九版及以前版本 2405 枕巾交叉检索;

5. 婴儿更换尿布用布单与 2013 婴儿更换尿布用垫类似。

2407 室内遮盖物

(一)狭长桌布 240022,油布(作桌布用)240025,桌布(非纸制)240033,粗毛台毯240044,家具罩(宽大的)240059,家具遮盖物 240059,餐桌用布(非纸制)240070,家用塑料遮盖物 240075,塑料家具罩 240075,杯垫(餐桌用布)240096,杯盘垫(非纸制)240097,餐具垫(非纸制)240113,垫子用罩 240115,纺织品制家具罩 240117

※家电遮盖物 C240044,缝纫机罩 C240045,台毯 C240046

(二)纺织品制窗帘圈 240047,门帘 240082,纺织品或塑料帘 240085,网状窗帘 240093,纺织品或塑料浴帘 240119

※浴罩 C240047

(三)纺织品制马桶盖罩 240118

注:1. 本类似群各部分之间商品不类似;

2. 家具罩(宽大的),家具遮盖物,塑料家具罩,纺织品制家具罩与 1802 皮制家具罩类似,与第十版及以前版本 1802 皮制家具套交叉检索。

2408 洗涤用手套

注:本类似群第十版(**2013** 文本)删除。

2409 特殊用布

(一)伊斯兰教隐士用毡(布)**240073**

(二)※哈达 **C240048**

注:本类似群各部分之间商品不类似。

2410 旗

旗帜 **240006**,旗(非纸制)**240042**

2411 寿衣

寿衣 **240041**

第二十五类

服装,鞋,帽。

【注释】

本类尤其不包括:

——某些特殊用途的服装和鞋(查阅按字母顺序排列的商品分类表)。

2501 衣物

工装裤250010,工作服250010,毛衣250034,套头衫250034,衬衫250042,短袖衬衫250044,服装＊250045,裘皮服装250049,套服250056,成品衣250057,马裤(穿着)250063,裤子250064,外套250066,针织服装250071,华达呢(服装)250077,马甲250082,上衣250086,裙子250090,仆侍人员、行会会员等穿的制服250093,运动衫250094,围裙(衣服)250096,皮制长外衣250103,连衣裙250109,大衣250115,轻便大衣250115,宽外袍250117,制服250119,呢绒夹克(服装)250120,夹克(服装)250121,纸衣服250122,带兜帽的风雪大衣250143,仿皮服装250150,皮衣250151,莎丽服250154,T恤衫250155,钓鱼背心250159,裙裤250164,斗篷250165,纱笼250166,紧腿裤(裤子)250168,无袖罩裙250169,背心式紧身运动衣250172

女用背心250022,平脚短裤250023,紧身围腰(女内衣)250025,内衣250026,睡袍250033,紧身衣裤250051,连裤内衣250053,吸汗内衣250054,胸衣250055,紧身胸衣(内衣)250078,背心250082,紧身内衣(服装)250089,海滨浴场用衣250104,睡衣裤250108,睡衣250108,内裤250112,乳罩250114,浴衣250127,衬裙250144,带肩带的女式长内衣(内衣)250146,妇女连衫衬裤(内衣)250147,女式内裤250171

护衣汗垫250017,衣领(衣服)250020,衬衫前胸250043,可拆的衣领250050,成品衬里(服装的一部分)250068,衬衫抵肩250072,袖口250095,袖口(衣服)250095,服装口袋250106

※风衣C250001,羽绒服装C250002,旗袍C250003,妇女腹带C250004,童装C250005,磁疗衣C250006,胸罩衬垫(胸衬、胸垫)C250007,红外线衣C250030,药物用衣C250031,摄影背心C250032

注:1. 内裤,女士内裤与0506月经内裤,卫生内裤类似,与第九版及以前版本0506卫

生衬裤,卫生紧身内裤,卫生短内裤,卫生女裤,月经短内裤交叉检索;

2. 童装与 **2502** 商品类似;

3. 莎丽服与第九版及以前版本 **2505** 莎丽服交叉检索;

4. 跨类似群保护商品:服装(**2501**,**2502**,**2503**,**2504**,**2505**)。

2502 婴儿纺织用品

服装＊250045,婴儿裤(服装)250058,婴儿全套衣250092,非纸制围涎250128
※婴儿睡袋 C250008

注:**1.** 本类似群与 **2501** 童装类似;

    2. 跨类似群保护商品:服装(**2501**,**2502**,**2503**,**2504**,**2505**)。

2503 特种运动服装

驾驶员服装250002,服装＊250045,滑水防潮服250052,骑自行车服装250065,游泳帽250124,游泳裤250125,男用游泳裤250125,游泳衣250126,体操服250149
※柔道服 C250009,摔跤服 C250010

注:跨类似群保护商品:服装(**2501**,**2502**,**2503**,**2504**,**2505**)。

2504 不透水服装

服装＊250045,防水服250087
※雨衣 C250011,雨披 C250033

注:**1.** 防水服与 **0919** 防水衣类似;

    2. 跨类似群保护商品:服装(**2501**,**2502**,**2503**,**2504**,**2505**)。

2505 戏装

服装＊250045,化装舞会用服装250153
※戏装 C250012,秧歌服 C250013,舞衣 C250014

注:跨类似群保护商品:服装（2501,2502,2503,2504,2505）。

2506 特殊用鞋

注:本类似群第十版时移入2507类似群。

2507 鞋

足球靴250075,足球鞋250075,体操鞋250085,足球鞋钉250134,滑雪靴250145

鞋（脚上的穿着物）*250003,浴室凉鞋250004,浴室拖鞋250005,靴*250014,半统靴250015,系带靴子250019,草鞋250073,套鞋250080,高统橡胶套鞋250080,拖鞋250101,海滨浴场用鞋250105,木鞋250110,凉鞋250111,鞋*250130,运动鞋*250132,运动靴*250141,毡靴250173

鞋用防滑配件250001,鞋尖250016,靴帮250040,鞋内底250041,鞋用金属配件250048,鞋面250061,护腿鞋罩250062,护踝鞋罩250062,护腿鞋罩用系带250083,裤脚系带250083,鞋后跟250116,鞋用滚边250118,鞋底250129,鞋跟250131

※跳鞋C250015,跑鞋（带金属钉）C250016,爬山鞋C250017,雨鞋C250018,鞋垫C250019,爬山鞋（带金属钉）C250029

注:本类似群与第九版及以前版本2506商品交叉检索。

2508 帽

贝雷帽250009,帽子（头戴）250012,无沿便帽250024,风帽（服装）250027,帽衬架（支撑架）250028,帽檐250030,帽250046,帽子250047,耳套（服装）250059,大礼帽250076,僧帽（帽子）250100,头带（服装）250142,纸帽子（服装）250162,空顶帽250170

※斗笠C250020,儿童头盔C250021

2509 袜

长袜250006,吸汗长袜250007,长袜后跟250008,袜250013,短袜250036,吊袜带250037,袜带250038,吊袜带（长袜用）250039,紧腿裤（暖腿套）250088,暖腿套250088,非电暖脚套250133

※袜裤 **C250022**,袜套 **C250023**

2510 手套(不包括特种手套)

手套(服装)**250067**,手笼(服装)**250097**,连指手套 **250099**,滑雪手套 **250167**

2511 领带,围巾,披巾,面纱

长皮毛围巾(披肩)**250011**,围脖 **250021**,短围巾 **250021**,披肩 **250032**,领带 **250060**,围巾 **250069**,裘皮披肩 **250074**,女式披肩 **250102**,面纱(服装)**250123**,班丹纳方绸(围脖儿)**250148**,披巾 **250152**,头巾 **250156**,爱斯科式领带 **250157**,西服袋巾 **250161**

※领花 **C250024**,领结 **C250025**,领巾 **C250026**

2512 腰带,服装带

衣服吊带 **250018**,背带 **250018**,服装带(衣服)**250031**,腰带 **250079**,钱带(服装)**250160**

※皮带(服饰用)**C250027**

注:腰带,皮带(服饰用)与 **2603** 皮带扣类似。

2513 单一商品

(一)十字褡 **250035**,修女头巾 **250084**,神父左臂上佩戴的饰带 **250098**,(牧师、神父穿的)白麻布长袍 **250174**

※宗教服装 **C250028**

(二)服装绶带 **250070**

浴帽 **250158**

睡眠用眼罩 **250163**

※婚纱 **C250028**

注:1. 本类似群各部分之间商品不类似;

　2. 本类似群第(二)部分为单一商品,各自然段间互不类似。

第二十六类

花边和刺绣,饰带和编带;纽扣,领钩扣,饰针和缝针;假花。

【注释】

第二十六类主要包括缝纫用品。

本类尤其包括:

——拉链。

本类尤其不包括:

——某些特种小钩(查阅按字母顺序排列的商品分类表);

——某些特种针(查阅按字母顺序排列的商品分类表);

——纺织用纱和线(第二十三类)。

2601 花边,饰品及编带

发带 260013,衣服饰边 260018,花边 260019,箍袖带 260023,儿童牵引带 260025,鞋带 260034,衣边带 260047,假褶边 260056,流苏花边 260060,编带 260062,流苏(缝纫用品) 260063,褶边(花边)260066,毛线花边 260067,花边饰品 260068,衣服的金银饰带 260068, 饰带(缝纫用品)260076,饰边小环(花边)260080,裙子荷叶边 260084,服装褶边 260086,松紧带 260095,服装镶边带 260096,窗帘边幅带 260120

绣花饰品 260028,花哨的小商品(绣制品)260028,花彩装饰(绣制品)260057,银线制绣品 260093,绣金制品 260094

※丝边 C260001,帽边 C260002,背包带 C260003,帽带 C260004,拉链带 C260005,线带 C260006,飘带 C260007,花线扎带 C260008,线轮带 C260009,汗带 C260010,荷包袋 C260011,绳编工艺品 C260023

注:本类似群与 2602 第一自然段商品类似。

2602 不属别类的服饰品,饰针

鸵鸟羽毛(服装附属品)260011,帽子装饰品(非贵重金属)260016,鞋饰品(非贵重金属)260035,绳绒线织物(花边)260037,衣服装饰品 260064,云母亮片(服饰用)260071,鸟羽毛(服装配件)260074,金属箔(服装饰品)260075,衣服装饰用亮片260077,羽毛(服装饰件)260082,头饰(小绒球)260083,玫瑰花饰(缝纫用品)260085,非制首饰用珠子260123,补花(缝纫用品)260128

发卡260015,臂章260024,臂带(服装配件)260024,胸针(服装配件)260027,头发装饰品260038,卷发夹260039,发夹260040,发针260041,发网260042,长别针260090,别针(非首饰)260100,非贵重金属制佩戴徽章260101,装饰徽章(扣)260113,发用蝴蝶结260114,染发用帽260115,绶带260117,卷发纸260121,卷发器(非手工具)260127

注:1. 第一自然段商品与2601商品类似;
   2. 卷发器(非手工具)与0806烫发钳,烫发用铁夹,卷发用手工具类似,与第九版及以前版本0806卷发用手工具(非电),0924电热卷发器交叉检索。

2603 纽扣,领钩扣,拉链

鞋扣(鞋链)260001,服装扣260010,纽扣*260021,揿扣260022,背带钩扣260026,吊带钩扣260026,皮带扣260031,鞋钩260033,鞋眼260036,胸衣扣260048,女衫纽扣260048,挂钩(缝纫用品)260052,拉链260053,服装扣眼260073,手提袋拉链260087,包用拉链260087,鞋扣260088,扣子(服装配件)260097,紧身胸衣钩260098,搭扣带260116,骑自行车者用的裤夹260119,地毯钩260122

※尼龙搭扣C260012

注:1. 皮带扣与2512腰带,皮带(服饰用)类似;
   2. 本类似群与第八版及以前版本1403贵重金属扣交叉检索。

2604 假发,假胡须

假胡子260014,假发260043,发辫260044,发束260044,假髭260072,假发套260079,男子假发260089,接发片260125,人类的头发260126

2605 缝纫用具(线除外)

针*260002,鞋匠用针260003,缝纫针260004,梳羊毛机用针260005,装订针260006,织补针260007,马具用针260008,编织针260009,针线盒260049,缝纫用顶针260050,编织用钩针260051,针插260055,织渔网的梭260058,除线以外的缝纫用品*260070,针插

260078,针盒 260091,针匣 260092,绣花丝线或绒线用绕轴(非机器部件)260124

※针织机针 C260013,纺织钢针 C260014,罗纹针 C260015,双头针 C260016,经编机针 C260017,横机针 C260018,棉毛针 C260019,毛衣针 C260020

注:本类似群与第八版及以前版本 1402 贵重金属针,贵重金属针盒交叉检索。

2606 假花

人造花 260059,人造水果 260061,人造花环 260065,人造花制花环 260099,人造植物 260129

※人造盆景 C260021,纸拉花 C260022

2607 硬托衬骨

妇女紧身衣上衬骨 260012,胸罩衬骨 260012,织补架 260020,衣领托 260046,服装垫肩 260118

2608 修补纺织品用热粘胶片

修补纺织品用热粘合补片 260081,纺织品装饰用热粘合补片(缝纫用品)260111

2609 亚麻布标记用品

亚麻织品标记用数字或字母 260032,亚麻织品标记用交织字母饰片 260032,亚麻织品标记用数字 260045,亚麻织品标记用字母 260069,竞赛者用号码 260112

2610 茶壶保暖套

注:本类似群第十版时移入 2111 类似群。

第二十七类

地毯,地席,席类,油毡及其他铺地板材料;非纺织品制墙帷。

【注释】
第二十七类主要包括铺在已建成的地板和墙壁上的制品。
本类尤其不包括:
——木地板(第十九类)。

2701 地毯

地毯 270011,小地毯 *270011

注:本类似群与 2403 纺织品制墙上挂毯,纺织品制壁挂类似,与第九版及以前版本
  2403 纺织品挂毯(墙上挂帘帷),纺织品壁挂交叉检索。

2702 席类

垫席 *270006,苇席 270009
※席 C270001,枕席 C270002

2703 垫及其他可移动铺地板用品

浴室防滑垫 270001,地板覆盖物 270002,人工草皮 270003,体育馆用垫 270004,体操垫
270004,门前擦鞋垫 270008,汽车用垫毯 270010,防滑垫 270012,亚麻油地毡 270014,地毯
底衬 270015,乙烯地板覆盖物 270016,滑雪斜坡用编织绳垫 270017
※地垫 C270003,橡胶地垫 C270004

2704 墙纸,非纺织品墙帷及非纺织品壁挂

墙纸 270007,非纺织品制壁挂 270013,纺织品制墙纸 270018

注:非纺织品制墙上挂毯,非纺织品制壁挂与 2403 纺织品制墙上挂毯,纺织品制壁挂
  类似,与第九版及以前版本 2403 纺织品挂毯(墙上挂帘帷),纺织品壁挂交叉检索。

第二十八类

游戏器具和玩具;不属别类的体育和运动用品;圣诞树用装饰品。

【注释】

本类尤其包括:

——与外接显示屏或监视器连用的娱乐和游戏装置;

——钓鱼用具;

——各种运动和游戏设备。

本类尤其不包括:

——圣诞树用的蜡烛(第四类);

——潜水装备(第九类);

——圣诞树用的电灯(花彩式的)(第十一类);

——渔网(第二十二类);

——体育和运动用服装(第二十五类);

——圣诞树装饰用糖果和巧克力(第三十类)。

2801 娱乐器械,娱乐物品

游戏器具 * 280079

(一)桌式足球桌 280070,游戏机 280128,自动和投币启动的游戏机 280189,视频游戏机 280214,带有液晶显示屏的便携式游戏机 280215,娱乐场用视频游戏机 280216,游戏机控制器 280217

(二)游戏套环 280005,秋千 280010,摇摆木马 280014,九柱戏木柱 280022,游戏用弹子 280023,风筝 280036,风筝线轴 280037,游戏用筹码 280040,木偶 280087,牵线木偶 280087,掷环游戏用铁圈 280097,魔术器械 280105,九柱戏器具 280106,滑梯(玩具)280149,游乐场骑乘玩具 280157,弹球机 280199

※电动游艺车 C280001,转椅 C280003,荡椅 C280006,云梯 C280008,浪船 C280010,摇船 C280011,滚环 C280012,大积木 C280013,转马 C280014

注:1. 本类似群第一自然段商品与各部分商品均类似;

    2. 本类似群各部分之间商品不类似;

    3. 游戏机,自动和投币启动的游戏机,视频游戏机,带有液晶显示屏的便携式游戏机,娱乐场用视频游戏机与第九版及以前版本0908与外接显示屏或监视器连用的娱乐器具,与外接显示屏或监视器连用的游戏机,第八版及以前版本0908与电视机连用的娱乐器具,与电视连用的游戏机交叉检索;

    4. 自动和投币启动的游戏机与第七版及以前版本0908自动和投币启动的游戏机交叉检索;

    5. 大积木与2802积木(玩具)类似。

2802 玩具

手枪火帽(玩具)280003,家养宠物玩具280004,玩具气球280012,玩具娃娃进食瓶280016,玩具*280024,积木(玩具)280025,盖房玩具280041,晚会、舞会道具280045,多米诺骨牌280054,玩具手枪280058,恶作剧玩具280062,拨浪鼓(玩具)280077,室内游戏玩具280078,玩具娃娃床280085,玩具小房子280086,玩具娃娃280088,演戏面具280089,狂欢节面具280090,成比例的模型车280091,玩具娃娃衣280103,玩具小屋280104,陀螺(玩具)280112,儿童游戏用踏板车(玩具)280115,气枪(玩具)280117,起爆帽(玩具)280118,火帽(玩具)280118,活动玩具(床铃)280145,玩具熊280151,飞盘(玩具)280158,玩具用马蹄铁280159,长毛绒玩具280161,肥皂泡(玩具)280162,玩具车280163,捕蝴蝶用网280165,拼图玩具280168,雪景球280175,节日悬挂、由儿童击破以获得其中玩具和糖果的彩饰陶罐280183,由无线电控制的玩具车280185,万花筒280190,五彩纸屑280192,比例模型套件(玩具)280198,纸制晚会帽280204,填充玩具280208,玩具模型280218,玩具小塑像280219,面具(玩具)280222,俄罗斯套娃(俄式传统木制玩具)280223,玩具用控制器280224

※玩具风车C280009,玩具汽车C280015,智能玩具C280016,模型飞机材料C280017,玩具手表C280018,玩具照相机C280019,玩具望远镜C280020,电子永动器(永磁摆动玩具)C280022,礼花玩具(非燃放型礼花)C280023,激光启动的玩具C280097

注:1. 积木(玩具)与2801大积木类似;

    2. 万花筒与第七版及以前版本0911万花筒交叉检索;

    3. 五彩纸屑与第七版及以前版本1603五彩纸屑交叉检索;

    4. 玩具风车与第十版及以前版本2801风车交叉检索。

2803 棋,牌及辅助器材

国际跳棋 280049,骰子 280050,国际象棋 280055,国际象棋棋盘 280056,跳棋棋盘 280057,骰子杯 280074,十五子棋 280114,棋盘游戏器具 280156,麻将牌 280160,宾果游戏牌 280178,纸牌 280191,扑克牌 280191

※棋 C280024,象棋 C280025,跳棋 C280027,围棋 C280028,足球棋 C280029,动物棋 C280030,克朗棋 C280031,全自动麻将桌(机)C280033

注:纸牌,扑克牌与第七版及以前版本 1608 纸牌,扑克牌交叉检索。

2804 球类及器材

运动球类球胆 280001,体育活动用球 280011,台球桌垫 280013,台球 280019,台球球杆用白垩 280020,台球记分器 280021,运动用球 280030,保龄球设备和器械 280031,球拍用肠线 280033,高尔夫球杆 280034,球拍线 280042,板球包 280047,曲棍球棒 280048,带轮或不带轮的高尔夫球袋 280061,运动用网 280064,网球场地用网 280065,球拍 280081,球棒 280081,乒乓球台 280111,羽毛球 280116,台球杆 280121,台球球杆头 280122,台球桌 280123,投币启动式台球桌 280124,网球抛球仪器 280173,修复草皮工具(高尔夫球运动用)280179,高尔夫果岭叉 280179,投球机 280220,高尔夫球袋车 280225

※网球拍 C280034,羽毛球拍 C280035,乒乓球拍 C280036,板羽球拍 C280037,球网 C280038,门球器材 C280039,球拍胶粒 C280040,球及球拍专用袋 C280041,高尔夫球的清洁机(高尔夫球运动用或高尔夫球场用)C280098,高尔夫球的挑选机(高尔夫球运动用或高尔夫球场用)C280099,高尔夫球的运送机(高尔夫球运动用或高尔夫球场用)C280100,高尔夫球的分配机(高尔夫球运动用或高尔夫球场用)C280101

2805 健身器材

锻炼用固定自行车 280017,锻炼身体肌肉器械 280044,锻炼身体器械 280044,使身体复原的器械 280044,扩胸器(锻炼肌肉用)280051,锻炼用扩胸器 280051,锻炼用固定自行车滚轴 280059,悬挂式滑行器 280127,哑铃 280221

※握力器 C280042,压力器 C280043,拉力器 C280044,练身手榴弹 C280045,健身球 C280046,健胸器 C280047,健美器 C280048,健身床 C280049,健身摇摆机(器)或运动摇摆机(器)C280050

注:本类似群与 2807 杠铃,举重器具类似。

2806 射箭运动器材

箭弓 280007,射箭用器具 280008,靶 280038,泥鸽投射器 280080,泥鸽(靶子)280101,电子靶 280193

2807 体操、举重、田径、冰雪及属于本类的其他运动器材

(一)滑雪板边刃 280009,有舵雪车 280026,体育活动器械 280043,运动铁饼 280052,滑雪板用蜡 280063,滑雪板捆绑带 280066,飞镖 280067,鱼叉枪(体育用品)280071,杠铃 280075,海豹皮(盖滑雪板用)280100,冲浪板 280102,滑雪板用刮板 280108,滑雪板底部覆盖物 280109,滑雪板 280110,雪橇(体育用品)280113,滑水板 280125,帆板 280126,体操器械 280129,击剑用武器 280130,登山套具 280142,滑翔伞 280146,滑板 280148,跳板(运动器材)280150,滑水橇 280152,滑雪板和冲浪板专用袋 280166,风帆滑水板用挽具 280167,风帆滑水板用桅杆 280169,彩弹枪(体育器具)280170,彩弹(彩弹枪用弹药)(体育器具)280171,冲浪板用带 280172,起跑器(体育运动用)280174,趴板(冲浪板)280177,拳击用吊袋 280184,弹弓(体育用品)280188,滑雪单板 280197,上升器(登山设备)280201,游泳用打水板 280205,蹦床 280209,撑杆跳高用撑杆 280210

※单杠 C280051,双杠 C280052,高低杠 C280053,平衡木 C280054,双环 C280055,鞍马 C280056,跳箱 C280057,跳跃器 C280058,吊绳 C280059,铅球 C280060,举重器具 C280061,爬杆 C280062,吊环滑车 C280064,跳板 C280065,藤圈 C280066,体操凳 C280067,助跑器 C280068,倒立台 C280070,体操台 C280071,跳高架 C280072,撑高跳竿 C280073,运动绳(跳绳、拔河绳)C280074,运动棒 C280075,发令枪 C280077,民族体育运动器具(刀、剑)C280078,飞盘 C280080,沙箱 C280081,跳台 C280082,沙袋 C280083,毽子 C280102

(二)狩猎用哨子 280180
※口哨 C280076

注:1. 本类似群各部分之间商品不类似;
　 2. 滑翔伞与 1209 降落伞类似;
　 3. 杠铃,举重器具与 2805 商品类似;
　 4. 滑板与第八版及以前版本 2802 滑板(玩具)交叉检索;

5. 毽子与第九版及以前版本 **2801** 毽子交叉检索。

2808 游泳池及跑道

（一）游泳池（娱乐用品）**280095**

（二）※塑料跑道 **C280084**

注：本类似群各部分之间商品不类似。

2809 运动防护器具及冰鞋

（一）击球手用手套（运动器件）**280015**，拳击手套 **280032**，护胫（体育用品）**280046**，竞技手套 **280072**，游泳用鸭脚蹼 **280093**，游泳脚蹼 **280093**，击剑用面罩 **280131**，击剑用防护手套 **280132**，击剑手套 **280132**，棒球手套 **280141**，护肘（体育用品）**280143**，护膝（体育用品）**280144**，保护垫（运动服部件）**280147**，高尔夫球手套 **280153**，举重用皮带（体育用品）**280176**，运动员用松香 **280186**，男性下体弹力护身（体育用品）**280196**，翼型浮袋 **280211**，游泳圈 **280212**，游泳浮力背心 **280213**

※护腰 **C280085**，护掌 **C280086**，护腿 **C280087**，护臂 **C280088**，护肚 **C280089**，运动腰带 **C280090**，护面 **C280091**，护胸 **C280092**，护身 **C280093**，护腕 **C280094**

（二）连冰刀的溜冰鞋 **280028**，旱冰鞋 **280098**，（冰刀）冰鞋 **280099**，轮滑鞋 **280182**，雪鞋 **280187**

注：**1.** 本类似群各部分之间商品不类似；
  2. 翼型浮袋，游泳圈，游泳浮力背心与 **0919** 救生圈，救生衣类似，与第九版及以前版本 **0919** 洗澡或游泳用浮囊，游泳圈，游泳救生圈，游泳救生衣交叉检索。

2810 圣诞树用的装饰品

合成材料制圣诞树 **280006**，爆炸式棒棒糖（圣诞拉炮）**280027**，爆炸式棒棒糖（玩具爆竹）**280027**，圣诞树用烛台 **280029**，圣诞树用小铃 **280039**，圣诞树用人造雪 **280096**，圣诞树用装饰品（照明用物品和糖果除外）**280119**，圣诞树架 **280120**

2811 钓具

人造钓鱼饵 280002,钓鱼竿 280035,钓鱼用抄网 280060,钓鱼用浮子 280069,钓鱼钩 280076,打猎或钓鱼用诱饵 280082,狩猎或钓鱼用诱饵 280082,钓鱼用具 280083,钓鱼线 280084,钓鱼用绕线轮 280092,渔篓(捕鱼陷阱)280094,钓鱼用肠线 280107,咬钩指示器 (钓具)280154,咬钩传感器(钓具)280155,狩猎或钓鱼用香味诱饵 280194

2812 单一商品

拉拉队用指挥棒 280164

伪装掩蔽物(体育用品)280195

抽奖用刮刮卡 280207

※球拍用吸汗带 C280096

注:1. 本类似群为单一商品,各自然段间互不类似;

2. 抽奖用刮刮卡与第九版及以前版本 16 类 1605 已接受商品彩票,刮刮卡等类似商品交叉检索。

第二十九类

肉,鱼,家禽和野味;肉汁;腌渍、冷冻、干制及煮熟的水果和蔬菜;果冻,果酱,蜜饯;蛋;奶和奶制品;食用油和油脂。

【注释】

第二十九类主要包括动物类食品,以及日用或贮藏用的蔬菜及其他可食用的园艺产品。

本类尤其包括:

——奶饮料(以奶为主)。

本类尤其不包括:

——某些植物类食品(查阅按字母顺序排列的商品分类表);

——婴儿食品(第五类);

——医用营养食物和物质(第五类);

——膳食补充剂(第五类);

——色拉调味品(第三十类);

——待孵蛋(第三十一类);

——动物饲料(第三十一类);

——活的动物(第三十一类)。

2901 肉,非活的家禽,野味,肉汁

血肠 290013,牛肉清汤 290014,肉汤 290014,牛肉清汤汤料 290015,猪肉食品 290018,牛肉清汤浓缩汁 290023,肉汤浓缩汁 290023,油炸丸子 290036,肉 290046,肉冻 290049,猎物(非活)290050,火腿 290063,浓肉汁 290068,熏肉 290076,食用动物骨髓 290081,肝酱 290088,香肠 290097,盐腌肉 290098,牛肚 290112,家禽(非活)290114,肝 290124,腌制肉 290137,猪肉 290142,捣碎的香肠 290153

人食用蚕蛹 290151

食用燕窝 290143

※风肠 C290002,板鸭 C290003,肉片 C290004,肉干 C290005,肉脯 C290006,冻田鸡腿 C290007,肉松 C290008,肉糜 C290009,蜂蛹 C290010

注:浓肉汁,牛肉清汤,牛肉清汤汤料,肉汤,肉汤浓缩汁,牛肉清汤浓缩汁与2905汤及3016调味肉汁类似。

2902 非活水产品

（一）食用海藻提取物 290002

（二）鳀鱼290006,鱼子酱290016,甲壳动物(非活)290037,小龙虾(非活)290040,鱼片290041,鱼(非活)290047,鲱鱼(非活)290055,龙虾(非活)290057,牡蛎(非活)290061,食用鱼胶290062,多刺龙虾(非活)290075,贝壳类动物(非活)290082,贻贝(非活)290083,沙丁鱼(非活)290106,鲑鱼(非活)290107,金枪鱼(非活)290109,鱼制食品290125,蛤(非活)290132,明虾(非活)290135,腌制鱼290136,虾(非活)290138,人食用鱼粉290145,盐腌鱼290149,海参(非活)290150,鱼慕斯290167,加工过的鱼籽290170

※鱼翅C290011,鱼肚C290012,鱼肉干C290013,鱼松C290014,鱿鱼C290015,海米C290016,虾松C290017,海蜇皮C290018,海胆黄C290019,干贝C290020,蛤蜊干C290021,蚬子干C290022,海螺干C290023,蛏干C290024,虾酱C290025

注:1. 本类似群各部分之间商品不类似;

　　2. 第(一)部分商品与第九版及以前版本3005螺旋藻(非医用营养品)类似。

2903 罐头食品（软包装食品不包括在内,随原料制成品归类）

鱼罐头290144,水果罐头290146,肉罐头290147,蔬菜罐头290152
※水产罐头C290026,鹌鹑蛋罐头C290027

2904 腌渍、干制水果及制品

（一）腌制水果290017,脱水椰子290021,冷冻水果290025,葡萄干290027,水果蜜饯290035,糖渍水果290035,椰枣290038,炖熟的水果290043,果肉290045,腌橄榄290090,果皮290115,碎杏仁290117,水果片290131,浸酒的水果290133,食用花粉290134,以水果为主的零食小吃290160,糖煮水果290179

油炸土豆片290019,土豆煎饼290148,土豆片290154,低脂土豆片290176

花生酱290007,果酱290024,柑桔酱290079,苹果酱290155,越橘果酱(蜜饯)290156,芝麻酱290157,糊状山梨豆(鹰嘴豆酱)290158

※桂花 C290028，青丝 C290029，红丝 C290030，糖玫瑰 C290031，柿饼 C290032，百合干 C290033，柑饼 C290034，干桂圆 C290035，陈皮梅 C290036，话梅 C290037，干荔枝 C290038，山楂片 C290039，桂花姜 C290040，莲子 C290041，干枣 C290042，以果蔬为主的零食小吃 C290093

（二）※加工过的槟榔 C290094

注：1. 本类似群各部分之间商品不类似；

    2. 食用花粉与 3103 花粉（原材料）类似；

    3. 土豆片，油炸土豆片，低脂土豆片，以果蔬为主的零食小吃与第八版及以前版本 3010 膨化土豆片交叉检索；

    4. 水果片，以水果为主的零食小吃，以果蔬为主的零食小吃与第八版及以前版本 3010 膨化水果片、蔬菜片交叉检索；

    5. 跨类似群保护商品：以果蔬为主的零食小吃（2904 第（一）部分，2911）。

2905 腌制、干制蔬菜

德式泡菜 290020，汤 290026，腌小黄瓜 290028，腌制蔬菜 290029，熟蔬菜 290030，干蔬菜 290031，姜酱 290051，食用腌黄豆 290052，蔬菜汤料 290066，烹饪用蔬菜汁 290067，腌扁豆 290077，腌制的洋葱 290089，酸辣泡菜 290094，泡菜 290095，腌制豌豆 290096，制汤剂 290099，番茄泥 290101，烹调用番茄汁 290110，腌制块菌 290113，腌制蘑菇 290120，腌豆 290123，烤紫菜 290159，朝鲜泡菜 290162，阿吉瓦（腌辣椒）290165，蔬菜慕斯 290169，食用预制芦荟 290172，腌制蒜 290173，番茄酱 290184，西葫芦泥 290185，茄子泥 290186，烹饪用花生乳 290187，烹饪用杏仁乳 290188，腌制洋蓟 290190

※酸姜 C290043，咸菜 C290044，五味姜 C290045，榨菜 C290046，五香萝卜 C290047，脱水菜 C290048，速冻方便菜肴 C290049，冬菜 C290050，萝卜干 C290051，白菜干 C290052，干菜笋 C290053，大头菜 C290054，黑菜 C290055，百合菜 C290056，酱菜 C290057，腐乳 C290058，速冻菜 C290059，紫菜 C290060，海菜 C290061，海带 C290062，海带粉 C290063，笋干 C290064，黄花菜 C290065，食用干花 C290092

注：1. 酱菜与 3016 酱菜（调味品）类似；

    2. 番茄泥，烹调用番茄汁，番茄酱与 3016 番茄酱（调味品），番茄调味酱类似，与第十版及以前版本番茄酱交叉检索；

    3. 汤与 2901 浓肉汁，牛肉清汤，牛肉清汤汤料，肉汤，肉汤浓缩汁，牛肉清汤浓缩汁及 3016 调味肉汁类似。

2906 蛋品

蛋清 290012,蛋黄 290064,蛋 * 290086,蛋粉 290087,食用蜗牛蛋 290139

※咸蛋 C290066,皮蛋(松花蛋) C290067,鹌鹑蛋 C290068

2907 奶及乳制品

黄油 290008,黄油乳脂 290011,奶油(奶制品) 290033,奶酪 290034,牛奶 290039,小牛皱胃中的凝乳(制干酪用) 290042,酸奶 290065,克非尔奶酒(奶饮料) 290070,马奶酒(奶饮料) 290071,乳酒(奶饮料) 290071,牛奶饮料(以牛奶为主) 290072,乳清 290073,牛奶制品 290074,人造黄油 290078,搅打过的奶油 290141,凝乳 290161,豆奶(牛奶替代品) 290163,奶昔 290164,无酒精蛋奶酒 290168,白朊牛奶 290174,蛋白质牛奶 290174,烹饪用牛奶发酵剂 290178,炼乳 290180,斯美塔那酸奶油 290181,俄式熟酸乳 290182,俄式酸牛奶 290183,米浆(牛奶替代品) 290189

※奶茶(以奶为主) C290069,可可牛奶(以奶为主) C290070,奶粉 C290095,牛奶酱 C290097,豆奶粉 C290098

注:1. 乳清与 3202 乳清饮料类似;

  2. 酸奶与 3013 冻酸奶(冰冻甜点)类似;

  3. 牛奶,牛奶饮料(以牛奶为主),牛奶制品,奶粉,白朊牛奶,蛋白质牛奶与 0502 婴儿食品,婴儿用含乳面粉,婴儿奶粉类似,与第九版及以前版本 0502 蛋白牛奶,白朊牛奶交叉检索;

  4. 克非尔奶酒(奶饮料),马奶酒(奶饮料),乳酒(奶饮料),牛奶饮料(以牛奶为主),豆奶(牛奶替代品),奶昔,奶茶(以奶为主),可可牛奶(以奶为主)与 3202 商品类似;与 3001 加奶可可饮料,加奶咖啡饮料,含牛奶的巧克力饮料,咖啡饮料,可可饮料,巧克力饮料类似;与 3002 第(二)部分类似;

  5. 豆奶(牛奶替代品)与第十版及以前版本 3011 豆浆,豆汁交叉检索;

  6. 豆奶粉与第十版及以前版本 3011 豆奶粉交叉检索。

2908 食用油脂

食用油脂 290005,可可脂 290009,椰子油脂 290010,食用菜油 290022,食用菜籽油

290022,食用油 290032,制食用脂肪用脂肪物 290053,涂面包片用脂肪混合物 290054,玉米油 290058,食用棕榈果仁油 290059,芝麻油 290060,食用棕榈油 290084,食用橄榄油 290091,食用骨油 290092,猪油 290103,食用板油 290108,食用葵花籽油 290111,椰子脂 290121,椰子油 290122,烹饪用亚麻籽油 290175,烹饪用卵磷脂 290177

※类可可脂 C290072

2909 色拉

蔬菜色拉 290102,水果色拉 290104

2910 食用果胶

明胶 * 290003,果冻 290044,食用果冻 290048,烹饪用果胶 290093,烹饪用藻酸盐 290116

※水晶冻 C290073,琼脂(食用) C290074,口香糖胶基 C290075

注:果冻,食用果冻与 3004 果冻(糖果)类似。

2911 加工过的坚果

加工过的坚果 290085,加工过的花生 290118,加工过的葵花籽 290166,加工过的种子 290171

※加工过的瓜子 C290076,加工过的松子 C290077,加工过的香榧 C290078,加工过的榛子 C290079,加工过的开心果 C290080,糖炒栗子 C290081,开花豆 C290082,五香豆 C290083,熟制豆 C290084,熟芝麻 C290085,以果蔬为主的零食小吃 C290093

注:跨类似群保护商品:以果蔬为主的零食小吃(2904 第(一)部分,2911)。

2912 菌类干制品

※冬菇 C290086,木耳 C290087,发菜 C290088,干食用菌 C290089

2913 食物蛋白,豆腐制品

烹饪用蛋白 **290001**,豆腐 **290140**

※豆腐制品 **C290090**,腐竹 **C290091**

注:豆腐制品与 **3011** 食用面筋类似。

第三十类

咖啡,茶,可可和咖啡代用品;米;食用淀粉和西米;面粉和谷类制品;面包、糕点和甜食;食用冰;糖,蜂蜜,糖浆;鲜酵母,发酵粉;食盐;芥末;醋,沙司(调味品);辛香料;冰。

【注释】

第三十类主要包括日用或贮藏用的植物类食品,以及调味佐料。

本类尤其包括:

——以咖啡、可可、巧克力或茶为主的饮料;

——人类食用谷物(如燕麦片或其他谷物)。

本类尤其不包括:

——某些植物类食品(查阅按字母顺序排列的商品分类表);

——非食用防腐盐(第一类);

——药茶和医用营养食物和物质(第五类);

——婴儿食品(第五类);

——膳食补充剂(第五类);

——未加工的谷物(第三十一类);

——动物饲料(第三十一类)。

3001 咖啡,咖啡代用品,可可

咖啡调味香料(调味品)300010,可可300024,咖啡300026,未烘过的咖啡300027,作咖啡代用品的植物制剂300028,菊苣(咖啡代用品)300036,加奶可可饮料300083,加奶咖啡饮料300084,含牛奶的巧克力饮料300085,咖啡饮料300149,可可饮料300150,巧克力饮料300151,人造咖啡300152,巧克力慕斯酱300204

※麦乳精 C300001,乐口福 C300002,巧克力酱 C300137

注:1. 加奶可可饮料,加奶咖啡饮料,含牛奶的巧克力饮料,咖啡饮料,可可饮料,巧克力饮料与2907克非尔奶酒(奶饮料),马奶酒(奶饮料),乳酒(奶饮料),牛奶饮料(以牛奶为主),豆奶(牛奶替代品),奶昔,奶茶(以奶为主),可可牛奶(以奶为主)类似,与第十版及以前版本2907马或骆驼乳酒(奶饮料),乳酒(牛奶饮

料)交叉检索;

2. 巧克力酱,巧克力慕斯酱与第八版及以前版本 **2904** 果仁巧克力酱交叉检索;

3. 加奶可可饮料,加奶咖啡饮料,含牛奶的巧克力饮料,咖啡饮料,可可饮料,巧克力饮料与 **3002** 第(二)部分,**3202** 商品类似。

3002 茶、茶饮料

(一)茶＊**300037**,用作茶叶代用品的花或叶 **300221**

(二)冰茶 **300186**,茶饮料 **300187**

注:1. 本类似群各部分之间商品不类似;

2. 第(二)部分与 **3202** 类似;

3. 第(二)部分与 **3001** 加奶可可饮料,加奶咖啡饮料,含牛奶的巧克力饮料,咖啡饮料,可可饮料,巧克力饮料类似;

4. 第(二)部分与 **2907** 克非尔奶酒(奶饮料),马奶酒(奶饮料),乳酒(奶饮料),牛奶饮料(以牛奶为主),豆奶(牛奶替代品),奶昔,奶茶(以奶为主),可可牛奶(以奶为主)类似,与第十版及以前版本 **2907** 马或骆驼乳酒(奶饮料),乳酒(牛奶饮料)交叉检索。

3003 糖

天然增甜剂 **300053**,糖＊**300069**,烹饪用葡萄糖 **300077**,棕榈糖 **300219**
※白糖 **C300004**,红糖 **C300005**,冰糖 **C300006**,方糖 **C300007**

注:1. 天然增甜剂与 **0113** 人造增甜剂(化学制剂)类似;

2. 跨类似群保护商品:糖(**3003**,**3004**)。

3004 糖果,南糖,糖

圣诞树装饰用糖果 **300008**,薄荷糖 **300019**,甜食(糖果)**300020**,牛奶硬块糖(糖果)**300032**,口香糖＊**300035**,巧克力 **300038**,蛋白杏仁糖果 **300039**,甜食 **300042**,软糖(糖果)**300067**,糖＊**300069**,麦芽糖 **300094**,糖果锭剂 **300107**,果仁糖 **300116**,甘草糖 **300118**,杏仁

糖 300138,花生糖果 300139,甘草茎糖(糖果)300147,糖果 * 300153,果冻(糖果)300176,蛋糕用巧克力装饰物 300225,蛋糕用糖果装饰物 300226,裹巧克力的坚果 300227

※南糖 C300008,米花糖 C300009,黑麻片 C300010,糖粘 C300011,酥糖 C300012,糖松子 C300013,糖核桃 C300014,皮糖 C300015,人参糖 C300016,羊羹 C300017,鱼皮花生 C300018,麦丽素 C300019,琥珀花生 C300020,奶片(糖果)C300021,怪味豆 C300022

注:1. 果冻(糖果)与 2910 果冻,食用果冻类似;
　　2. 跨类似群保护商品:甜食(3004,3006);糖(3003,3004)。

3005 蜂蜜,蜂王浆等营养食品

食品用糖蜜 300095,黄色糖浆 300096,蜂蜜 300098,蜂胶 * 300166,蜂王浆 * 300168

※花粉健身膏 C300023,龟苓膏 C300024,乳鸽精 C300025,冰糖燕窝 C300026,虫草鸡精 C300027,秋梨膏 C300028,苓贝梨膏 C300029,燕窝梨膏 C300030,桂圆膏 C300031,荔枝膏 C300032,枇杷膏 C300033

注:1. 本类似群与 0501 第(一)部分的第一、二自然段商品(人用药除外)和 0502 第二自然段商品类似;
　　2. 黄色糖浆与 3203 制饮料用糖浆,杏仁糖浆,制柠檬汁用糖浆类似。

3006 面包,糕点

杏仁糊 300004,未发酵面包 300013,面包干 300015,饼干 300016,麦芽饼干 300017,华夫饼干 300022,果子面包 300023,蛋糕 300029,甜食 300042,即食玉米片 300043,薄烤饼 300047,姜饼 300055,谷粉制食品 300064,小蛋糕(糕点)300068,蛋白杏仁饼(糕点)300089,面包 300093,馅饼(点心)300104,三明治 300106,糕点 300108,小黄油饼干 300109,面包卷 300110,布丁 300115,果馅饼 300129,燕麦食品 300144,燕麦片 300145,燕麦粥 300146,薄脆饼干 300174,蛋奶冻 300175,由碎谷、干果和坚果制的早餐食品 300177,米糕 300178,(墨西哥)玉米面饼(面包)300185,面包屑 300189,塔博勒色拉(一种由碾碎的干小麦、韭菜、西红柿、薄荷和欧芹制成的黎巴嫩色拉)300190,哈发糕 300191,乳蛋饼 300192,以谷物为主的零食小吃 300195,以米为主的零食小吃 300196,糕点用糖霜(糖衣)300203,甜点慕斯(甜食)300205,奶酪汉堡包(三明治)300208,人食用小麦胚芽 300213,高蛋白谷物条 300214,谷物棒 300218,米布丁 300228

※汉堡包 C300039, 麻花 C300040, 油茶粉 C300041, 茶汤面 C300042, 芝麻糊 C300043, 豌豆黄 C300044, 蜂糕 C300045, 热狗 C300046, 月饼 C300132, 米粉糊 C300133

注:1. 燕麦食品,燕麦片,燕麦粥与3008人食用的去壳谷物,薄片(谷类产品)类似,与第八版及以前版本3008麦片交叉检索;
  2. 跨类似群保护商品:甜食(3004,3006);以谷物为主的零食小吃(3006,3010);以米为主的零食小吃(3006,3010);谷粉制食品(3006,3007,3009,3012);人食用小麦胚芽(3006,3008)。

3007 方便食品

谷粉制食品 300064, 比萨饼 300112, (意大利式)方形饺 300117, 肉馅饼 300133, 法式肉派 300134, 粗麦蒸糕 300163, 寿司 300170, 春卷 300183, (墨西哥)炸玉米卷 300184, 乌克兰饺子 300223, 俄式肉饺 300224

※炒饭 C300048, 粥 C300049, 年糕 C300050, 粽子 C300051, 元宵 C300052, 煎饼 C300053, 八宝饭 C300054, 豆沙 C300055, 醪糟 C300056, 火烧 C300057, 大饼 C300058, 馒头 C300059, 花卷 C300060, 豆包 C300061, 盒饭 C300062, 方便米饭 C300063, 肉泡馍 C300064, 泡粑 C300065, 叶儿粑 C300066, 椰茸 C300067, 莲茸 C300068, 芝麻茸 C300069, 饺子 C300070, 包子 C300071, 速冻玉米 C300138

注:1. 方便米饭与3009方便面类似;
  2. 跨类似群保护商品:谷粉制食品(3006,3007,3009,3012)。

3008 米,面粉(包括五谷杂粮)

谷类制品 300034, 谷粉*300057, 豆类粗粉 300058, 玉米粉 300059, 玉米面 300059, 大麦粗粉 300061, 面粉 300063, 蛋糕粉 300071, 人食用的去壳谷物 300080, 玉米(磨过的) 300091, 玉米(烘过的) 300092, 去壳大麦 300100, 碾碎的大麦 300105, 米 300119, 西米 300121, 粗面粉 300124, 粗燕麦粉 300142, 去壳燕麦 300143, 薄片(谷类产品) 300161, 玉米片(碾碎的玉米粒) 300197, 玉米粗粉 300198, 人食用亚麻籽 300212, 人食用小麦胚芽 300213, 坚果粉 300229

※汤圆粉 C300072, 生糯粉 C300073, 米粉(粉状) C300134

注:1. 人食用的去壳谷物,薄片(谷类产品)与 **3006** 燕麦食品,燕麦片,燕麦粥类似;

    2. 跨类似群保护商品:人食用小麦胚芽(**3006**,**3008**)。

3009 面条及米面制品

谷粉制食用面团 **300003**,意式面食 **300003**,谷粉制食品 **300064**,做蛋糕用面团 **300072**,通心粉 **300090**,面条 **300103**,意式宽面条 **300103**,意大利面条 **300126**,意式细面条 **300132**,食用麦芽膏 **300164**,人食用麦芽 **300165**,面条为主的预制食物 **300202**,生面团 **300220**,油酥面团 **300222**

※挂面 **C300074**,方便面 **C300075**,方便粉丝 **C300075**,玉米浆 **C300076**,春卷皮 **C300077**,米粉 **C300078**,米浆 **C300140**

注:1. 方便面与 **3007** 方便米饭类似;

    2. 跨类似群保护商品:谷粉制食品(**3006**,**3007**,**3009**,**3012**)。

3010 谷物膨化食品

玉米花 **300044**,以谷物为主的零食小吃 **300195**,以米为主的零食小吃 **300196**
※大米花 **C300079**,虾味条 **C300080**,锅巴 **C300081**,米果 **C300082**
注:跨类似群保护商品:以谷物为主的零食小吃(**3006**,**3010**);以米为主的零食小吃(**3006**,**3010**)。

3011 豆粉,食用预制面筋

豆粉 **300062**
※食用面筋 **C300139**

注:食用面筋与 **2913** 豆腐制品类似。

3012 食用淀粉及其制品

烹饪食品用增稠剂 **300050**,谷粉制食品 **300064**,食用淀粉 **300065**,香肠粘合料 **300088**,土豆粉＊**300114**,木薯淀粉 **300127**,木薯粉＊**300128**

※百合粉 C300088,魔芋粉 C300089,栗粉 C300090,菱角粉 C300091,蕨粉 C300093,粉丝(条)C300094,藕粉 C300095,地瓜粉 C300096,马铃薯粉 C300097,龙虾片 C300098,南瓜粉 C300099

注:跨类似群保护商品:谷粉制食品(3006,3007,3009,3012)。

3013 食用冰,冰制品

冰淇淋 300046,冰淇淋(可食用冰)凝结剂 300074,冰淇淋凝结剂 300074,食用冰凝结剂 300074,天然或人造冰 300075,小吃用冰 300076,果汁刨冰 300125,食用冰 300136,制食用冰用粉 300137,冰淇淋粉 300137,冻酸奶(冰冻甜点)300181

※冰棍 C300100,冰糕 C300101,冰砖 C300102

注:1. 冻酸奶(冰冻甜点)与 2907 酸奶类似;
2. 果汁刨冰与 3202 无酒精果汁,无酒精果汁饮料,果汁,葡萄汁,柠檬水,未发酵的葡萄汁,果汁冰水(饮料),无酒精饮料,无酒精鸡尾酒,无酒精果茶,酸梅汤,植物饮料,乌梅浓汁(不含酒精)等含果汁的饮料类似。

3014 食盐

食物防腐盐 300014,食盐 300049,芹菜盐 300123

注:本类似群与 3015,3016 商品类似。

3015 酱油,醋

醋 300081,啤酒醋 300148,酱油 300179
※酱油防腐粉 C300103,醋精 C300104

注:本类似群与 3014,3016 商品类似。

3016 芥末,味精,沙司,酱等调味品

海藻(调味品)300002,茴香子 300006,八角大茴香 300007,非医用浸液 300009,调味料

300012,肉桂（调味品）300030,腌制刺山柑花蕾（调味品）300031,咖喱粉（调味品）300033,丁香（调味品）300040,调味品300041,姜黄＊300051,香辛料300054,多香果（香料）300056,芥末粉300060,除香精油外的蛋糕用调味品300070,姜（调味品）300073,番茄酱（调味品）300082,芥末300101,肉豆蔻300102,辣椒（调味品）300111,胡椒300113,藏红花（佐料）300120,调味酱汁300122,除香精油外的食物用调味品300140,除香精油外的饮料用调味品300141,酱菜（调味品）300162,佐料（调味品）300167,海水（烹饪用）300169,番茄调味酱300171,蛋黄酱300172,（印度式）酸辣酱（调味品）300182,色拉用调味品300188,调味肉汁300193,豆酱（调味品）300194,腌制香草（调料）300201,水果酱汁（调味料）300206,腌泡汁300207,香蒜酱（调味料）300209,火腿糖汁300210,意式面食调味酱300217,蒜末（调味品）300230

※涮羊肉调料C300105,豆豉C300106,香糟C300107,虾油C300108,糟油C300109,蚝油C300110,鱼露C300111,鲜虾露C300112,鸡精（调味品）C300113,鱼沙司C300114,虾味汁C300115,桂皮C300116,果子油C300117,辣椒油C300118,花椒粉C300119,鱼味粉C300120,五香粉C300121,海味粉C300122,食用烟熏多味料C300123,蒜汁C300124,味精C300125,调味酱C300126,豉油C300127,料酒C300141

注:1. 酱菜（调味品）与2905酱菜类似;

　　2. 番茄酱（调味品）,番茄调味酱与2905番茄泥,烹调用番茄汁,番茄酱类似;

　　3. 本类似群与3014,3015商品类似;

　　4. 调味肉汁与2901浓肉汁,牛肉清汤,牛肉清汤汤料,肉汤,肉汤浓缩汁,牛肉清汤浓缩汁,2905汤类似;

　　5. 除香精油外的饮料用调味品与3203饮料香精类似;

　　6. 料酒与第十版及以前版本3301料酒交叉检索;

　　7. 跨类似群保护商品:除香精油外的蛋糕用调味品(3016,3018);除香精油外的食物用调味品(3016,3018);除香精油外的饮料用调味品(3016,3018)。

3017 酵母

发面团用酵素300066,发酵剂300086,酵母＊300087,泡打粉300199,苏打粉（烹饪用小苏打）300200,烹饪用酒石酸氢钾（塔塔粉）300215

※曲种C300128,酱油曲种C300129,食用小苏打C300130,食用碱C300131,食用酶C300135

3018 食用香精,香料

食用芳香剂 300011,食品用香料(含醚香料和香精油除外)300048,除香精油外的蛋糕用调味品 300070,制糖果用薄荷 300097,香草(香味调料)300130,香兰素(香草代用品)300131,除香精油外的食物用调味品 300140,除香精油外的饮料用调味品 300141

※葡萄酒提味用烤制的天然碎木片 C300136

注:1. 除香精油外的饮料用调味品与 3203 饮料香精类似;
　　2. 跨类似群保护商品:除香精油外的蛋糕用调味品(3016,3018);除香精油外的食物调味品(3016,3018);除香精油外的饮料用调味品(3016,3018)。

3019 单一商品

搅稠奶油制剂 300045

家用嫩肉剂 300135

食用预制谷蛋白 300078,烹饪用谷蛋白添加剂 300216

注:本类似群为单一商品,各自然段间互不类似。

第三十一类

谷物和不属别类的农业、园艺、林业产品;活动物;新鲜水果和蔬菜;种子;草木和花卉;动物饲料;麦芽。

【注释】

第三十一类主要包括日用的未经制作的田地产物,活动物及植物,以及动物饲料。

本类尤其包括:

——未加工的木材;

——未加工的谷物;

——待孵蛋;

——软体动物和贝壳类动物(活的)。

本类尤其不包括:

——微生物培养物和医用水蛭(第五类);

——动物用膳食补充剂(第五类);

——半成品木材(第十九类);

——人造鱼饵(第二十八类);

——米(第三十类);

——烟草(第三十四类)。

3101 未加工的林业产品

树木310008,圣诞树*310009,树干310010,灌木310011,未切锯木材310017,制木浆的木片310018,未加工木材310019,未加工软木310078,棕榈叶(棕榈树叶)310100,棕榈树310101,未加工树皮310139

3102 未加工的谷物及农产品(不包括蔬菜,种子)

燕麦310012,未加工可可豆310020,小麦310061,谷(谷类)310066,玉米310082,大麦*310095,黑麦310118,未加工的食用芝麻310120,未加工的稻310144

※豆(未加工的)C310001

3103 花卉,园艺产品,草本植物

啤酒花果穗310038,蛇麻球果310038,自然花制花环310044,草制覆盖物310046,自然花310055,装饰用干花310056,花粉(原材料)310057,干草310058,自然草皮310063,新鲜的园艺草本植物310070,植物310071,籽苗310072,啤酒花(蛇麻子)310073,球茎310091,花卉球茎310091,荨麻310096,藤本植物310104,辣椒(植物)310106,装饰用干植物310107,玫瑰树310117,芦荟(植物)310148

注:花粉(原材料)与2904食用花粉类似。

3104 活动物

供展览用动物310005,活动物310006,贝壳类动物(活的)310041,孵化蛋(已受精)310045,鱼卵310089,蚕种310090,活鱼310103,蚕310119,活家禽310123,小龙虾(活的)310133,甲壳动物(活的)310134,龙虾(活的)310135,贻贝(活的)310136,牡蛎(活的)310137,多刺龙虾(活的)310140,海参(活的)310145,鲱鱼(活的)310154,鲑鱼(活的)310155,沙丁鱼(活的)310156,金枪鱼(活的)310157

※蚕蛹(活的)C310002,虾(活的)C310023

3105 未加工的水果及干果

(一)新鲜柑橘310002,坚果(水果)310004,新鲜浆果310013,甘蔗310021,新鲜栗子310027,新鲜柠檬310032,椰子壳310033,椰子310034,干椰肉310040,新鲜水果310062,桧树果310064,可乐果310074,榛子310087,新鲜橄榄310093,新鲜桔310094,松树球果310105,新鲜葡萄310115,杏仁(水果)310125,新鲜花生310126

※鲜枣C310003,西瓜C310004,甜瓜C310005,香蕉C310006,苹果C310007,石榴C310008,枇杷C310009,芒果C310010,樱桃C310011,荔枝C310012,菠萝C310013,柚子C310014,杨梅C310015,猕猴桃C310016,桃C310017,梨C310018,杏C310019

(二)※新鲜槟榔C310024

注:本类似群各部分之间商品不类似。

3106 新鲜蔬菜

新鲜甜菜 310015, 新鲜角豆 310022, 新鲜蘑菇 310024, 菊苣根 310029, 新鲜菊苣 310030, 新鲜黄瓜 310037, 新鲜蔬菜 310042, 新鲜南瓜 310043, 鲜豆 310054, 新鲜莴苣 310075, 新鲜扁豆 310076, 洋葱（新鲜蔬菜）310092, 新鲜韭葱 310108, 新鲜豌豆 310109, 新鲜土豆 310110, 食用植物根 310114, 大黄（新鲜蔬菜）310116, 新鲜块菌 310121, 新鲜菠菜 310149, 新鲜洋蓟 310153, 新鲜蒜 310158

※鲜食用菌 C310020, 食用鲜花 C310021, 青蒜 C310025, 食用芦荟 C310026, 食用仙人掌 C310027

注：大黄（新鲜蔬菜）与第十版及以前版本 3103 大黄交叉检索。

3107 种子

未加工谷种 310023, 蘑菇繁殖菌 310025, 培育植物用胚芽（种子）310065, 植物种子 310068

※菌种 C310022

3108 可食用海藻，动物饲料

人或动物食用海藻 310003, 动物食品 310007, 牲畜用盐 310014, 糠 310016, 油渣饼 310026, 豆饼（饲料）310026, 动物饲料用氧化钙 310028, 狗食用饼干 310031, 鸟食 310035, 牲畜用菜籽饼 310036, 动物食用糠料 310039, 动物食用酿酒废料 310048, 渣滓（饲料）310049, 饲养备料 310050, 动物催肥剂 310052, 家畜催肥剂 310052, 米粉饲料 310053, 牲畜强壮饲料 310059, 牲畜饲料 310060, 饲料 310060, 动物食用谷类 310067, 家禽食用去壳谷物 310069, 动物食用酵母 310077, 亚麻粉（饲料）310079, 牲畜食用玉米饼 310083, 果渣 310086, 水果渣 310086, 动物食用谷粉 310088, 鸟用乌贼骨 310097, 稻草（饲料）310099, 家畜催肥熟饲料 310102, 下蛋家禽用备料 310111, 动物饲料 310112, 蒸馏器蒸馏后余渣 310122, 动物食用豆科类种子和豆荚 310124, 动物食用花生粗粉 310127, 动物食用花生饼 310128, 动物食用谷类加工副产品 310129, 动物食用谷类残余产品 310129, 甘蔗渣（原料）310131, 鱼饵（活的）310132, 宠物食品 310138, 动物可食用咀嚼物 310141, 宠物饮料 310142, 动物食用鱼粉 310143, 动物食用亚麻籽 310150, 动物食用亚麻籽粉 310151, 动物食

用小麦胚芽 **310152**

3109 麦芽

酿酒麦芽 **310084**

3110 动物栖息用干草等制品

动物栖息用干草 **310080**, 动物栖息用泥炭 **310081**, 动物垫窝用干稻草 **310098**, 宠物用沙纸（垫窝用）**310146**, 宠物用香沙 **310147**

第三十二类

啤酒;矿泉水和汽水以及其他不含酒精的饮料;水果饮料及果汁;糖浆及其他制饮料用的制剂。

【注释】

第三十二类主要包括不含酒精的饮料及啤酒。

本类尤其包括:

——无酒精饮料。

本类尤其不包括:

——医用饮料(第五类);

——奶饮料(以奶为主)(第二十九类);

——以咖啡、可可、巧克力或茶为主的饮料(第三十类)。

3201 啤酒

啤酒 320002,姜汁啤酒 320003,麦芽啤酒 320004,制啤酒用麦芽汁 320005,以啤酒为主的鸡尾酒 320052

制啤酒用蛇麻子汁 320021,麦芽汁(发酵后成啤酒)320025

3202 不含酒精饮料

无酒精果汁 320001,姜汁汽水 320003,无酒精果汁饮料 320006,乳清饮料 320007,果汁 320010,水(饮料)320012,锂盐矿水 320014,矿泉水(饮料)320015,起泡水 320017,餐用矿泉水 320018,葡萄汁 320019,柠檬水 320020,蔬菜汁(饮料)320022,未发酵的葡萄汁 320026,苏打水 320028,果汁冰水(饮料)320029,番茄汁(饮料)320030,无酒精饮料 320031,杏仁乳(饮料)320032,汽水 320035,菝葜(无酒精饮料)320041,无酒精的开胃酒 320042,无酒精鸡尾酒 320043,无酒精果茶 320044,等渗饮料 320045,花生乳(无酒精饮料)320046,无酒精苹果酒 320047,格瓦斯(无酒精饮料)320048,以蜂蜜为主的无酒精饮料 320049,果昔 320050,无酒精芦荟饮料 320051,大豆为主的饮料(非牛奶替代品)320053

※可乐 C320002,酸梅汤 C320003,绿豆饮料 C320004,乳酸饮料(果制品,非奶)

C320007，奶茶（非奶为主）C320008，果子粉 C320009，果子晶 C320010，蒸馏水（饮料）C320011，饮用蒸馏水 C320012，纯净水（饮料）C320013，耐酸饮料 C320014，植物饮料 C320015，豆类饮料 C320016，姜汁饮料 C320017，乌梅浓汁（不含酒精）C320018，米制饮料 C320019，豆浆 C320020，豆浆精 C320021，豆汁 C320022

注：1. 乳清饮料与 **2907** 乳清类似；

2. 本类似群与 **2907** 克非尔奶酒（奶饮料），马奶酒（奶饮料），乳酒（奶饮料），牛奶饮料（以牛奶为主），豆奶（牛奶替代品），奶昔，奶茶（以奶为主），可可牛奶（以奶为主）类似，与第十版及以前版本 **2907** 马或骆驼乳酒（奶饮料），乳酒（牛奶饮料）交叉检索；

3. 无酒精果汁，无酒精果汁饮料，果汁，葡萄汁，柠檬水，未发酵的葡萄汁，果汁冰水（饮料），无酒精饮料，无酒精鸡尾酒，无酒精果茶，酸梅汤，植物饮料，乌梅浓汁（不含酒精）等含果汁的饮料与 **3013** 果汁刨冰类似，与第九版及以前版本 **3013** 刨冰（冰），加果汁的碎冰（冰块）交叉检索；

4. 格瓦斯（无酒精饮料）与第九版及以前版本 **3201** 克瓦斯淡啤酒（无酒精饮料）类似；

5. 本类似群与 **3001** 加奶可可饮料，加奶咖啡饮料，含牛奶的巧克力饮料，咖啡饮料，可可饮料，巧克力饮料，**3002** 第（二）部分类似；

6. 豆浆，豆浆精，豆汁与第十版及以前版本 **3011** 豆浆，豆浆精，豆汁交叉检索。

3203 糖浆及其他供饮料用的制剂

饮料制作配料 320008，饮料香精 320009，制饮料用糖浆 320011，汽水制作用配料 320013，矿泉水配料 320016，制柠檬水用糖浆 320023，烈性酒配料 320024，杏仁糖浆 320027，起泡饮料用锭剂 320033，起泡饮料用粉 320034

注：1. 制饮料用糖浆，杏仁糖浆，制柠檬汁用糖浆与 **3005** 黄色糖浆类似；
2. 饮料香精与 **3016**，**3018** 除香精油外的饮料用调味品类似。

第三十三类

含酒精的饮料(啤酒除外)。

【注释】

本类尤其不包括:

——医用饮料(第五类);

——无酒精饮料(第三十二类)。

3301 含酒精的饮料(啤酒除外)

薄荷酒 330001,果酒(含酒精)330002,苦味酒 330003,茴芹酒(利口酒)330004,茴香酒(利口酒)330005,开胃酒 * 330006,亚力酒 330007,蒸馏饮料 330008,苹果酒 330009,鸡尾酒 * 330010,柑香酒 330011,蒸煮提取物(利口酒和烈酒)330012,葡萄酒 330013,杜松子酒 330014,利口酒 330015,蜂蜜酒 330016,樱桃酒 330017,烈酒(饮料)330018,白兰地 330019,酸酒(低等葡萄酒)330020,梨酒 330021,清酒(日本米酒)330022,威士忌 330023,酒精饮料原汁 330024,酒精饮料浓缩汁 330025,酒精饮料(啤酒除外)330026,含水果酒精饮料 330031,米酒 330032,朗姆酒 330033,伏特加酒 330034,预先混合的酒精饮料(以啤酒为主的除外)330035,尼瓦(以甘蔗为主的酒精饮料)330036,白酒 330037

※汽酒 C330001,清酒 C330002,青稞酒 C330003,黄酒 C330004,食用酒精 C330006,烧酒 C330007

第三十四类

烟草;烟具;火柴。

【注释】

本类尤其包括:

——烟草代用品(非医用的)。

本类尤其不包括:

——不含烟草的医用卷烟(第五类)。

3401 烟草及其制品

烟草 340003,嚼烟 340012,雪茄烟 340013,非医用含烟草代用品的香烟 340019,香烟 340020,小雪茄烟 340025,烟用药草 * 340028,鼻烟 340033,电子香烟 340039,电子香烟用尼古丁替代液 340040

※烟丝 C340001,烟末 C340002

3402 烟具

雪茄及香烟烟嘴上黄琥珀烟嘴头 340002,烟袋 340004,香烟嘴 340005,烟斗 340009,雪茄烟切刀 340014,雪茄烟盒 340015,香烟盒 340016,雪茄烟烟嘴 340017,袖珍卷烟器 340021,香烟烟嘴 340022,香烟烟嘴头 340023,烟斗通条 340026,烟斗搁架 340030,烟罐 340032,鼻烟壶 340034,烟灰缸 340036,吸烟者用痰盂 340037,(防止烟草变干的)保润盒 340038,吸烟者用口腔雾化器 340041

注:本类似群与第八版及以前版本 1402 贵重金属雪茄烟盒,贵重金属香烟盒,贵重金属雪茄烟盒(匣),贵重金属制雪茄烟盒,贵重金属制香烟盒,贵重金属制雪茄烟烟嘴,贵重金属制香烟嘴,贵重金属烟灰缸交叉检索。

3403 火柴

火柴 340001,火柴架 340031,火柴盒 340035

194

注:火柴架,火柴盒与第八版及以前版本**1402**贵重金属火柴盒架,贵重金属火柴盒交叉检索。

3404 吸烟用打火机

吸烟用打火机**340007**,点烟器用气罐**340008**,打火石**340027**

※打火机用丁烷储气筒**C340004**,丁烷气(吸烟用)**C340005**

3405 烟纸,过滤嘴

香烟过滤嘴**340006**,小本卷烟纸**340010**,烟斗吸水纸**340011**,卷烟纸**340024**

※烟用过滤丝束**C340006**

3406 香烟用调味品

除香精油外的烟草用调味品**340042**,除香精油外的电子香烟用调味品**340043**

服务

第三十五类

广告;商业经营;商业管理;办公事务。

【注释】

第三十五类主要包括由个人或组织提供的服务,其主要目的在于:

(1)对商业企业的经营或管理进行帮助;

(2)对工商企业的业务活动或者商业职能的管理进行帮助;

以及由广告部门为各种商品或服务提供的服务,旨在通过各种传播方式向公众进行广告宣传。

本类尤其包括:

——为他人将各种商品(运输除外)归类,以便顾客看到和购买;这种服务可由零售、批发商店通过邮购目录或电子媒介提供,例如通过网站或电视购物节目;

——有关注册、抄录、写作、编纂或者书面通讯及记录系统化,以及编纂数学或者统计资料的服务;

——广告单位的服务,以及直接或邮寄散发说明书或者样品的服务;本类可涉及有关其他服务的广告,如银行借贷或无线电广告服务。

本类尤其不包括:

——与工商企业的经营或者管理无直接关系的估价和编写工程师报告的服务(查阅按字母顺序排列的服务分类表)。

3501 广告

张贴广告 350003,户外广告 350003,广告材料分发 350008,货物展出 350023,直接邮件广告 350024,广告材料更新 350027,样品散发 350028,广告材料出租 350035,广告宣传本的出版 350038,广告 350039,广告宣传 350039,无线电广告 350040,电视广告 350044,商业橱窗布置 350046,广告代理 350047,为广告或推销提供模特服务 350049,广告空间出租 350070,通过邮购定单进行的广告宣传 350077,计算机网络上的在线广告 350084,在通讯媒体上出租广告时间 350087,为零售目的在通讯媒体上展示商品 350092,广告稿的撰写 350099,广告版面设计 350101,广告片制作 350104,点击付费广告 350113,广告材料设计 350121,广告牌出租 350125

※广告设计 **C350001**,广告策划 **C350002**,广告材料起草 **C350007**

3502 工商管理辅助业

商业管理辅助 350001,商业询价 350002,商业信息代理 350006,成本价格分析 350007,商业管理和组织咨询 350018,商业管理咨询 350020,工商管理辅助 350025,经营效率专家服务 350029,市场分析 350031,商业评估 350032,商业调查 350033,商业组织咨询 350036,商业研究 350041,公共关系 350042,商业管理顾问 350048,市场研究 350051,商业专业咨询 350062,经济预测 350063,组织商业或广告展览 350064,商业信息 350065,民意测验 350066,饭店商业管理 350078,组织商业或广告交易会 350082,价格比较服务 350091,为消费者提供商业信息和建议(消费者建议机构)350093,特许经营的商业管理 350096,外购服务(商业辅助)350097,统计资料汇编 350100,为广告宣传目的组织时装表演 350103,提供商业和商务联系信息 350110,商业中介服务 350114,为第三方进行商业贸易的谈判和缔约 350116,为建筑项目进行商业项目管理服务 350118,通过网站提供商业信息 350119,为公司提供外包行政管理 350122,补偿项目的商业管理(替他人)350124

※投标报价 **C350003**,组织技术展览 **C350004**,为广告或销售组织时装展览 **C350008**

3503 替他人推销

进出口代理 350005,拍卖 350030,替他人推销 350071,替他人采购(替其他企业购买商品或服务)350085,市场营销 350106,电话市场营销 350107,为商品和服务的买卖双方提供在线市场 350120

3504 人事管理辅助业

职业介绍所 350012,人事管理咨询 350019,人员招收 350068,演员的商业管理 350079,为挑选人才而进行的心理测试 350090,运动员的商业管理 350105,自由职业者的商业管理 350115

※表演艺术家经纪 **C350005**

注:1. 为挑选人才而进行的心理测试与第七版及以前版本 4203 心理测试服务交叉检索;
2. 表演艺术家经纪与 3605 经纪类似。

3505 商业企业迁移

商业企业迁移 350069

注:本类似群与 **3901** 搬迁类似。

3506 办公事务

复印服务 350009,办公机器和设备出租 * 350013,打字 350022,文件复制 350026,速记 350043,谈话记录(办公事务)350045,计算机文档管理 350061,文秘 350072,为外出客户应接电话 350074,文字处理 350075,替他人订阅报纸 350076,将信息编入计算机数据库 350080,计算机数据库信息系统化 350081,复印机出租 350083,在计算机档案中进行数据检索(替他人)350086,报刊剪贴 350088,替他人预订电讯服务 350094,对购买定单进行行政处理 350095,开发票 350098,搜索引擎优化 350111,网站流量优化 350112,在计算机数据库中更新和维护数据 350117,替他人写简历 350126

※计算机录入服务 **C350006**

3507 财会

会计 350015,簿记 350015,绘制账单、账目报表 350016,商业审计 350017,拟备工资单 350067,税款准备 350073,税务申报服务 350123

注:商业审计,税款准备,税务申报服务与 **3602** 税审服务类似。

3508 单一服务

自动售货机出租 350089
寻找赞助 350102
销售展示架出租 350109

注:1. 本类似群为单一服务,各自然段间互不类似;
    2. 自动售货机出租与第七版及以前版本 **4227** 自动售货机出租,自动售货机租赁交叉检索。

3509 药品、医疗用品零售或批发服务

药用、兽医用、卫生用制剂和医疗用品的零售或批发服务 350108

（一）※药品零售或批发服务 C350009，药用制剂零售或批发服务 C350010，卫生制剂零售或批发服务 C350011，医疗用品零售或批发服务 C350012

（二）※兽药零售或批发服务 C350013，兽医用制剂零售或批发服务 C350014

注：1. 本类似群第一自然段服务与各部分服务均类似；
　　2. 本类似群各部分之间服务不类似。

第三十六类

保险;金融事务;货币事务;不动产事务。

【注释】

第三十六类主要包括金融业务和货币业务提供的服务以及与各种保险契约有关的服务。

本类尤其包括：

——与金融业务和货币业务有关的服务,即：

(1)银行及其有关的机构的服务,如外汇经纪人或清算机构；

(2)不属于银行的信贷部门的服务,如信贷合作社团、私人金融公司、放款人等的服务；

(3)控股公司的"投资信托"服务；

(4)股票及财产经纪人的服务；

(5)与承受信用代理人担保的货币业务有关的服务；

(6)与发行旅行支票和信用证有关的服务；

——融资租赁服务；

——不动产管理人对建筑物的服务,如租赁、估价或筹措资金的服务；

——与保险有关的服务,如保险代理人或经纪人提供的服务,为被保险人和承保人提供的服务。

3601 保险

事故保险承保 360001,保险精算 360003,保险经纪 360010,保险承保 360012,火灾保险承保 360034,健康保险承保 360038,海上保险承保 360039,人寿保险承保 360044,保险咨询 360055,保险信息 360060

注:保险经纪与 3605 经纪类似。

3602 金融事务

分期付款的贷款 360002,信用社 360006,债务托收代理 360009,银行 360013,共有基金

360016，资本投资 360017，兑换货币 360019，发行旅行支票 360020，金融票据交换 360021，金融票据交换所 360021，保险库（保险箱寄存）360022，组织收款 360023，金融贷款 360024，财政估算 360025，金融评估（保险、银行、不动产）360026，金融服务 360029，金融管理 360030，抵押贷款 360040，银行储蓄服务 360041，融资租赁 360042，有价证券经纪 360043，金融分析 360046，支票核查 360053，金融咨询 360054，信用卡服务 360056，借记卡服务 360057，电子转账 360058，金融信息 360059，租金托收 360063，发行有价证券 360065，贵重物品存放 360066，证券交易行情 360067，发行信用卡 360068，支付退休金 360070，金融赞助 360071，网上银行 360072，贸易清算（金融）360073，修理费评估（金融评估）360103，碳信用证经纪 360104，建筑木材的金融评估 360105，羊毛的金融评估 360107，公积金服务 360109，股票经纪服务 360110，债务咨询服务 360111，为建筑项目安排资金 360112，通过网站提供金融信息 360113，补偿支付的金融管理（替他人）360114，基金投资 360115，股票和债券经纪 360116

※期货经纪 C360001，陆地车辆赊售（融资租赁）C360003，通讯设备赊售（融资租赁）C360004，税审服务 C360005，与信用卡有关的调查 C360006

注：1. 期货经纪，证券和公债经纪，有价证券经纪，碳信用证经纪与 3605 经纪类似；

2. 金融评估（保险、银行、不动产）与 3604 不动产估价类似；

3. 税审服务与 3507 商业审计，税款准备，税务申报服务类似，与第十版及以前版本 3507 审计交叉检索；

4. 建筑木材的金融评估与第九版及以前版本 3502 建筑木材评估交叉检索；

5. 羊毛的金融评估与第九版及以前版本 3502 羊毛评估交叉检索。

3603 珍品估价

古玩估价 360051，艺术品估价 360052，珠宝估价 360061，首饰估价 360061，钱币估价 360062，邮票估价 360064

3604 不动产事务

不动产出租 360004，不动产代理 360007，不动产经纪 360008，不动产估价 360014，不动产管理 360032，公寓管理 360033，公寓出租 360035，农场出租 360036，住所代理（公寓）360045，办公室（不动产）出租 360069

※商品房销售 C360007

注:1. 不动产估价与 **3602** 金融评估(保险、银行、不动产)类似;

   2. 不动产经纪与 **3605** 经纪类似。

3605 经纪

经纪 ＊360005,海关经纪 360011

注:经纪与所有类中各种经纪类似。

3606 担保

保释担保 360018,担保 360018

3607 慈善募捐

募集慈善基金 360015

3608 受托管理

代管产业 360027,信托 360028,受托管理 360028

3609 典当

典当经纪 360031,典当 360108

注:典当经纪与 **3605** 经纪类似。

第三十七类

房屋建筑;修理;安装服务。

【注释】

第三十七类主要包括建造永久性建筑的承包商或分包商所提供的服务,以及由个人或组织为修复建筑物或保持原样而不改变其物理或化学特征的服务。

本类尤其包括:

——建筑房屋、道路、桥梁、堤坝或通讯线路的服务,以及建筑行业其他专项服务,如油漆粉刷、管道铺设、安装暖气或盖屋顶;

——为建筑服务的辅助性服务,如建筑计划的检查;

——造船服务;

——租赁建筑工具或材料的服务;

——修理服务,即修复已磨损、损坏或部分破坏的任何东西(修复房屋或将其他残缺之物修复原样);

——各种修理服务,如修理电器、家具、器械和工具等;

——维修服务,旨在使物品保持原样而不改变其任何属性(有关本类与第四十类的区别,请看第四十类的注释)。

本类尤其不包括:

——诸如服装或车辆之类商品的储存服务(第三十九类);

——与布料或服装印染有关的服务(第四十类)。

3701 建设、维修信息服务

建筑施工监督 **370031**,建筑信息 **370104**,维修信息 **370105**,建筑咨询 **370131**
※工程进度查核 **C370001**

注:建筑咨询与第九版及以前版本 **4217** 建筑咨询交叉检索。

3702 建筑工程服务

铺沥青 **370005**,推土机出租 **370013**,建筑设备出租 **370020**,建筑＊**370029**,水下建筑

370030，拆除建筑物 370036，仓库建筑和修理 370041，建筑物防水 370042，挖掘机出租 370044，熔炉的安装与修理 370047，工厂建造 370052，建筑物隔热隔音 370054，砖石建筑 370059，码头防浪堤建筑 370061，管道铺设和维护 370063，用浮石磨光 370069，敷石膏、涂灰泥 370070，安装水管 370071，港口建造 370074，铆接 370081，清洗机出租 370090，搭脚手架 370093，砌砖 370101，铺路 370109，用砂纸打磨 370110，水下修理 370111，商业摊位及商店的建筑 370115，建筑用起重机出租 370120，扫路机出租 370121，盖房顶 370122，安装门窗 370128

※商品房建造 C370015

注：盖房顶与第八版及以前版本 3704 屋顶修复交叉检索。

3703 开采服务

采矿 370107，采石服务 370108，钻井 370114，深层油井或气井的钻探 370133

3704 建筑物装饰修理服务

清洁建筑物（内部）370009，室内装潢修理 370017，清扫烟囱 370026，招牌的油漆或修理 370040，清洁窗户 370045，贴墙纸 370064，室内装潢 370067，室内外油漆 370068，涂清漆服务 370086，清洁建筑物（外表面）370112，清扫街道 370124

3705 供暖设备的安装与修理

锅炉清洁和修理 370011，燃烧器保养与修理 370012，加热设备安装和修理 370024

3706 机械、电器设备的安装与修理

（一）电器的安装和修理 370003，办公机器和设备的安装、保养和修理 370014，空调设备的安装和修理 370028，厨房设备安装 370035，灌溉设备的安装和修理 370053，机械安装、保养和修理 370058，冷冻设备的安装和修理 370078，计算机硬件安装、维护和修理 370116，修复磨损或部分损坏的发动机 370118，修复磨损或部分损坏的机器 370119，调色墨盒的再填充 370130

※卫生设备的安装和修理 C370003，浴室设备的安装和修理 C370004，照明设备的安装

和修理 C370005

（二）清除电子设备的干扰 370117

（三）※医疗器械的安装和修理 C370002

注：本类似群各部分之间服务不类似。

3707 陆地机械车辆维修

汽车保养和修理 370006，汽车清洗 370007，运载工具（车辆）加润滑油服务 370049，运载工具（车辆）清洗服务 370055，运载工具（车辆）上光服务 370072，运载工具（车辆）防锈处理服务 370082，车辆服务站（加油和保养）370083，运载工具（车辆）保养服务 370085，运载工具（车辆）清洁服务 370087，运载工具（车辆）故障救援修理服务 370089，运载工具（车辆）电池更换 370137

※车辆加油站 C370006

3708 飞机维修

飞机保养与修理 370008

3709 造船服务

造船 370021

3710 影视器材维修

照相器材修理 370002，电影放映机的修理和维护 370046

3711 钟表修理

钟表修理 370051

3712 保险装置的维修

保险库的保养和修理 370018,保险柜的保养和修理 370027,修保险锁 370125

3713 特殊处理服务

防锈 370037,重新镀锡 370080
※喷涂服务 C370007

注:重新镀锡与 **4002** 镀锡类似。

3714 轮胎维修服务

轮胎翻新 370077,轮胎硫化处理(修理)370113,轮胎动平衡服务 370138
※橡胶轮胎修补 C370016

3715 家具的修复、保养

家具保养 370001,家具修复 370060,木工服务 370132

3716 衣服、皮革的修补、保护、洗涤服务

洗烫衣服 370010,服装翻新 370022,修补衣服 370032,皮革保养、清洁和修补 370034,皮毛保养、清洁和修补 370048,清洗衣服 370050,清洗亚麻制品 370056,清洗 370057,熨衣服 370062,服装织补 370075,亚麻制品熨烫 370079,清洗尿布 370102,干洗 370103,洗衣机出租 370135

注:皮革保养、清洁和修补,皮毛保养、清洁和修补与 **4010** 皮革修整,鞣革,皮革染色,裘皮染色,裘皮上光,皮毛防蛀处理,使裘皮具有缎子光泽类似。

3717 灭虫,消毒服务

消毒 370038,灭鼠 370076,灭害虫(非农业目的)370091

※外科设备消毒 C370014

3718 单一服务

电梯安装和修理 370004

火警器的安装与修理 370015，防盗报警系统的安装与修理 370016

修鞋 370025

电话安装和修理 370084

磨刀 370106

气筒或泵的修理 370073

雨伞修理 370065，阳伞修理 370066

人工造雪 370123

艺术品修复 370126

乐器修复 370127

游泳池维护 370129

排水泵出租 370134

维修电力线路 370136

※手工具修理 C370008

※珠宝首饰修理 C370009

※娱乐体育设备的安装和修理 C370011

注：本类似群为单一服务，各自然段间互不类似。

第三十八类

电信。

【注释】

第三十八类主要包括至少能使二人之间通过感觉方式进行通讯的服务。这类服务包括：

（1）能使一人与另一人进行交谈；

（2）将一人的消息传递给另一人；

（3）使一人与另一人进行口头或视觉的联系（无线电和电视）。

本类尤其包括：

——主要进行播放无线电或电视节目的服务。

本类尤其不包括：

——无线电广告服务（第三十五类）；

——电话市场营销服务（第三十五类）。

3801 进行播放无线电或电视节目的服务

无线电广播380003，电视播放380005，新闻社380012，通讯社380012，有线电视播放380021，无线广播380048

注：本类似群与3802卫星传送类似。

3802 通讯服务

信息传送380004，电报传送380006，电报业务380007，电报通讯380008，电话业务380009，电话通讯380010，电传业务380011，移动电话通讯380022，计算机终端通讯380023，计算机辅助信息和图像传送380024，电子邮件380025，传真发送380026，电信信息380027，寻呼（无线电、电话或其他电子通讯工具）380028，信息传输设备出租380029，光纤通讯380030，传真设备出租380031，调制解调器出租380032，电讯设备出租380033，电话机出租380034，卫星传送380035，电子公告牌服务（通讯服务）380036，提供与全球计算机网

络的电讯联接服务 **380037**，电讯路由节点服务 **380038**，电话会议服务 **380039**，提供全球计算机网络用户接入服务 **380040**，全球计算机网络访问时间出租 **380041**，为电话购物提供电讯渠道 **380042**，提供互联网聊天室 **380043**，提供数据库接入服务 **380044**，语音邮件服务 **380045**，在线贺卡传送 **380046**，数字文件传送 **380047**，视频会议服务 **380049**，提供在线论坛 **380050**，数据流传输 **380051**，无线电通信 **380052**

※由电脑进行的电话号码簿查询 **C380001**

注:**1.** 卫星传送与 **3801** 类似;

   2. 提供全球计算机网络用户接入服务,提供数据库接入服务与第八版及以前版本 **4220** 为计算机用户间交换数据提供即时连接服务交叉检索。

第三十九类

运输;商品包装和贮藏;旅行安排。

【注释】

第三十九类主要包括将人、动物或商品从一处运送到另一处(通过铁路、公路、水上、空中或管道)所提供的服务和与此有关的必要服务,以及货栈或者其他建筑物为便于看管、保存商品所提供贮藏的服务。

本类尤其包括:

——供运输者使用的由车站、桥梁、火车渡轮等公司提供的服务;

——租赁运输车辆的服务;

——与海上拖曳、卸货、港口和码头运转、营救遇险船只及其货物有关的服务;

——发货前的包装和打包业务的服务;

——经纪人及旅行社提供旅行或货运情况的服务以及提供价目、时刻或运送方式情况的服务;

——运输前检查车辆或货物的服务。

本类尤其不包括:

——与运输企业广告有关的服务,如散发广告传单或无线电广告(第三十五类);

——由经纪人或旅行社提供的发行旅行支票或者信用证的服务(第三十六类);

——人或货物在运输过程中的(商业、火灾或生命)保险服务(第三十六类);

——维修车辆的服务,以及维修用于运输人或货物的运输工具的服务(第三十七类);

——由旅行社或经纪人提供的预订旅馆房间的服务(第四十三类)。

3901 运输及运输前的包装服务

(一)救护车运输390006,搬运390021,卸货390026,货物递送390027,货运390039,运送家具390047,运输390048,运送乘客390051,货物发运390060,运送旅客390063,废物的运输和贮藏390064,搬迁390065,货运经纪390072,运输经纪390073,运输信息390077,救护运输390082,运输预订390083,交通信息390098,物流运输390101

(二)商品包装390022,商品打包390086,礼品包装390109

注:1. 本类似群各部分之间服务不类似；

　　2. 卸货与 **3902** 码头装卸类似；

　　3. 搬迁与 **3505** 类似；

　　4. 货运经纪,运输经纪与 **3605** 经纪类似；

　　5. 运输,货运与 **3902** 第(二)部分,**3903**,**3904** 空中运输,**3905** 马车运输,**3912** 管道运输类似；

　　6. 废物的运输和贮藏与 **3906** 类似。

3902　水上运输及相关服务

（一）船只出租 390012,破冰 390013,拖运 390014,船只营救 390015,驳船服务 390016,船舶经纪 390023,拖曳 390054,船只打捞 390055,海上救助 390057,船只存放 390071,水下营救 390085,码头装卸 390093

（二）游艇运输 390011,渡船运输 390036,河运 390037,船运货物 390038,船只运输 390049,海上运输 390061,驳船运输 390103

注:1. 本类似群各部分之间服务不类似；

　　2. 船舶经纪与 **3605** 经纪类似；

　　3. 码头装卸与 **3901** 卸货类似；

　　4. 本类似群第(二)部分与 **3901** 运输,货运类似。

3903　陆地运输

运载工具(车辆)故障救援牵引服务 390007,汽车运输 390009,公共汽车运输 390010,铁路运输 390018,出租车运输 390058,有轨电车运输 390059,装甲车运输 390062,贵重物品的保护运输 390106

注:1. 本类似群与 **3901** 运输,货运类似；

　　2. 贵重物品的保护运输与第九版及以前版本 **3901** 贵重物品的保护运输交叉检索。

214

3904 空中运输

空中运输 390004,导航 390052,航空器出租 390102,航空发动机出租 390105,导航系统出租 390107

注:空中运输与 3901 运输,货运类似。

3905 其他运输及相关服务

(一)汽车出租 390008,停车场服务 390033,车库出租 390040,停车位出租 390042,运载工具(车辆)出租 390044,铁路客车车厢出租 390045,铁路货车车厢出租 390046,司机服务 390074,车辆行李架出租 390081,赛车出租 390091,客车出租 390104

(二)马车运输 390017,马匹出租 390019

注:1. 本类似群各部分之间服务不类似;
　　2. 马车运输与 3901 运输,货运类似。

3906 货物的贮藏

货物贮存 390028,贮藏 390034,仓库贮存 390034,仓库出租 390035,冰箱出租 390043,冷冻食品柜出租 390043,贮藏信息 390076,集装箱出租 390080,电子数据或文件载体的物理储藏 390094,冰柜出租 390099

注:本类似群与 3901 废物的运输和贮藏类似。

3907 潜水工具出租

潜水钟出租 390078,潜水服出租 390079

注:本类似群与 4105 浮潜设备出租类似,与第八版及以前版本 4105 潜水贴身设备租赁,潜水设备出租交叉检索。

3908 供水电气服务

给水 **390003**，配水 **390030**，配电 **390031**，能源分配 **390090**

※煤气站 **C390002**，液化气站 **C390003**

3909 水闸管理服务

操作运河水闸 **390032**

3910 投递服务

包裹投递 **390020**，快递服务（信件或商品）**390075**，信件投递 **390087**，投递报纸 **390088**，邮购货物的递送 **390089**，鲜花递送 **390096**，邮件的邮资盖印服务 **390097**

3911 旅行安排

旅行陪伴 **390002**，安排游艇旅行 **390024**，观光旅游 **390025**，安排游览 **390050**，旅行座位预订 **390056**，旅行预订 **390084**，为旅行提供行车路线指引 **390108**

※旅行社（不包括预订旅馆）**C390004**，导游 **C390005**

3912 单一服务

管道运输 **390041**

轮椅出租 **390092**

替他人发射卫星 **390095**

灌装服务 **390100**

注:**1.** 本类似群为单一服务,各自然段间互不类似;

　2. 管道运输与 **3901** 运输,货运类似。

第四十类

材料处理。

【注释】

第四十类主要包括没有列入其他类别的,对有机物质、无机物质或物品进行机械或者化学处理或者加工的服务。

按分类的要求,只有在为他人进行处理或加工的情况下,商标才被视为服务商标。根据分类的同一要求,在某人将经过处理或加工的物质或物品进行交易的各种情况下,商标都被视为商品商标。

本类尤其包括:

——对物品或物质进行加工的服务,包括改变其主要特性的处理服务(如染服装);按正常分类,维修服务应该列入第三十七类,但若是进行了这样的改变,即可列入第四十类(如汽车防冲击装置的镀铬处理);

——在物质生产或建筑物建造过程中的材料处理服务,如切割、加工成形,磨光或金属镀层方面的服务。

本类尤其不包括:

——修理服务(第三十七类)。

4001 综合加工及提供信息服务

打磨400001,碾磨加工400031,层压400040,研磨400041,研磨抛光400048,定做材料装配(替他人)400083,材料处理信息400087,材料硫化处理400101,喷砂处理服务400122

注:1. 打磨与4002,4004,4006,4007类似;

2. 碾磨加工与4002,4008,4015药材加工类似;

3. 层压与4002,4004类似;

4. 研磨,研磨抛光,喷砂处理服务与4002,4006,4007类似。

4002 金属材料处理或加工服务

磁化400004,镀银400007,锡焊400011,镀镉400013,镀铬400017,金属电镀400018,涂

金 400024,电镀 400026,镀锡 400027,铁器加工 400029,镀锌 400034,金属处理 400042,金属回火 400043,镀镍 400045,镀金 400085,激光划线 400086,精炼 400093,锅炉制造 400099,金属铸造 400100,配钥匙 400108,焊接服务 400125

注:1. 镀锡与 3713 重新镀锡类似;

2. 本类似群与 4001 打磨,碾磨加工,层压,研磨,研磨抛光,喷砂处理服务类似。

4003 纺织品化学处理或加工服务

纺织品精加工 400005,织物漂白 400008,布料边饰处理 400010,织物定型处理 400014,布料防水处理 400036,织物防水处理 400036,布料耐火处理 400037,纺织品耐火处理 400037,织物耐火处理 400037,服装防皱处理 400038,羊毛加工 400039,织布机整经 400046,染色 400056,纺织品染色 400057,布料化学处理 400058,纺织品化学处理 400058,纺织品防蛀处理 400059,布料染色 400060,布料预缩处理 400069,布匹漂洗 400120

注:布匹漂洗与第八版及以前版本 3716 布匹漂洗交叉检索。

4004 木材加工服务

木器制作 400009,刨平(锯木厂)400050,锯木(锯木厂)400052,木材砍伐和加工 400067

注:本类似群与 4001 打磨,层压类似。

4005 纸张加工服务

纸张加工 400006,书籍装订 400049,纸张处理 400061

4006 玻璃加工服务

吹制玻璃器皿 400062,玻璃窗着色处理(表面涂层)400065,光学玻璃研磨 400088

注:本类似群与 4001 打磨,研磨,研磨抛光,喷砂处理服务类似,与第九版及以前版本

4002 研磨加工,研磨抛光交叉检索。

4007 陶器加工服务

烧制陶器 400015

注:本类似群与 4001 打磨,研磨,研磨抛光,喷砂处理服务类似,与第九版及以前版本 4002 研磨加工,研磨抛光交叉检索。

4008 食物、饮料加工服务

榨水果 **400032**,食物熏制 **400033**,面粉加工 **400044**,食物和饮料的防腐处理 **400066**,油料加工 **400091**,食物冷冻 **400117**

※茶叶加工 **C400001**,饲料加工 **C400002**

注:本类似群与 4001 碾磨加工类似,与第九版及以前版本 4002 碾磨加工交叉检索。

4009 剥制加工服务

动物标本剥制 400055,动物屠宰 400094,剥制加工 400095

4010 皮革、服装加工服务

服装制作 **400012**,染鞋 **400016**,皮革染色 **400019**,裘皮定型 **400020**,布料剪裁 **400021**,裘皮时装加工 **400028**,皮毛防蛀处理 **400030**,皮革修整 **400047**,马具(鞍具)制作 **400051**,服装定制 **400053**,鞣革 **400054**,刺绣 **400063**,皮革加工 **400064**,裘皮上光 **400070**,使裘皮具有缎子光泽 **400071**,裘皮染色 **400072**,缝被子 **400092**,服装修改 **400098**,针织机出租 **400112**

注:1. 皮革修整,鞣革,皮革染色,裘皮染色,裘皮上光,皮毛防蛀处理,使裘皮具有缎子光泽与 3716 皮革保养、清洁和修补,皮毛保养、清洁和修补类似,与第十版及以前版本 3716 皮革保养、清洗和修补,皮毛保养、清洗和修补交叉检索;

2. 针织机出租与第七版及以前版本 4227 针织机出租交叉检索。

4011 影像加工处理服务

电影胶片冲洗**400002**,图样印刷**400022**,照相底片冲洗**400023**,照片冲印**400089**,照相凹版印刷**400090**,分色**400107**,平版印刷**400110**,印刷**400111**,胶印**400113**,照相排版**400114**,丝网印刷**400115**

注:本类似群与第七版及以前版本**4215**交叉检索。

4012 污物处理服务

废物和垃圾的回收利用**400068**,废物处理(变形)**400097**,废物和垃圾的销毁**400105**,废物和垃圾的焚化**400106**,净化有害材料**400109**,废物和可回收材料的分类(变形)**400116**,废物再生**400124**

注:本类似群与第七版及以前版本**4225**交叉检索。

4013 空气调节服务

空气净化**400003**,空气除臭**400081**,空气清新**400082**,空调设备出租**400118**,空间供暖设备出租**400119**

注:1. 空调设备出租与第八版及以前版本**3706**空调设备出租交叉检索;
    2. 空间供暖设备出租与第八版及以前版本**3705**取暖设施出租交叉检索。

4014 水处理服务

水处理**400025**

4015 单一服务

艺术品装框**400084**
雕刻**400035**
牙科技师服务**400102**

能源生产 **400103**

发电机出租 **400104**

超低温冷冻服务(生命科学) **400121**

锅炉出租 **400123**

※药材加工 **C400003**

※燃料加工 **C400004**

※化学试剂加工和处理 **C400005**

注:1. 本类似群为单一服务,各自然段间互不类似;

    2. 药材加工与 **4001** 碾磨加工类似,与第九版及以前版本 **4002** 碾磨加工交叉检索。

第四十一类

教育；提供培训；娱乐；文体活动。

【注释】

第四十一类主要包括由个人或团体提供的人或动物智力开发方面的服务，以及用于娱乐或消遣时的服务。

本类尤其包括：

——有关人员教育或动物训练的各种形式的服务；

——旨在人们娱乐、消遣或文娱活动的服务；

——为文化和教育目的向公众展示可视艺术作品或文学作品。

4101 教育

学校（教育）410002，函授课程410011，体育教育410012，教学410017，教育410017，培训410017，教育信息410048，教育考核410049，幼儿园410058，实际培训（示范）410061，寄宿学校410075，宗教教育410080，就业指导（教育或培训顾问）410102，辅导（培训）410189，职业再培训410195，学校教育服务410199，家教服务410202

注：1. 幼儿园与4304日间托儿所（看孩子）类似，与第七版及以前版本4221日间托儿所（看孩子）交叉检索；

2. 就业指导（教育或培训顾问）与第七版及以前版本4227职业指导交叉检索。

4102 组织和安排教育、文化、娱乐等活动

组织教育或娱乐竞赛410010，安排和组织学术讨论会410044，安排和组织会议410045，安排和组织大会410046，组织文化或教育展览410051，组织体育比赛410059，安排和组织专家讨论会410070，安排和组织专题研讨会410072，安排和组织培训班410076，安排选美竞赛410077，组织舞会410082，组织表演（演出）410083，安排和组织音乐会410185，为娱乐目的组织时装表演410188

※为娱乐组织时装展览C410003

4103 图书馆服务

出借书籍的图书馆 **410023**,流动图书馆 **410041**

4104 出版服务

(一)文字出版(广告宣传材料除外)**410016**,书籍出版 **410024**,在线电子书籍和杂志的出版 **410091**,电子桌面排版 **410092**,提供在线电子出版物(非下载)**410099**,除广告以外的版面设计 **410187**

(二)※录像带发行 **C410001**

注:**1.** 本类似群各部分之间服务不类似;
　　2. 录像带发行与 **4105** 电影胶片的分配(发行)类似。

4105 文娱、体育活动的服务

(一)电影放映机及其附件出租 **410006**,电影摄影棚 **410008**,演出用布景出租 **410013**,无线电文娱节目 **410015**,唱片出租 **410018**,电影胶片出租 **410019**,除广告片外的影片制作 **410020**,收音机和电视机出租 **410025**,广播和电视节目制作 **410026**,戏剧制作 **410029**,演出制作 **410030**,电视文娱节目 **410031**,舞台布景出租 **410032**,电影放映 **410057**,录音棚服务 **410063**,录像机出租 **410068**,录像带出租 **410069**,配音 **410079**,音响设备出租 **410085**,剧院或电视演播室用灯光设备出租 **410086**,摄像机出租 **410088**,电影剧本编写 **410089**,录像带剪辑 **410090**,配字幕 **410093**,作曲 **410097**,摄影报道 **410100**,摄影 **410101**,新闻记者服务 **410103**,翻译 **410104**,手语翻译 **410105**,录像带录制 **410106**,微缩摄影 **410182**,原文稿撰写(广告稿除外)**410184**,口译服务 **410192**,音乐制作 **410196**,提供在线音乐(非下载)**410200**,提供在线录像(非下载)**410201**

※译制 **C410002**,电影胶片的分配(发行)**C410004**,电影外语配音 **C410005**,诙谐诗创作 **C410006**

(二)游乐园 **410003**,娱乐 **410004**,演出 **410007**,马戏场 **410009**,提供娱乐设施 **410014**,音乐厅 **410027**,管弦乐团 **410028**,俱乐部服务(娱乐或教育)**410043**,迪斯科舞厅 **410047**,娱乐信息 **410050**,假日野营娱乐服务 **410055**,现场表演 **410056**,筹划聚会(娱乐)**410060**,娱乐信息(消遣)**410064**,演出座位预订 **410078**,游戏厅服务 **410084**,在计算机网络上提供在线

游戏410094,提供卡拉OK服务410095,夜总会410098,票务代理服务(娱乐)410183,书法服务410186,音乐主持服务410191

(三)体操训练410021,提供体育设施410035,提供高尔夫球设施410053,健身俱乐部(健身和体能训练)410054,提供博物馆设施(表演、展览)410062,浮潜设备出租410065,体育设备出租(车辆除外)410066,体育场设施出租410067,体育野营服务410071,体育比赛计时410073,网球场出租410087,运动场出租410190,私人健身教练服务410193,健身指导课程410194

(四)玩具出租410197

(五)游戏器具出租410198

注:1. 本类似群各部分之间服务不类似;

2. 录像带制作,录像带录制与第七版及以前版本4222录像带录制交叉检索;

3. 摄影报道,新闻记者服务与第七版及以前版本4223交叉检索;

4. 摄影,微缩摄影与第七版及以前版本4222交叉检索;

5. 手语翻译,翻译与第七版及以前版本4219交叉检索;

6. 电影胶片的分配(发行)与4104录像带发行类似;

7. 浮潜设备出租与3907类似,与第八版及以前版本4105第(三)部分潜水贴身设备租赁,潜水设备出租交叉检索;

8. 剧院或电视演播室用灯光设备出租与4306照明设备出租类似。

4106 驯兽

动物训练410005,动物园服务410033

4107 单一服务

为艺术家提供模特服务410036
经营彩票410081

注:1. 本类似群为单一服务,各自然段间互不类似;

2. 经营彩票与第六版及以前版本3602经营彩票交叉检索。

第四十二类

科学技术服务和与之相关的研究与设计服务；工业分析与研究；计算机硬件与软件的设计与开发。

【注释】

第四十二类主要包括由人，个人或集体，提供的涉及复杂领域活动的理论和实践服务；这些服务由诸如化学家、物理学家、工程师、计算机程序员等专业人员提供。

本类尤其包括：

——由从事评估、估算以及从事科技领域研究与报告的工程师和科学家提供的服务（包括技术咨询）；

——为医务目的所做的科学研究服务。

本类尤其不包括：

——商业研究与开发（第三十五类）；

——文字处理和计算机档案管理（第三十五类）；

——金融与财政评估（第三十六类）；

——采矿和石油开采（第三十七类）；

——计算机（硬件）的安装与维修服务（第三十七类）；

——由专业人员诸如医生、兽医和精神分析医生所提供的服务（第四十四类）；

——医疗服务（第四十四类）；

——花园设计（第四十四类）；

——法律服务（第四十五类）。

4209 提供研究和开发服务

（一）技术研究 420040，技术项目研究 420061，工程学 420064，物理研究 420096，机械研究 420101，替他人研究和开发新产品 420161，城市规划 420192，节能领域的咨询 420207，环境保护领域的研究 420208，提供关于碳抵消的信息、建议和咨询 420212，水质分析 420216，科学实验室服务 420217，能源审计 420218，科学研究 420222，技术咨询 420231，电信技术咨询 420233

※工程绘图 C420015

（二）质量控制420157,建筑木材质量评估420213,羊毛质量评估420214

※质量检测C420006,质量评估C420007,质量体系认证C420008

注:1. 本类似群各部分之间服务不类似;

  2. 本类似群第(一)部分与第十版及以前版本4214物理研究,机械研究交叉检索;

  3. 工程绘图与4217建筑制图类似。

  4. 质量检测与4214材料测试类似。

4210 提供地质调查、研究、开发服务

油田开采分析420008,油井测试420042,地质勘测420062,油田勘测420063,土地测量420079,石油勘探420095,地质勘探420118,地质研究420119,校准（测量）420136,水下勘探420167,测量420193

4211 提供化学研究服务

化学分析420007,化学服务420030,化学研究420031,化妆品研究420045

4212 提供生物学研究服务

细菌学研究420017,生物学研究420190,临床试验420224

4213 提供气象情报服务

气象信息420076,气象预报420234

4214 提供测试服务

材料测试420058,纺织品测试420109,车辆性能检测420195

注:材料测试与4209质量检测类似。

4216 外观设计服务

工业品外观设计 **420049**,包装设计 **420050**,造型(工业品外观设计)**420165**

4217 建筑物的设计、咨询服务

建筑学服务 **420011**,建筑学咨询 **420036**,建筑制图 **420038**,室内装饰设计 **420048**
※建设项目的开发 **C420013**

注:建筑制图与 **4209** 工程绘图类似。

4218 服装设计服务

服装设计 **420142**

注:本类似群与第七版及以前版本 **4218** 中的服装设计类似。

4220 计算机编程及相关服务

计算机出租 **420083**,计算机编程 **420090**,计算机软件设计 **420139**,计算机软件更新 **420140**,计算机硬件设计和开发咨询 **420141**,计算机软件出租 **420159**,恢复计算机数据 **420175**,计算机软件维护 **420176**,计算机系统分析 **420177**,计算机系统设计 **420194**,计算机程序复制 **420197**,把有形的数据或文件转换成电子媒体 **420198**,替他人创建和维护网站 **420199**,托管计算机站(网站)**420200**,计算机软件安装 **420201**,计算机程序和数据的数据转换(非有形转换)**420203**,计算机软件咨询 **420204**,网络服务器出租 **420205**,计算机病毒的防护服务 **420206**,提供互联网搜索引擎 **420209**,文档数字化(扫描)**420210**,计算机系统远程监控 **420215**,网站设计咨询 **420219**,软件运营服务(SaaS)**420220**,信息技术咨询服务 **420221**,服务器托管 **420223**,远程数据备份 **420225**,电子数据存储 **420226**,通过网站提供计算机技术和编程信息 **420227**,云计算 **420229**,外包商提供的信息技术服务 **420230**,计算机技术咨询 **420232**

4224 提供艺术品鉴定服务

艺术品鉴定 **420132**

4227 单一服务

书画刻印艺术设计 **420144**

（人工降雨时）云的催化 **420202**

笔迹分析（笔迹学）**420211**

地图绘制服务 **420228**

※无形资产评估 **C420011**

※代替他人称量货物 **C420012**

注：本类似群为单一服务，各自然段间互不类似。

第四十三类

提供食物和饮料服务;临时住宿。

【注释】

第四十三类主要包括由个人或机构为消费者提供食物和饮料的服务以及为使在宾馆、寄宿处或其他提供临时住宿的机构得到床位和寄宿所提供的服务。

本类尤其包括:

——为旅游者提供住宿预订服务,尤其是通过旅行社或经纪人提供的服务;

——为动物提供膳食。

本类尤其不包括:

——提供永久使用的不动产,例如住房、公寓等的租赁服务(第三十六类);

——由旅行社提供的旅行服务(第三十九类);

——食物和饮料的防腐处理服务(第四十类);

——迪斯科舞厅服务(第四十一类);

——寄宿学校(第四十一类);

——疗养院(第四十四类)。

4301 提供餐饮,住宿服务

住所代理(旅馆、供膳寄宿处)430004,备办宴席430010,咖啡馆430024,自助餐厅430025,餐厅430027,临时住宿处出租430028,寄宿处430066,饭店430073,餐馆430102,寄宿处预订430104,旅馆预订430105,自助餐馆430107,快餐馆430108,酒吧服务430138,假日野营住宿服务430145,预订临时住所430162,汽车旅馆430183,食物雕刻430193

※流动饮食供应C430002,茶馆C430003

注:本类似群与第七版及以前版本4201交叉检索。

4302 提供房屋设施的服务

提供野营场地设施430026,旅游房屋出租430071,活动房屋出租*430160,会议室出租430187,帐篷出租430189

注:本类似群与第七版及以前版本 **4202** 交叉检索。

4303 养老院

养老院 **430013**

注:养老院与 **4401** 第(二)部分类似,与第七版及以前版本 **4203** 养老院,疗养院(非医疗),疗养院,休养所,疗养院(诊所或小型私人医院),济贫院交叉检索。

4304 托儿服务

日间托儿所(看孩子)**430098**

注:日间托儿所(看孩子)与 **4101** 幼儿园类似,与第七版及以前版本 **4221** 日间托儿所(看孩子)交叉检索。

4305 为动物提供食宿

动物寄养 **430134**

注:本类似群与 **4403** 动物养殖,水产养殖服务类似,与第十版及以前版本 **4403** 动物饲养,宠物饲养,第七版及以前版本 **4205** 动物寄养,动物饲养,宠物饲养,动物喂养,为动物提供膳食,爱畜饲养交叉检索。

4306 单一服务

出租椅子、桌子、桌布和玻璃器皿 **430186**
烹饪设备出租 **430190**
饮水机出租 **430191**
照明设备出租＊**430192**

注:1. 本类似群为单一服务,各自然段间互不类似;
  2. 出租椅子、桌子、桌布和玻璃器皿与第七版及以前版本 **4227** 出租椅子、桌子、桌布和玻璃器皿交叉检索;
  3. 照明设备出租与 **4105** 剧院或电视演播室用灯光设备出租类似。

第四十四类

医疗服务;兽医服务;人或动物的卫生和美容服务;农业、园艺和林业服务。

【注释】

第四十四类主要包括由个人或机构向人或动物提供的医疗、卫生和美容服务;它还包括与农业、园艺和林业领域相关的服务。

本类尤其包括:

——与治疗病人(例如 X 光检查和取血样)有关的医学分析;

——人工授精服务;

——医药咨询;

——动物养殖;

——与植物生长例如园艺有关的服务;

——与植物艺术例如园艺设计和花卉构图有关的服务。

本类尤其不包括:

——灭害虫(为农业、园艺和林业目的除外)(第三十七类);

——灌溉系统的安装与维修服务(第三十七类);

——救护运输(第三十九类);

——动物屠宰及其标本制作(第四十类);

——树木砍伐和加工(第四十类);

——动物驯养(第四十一类);

——为体育锻炼目的而设的健康俱乐部(第四十一类);

——医学科学研究服务(第四十二类);

——为动物提供膳食(第四十三类);

——养老院(第四十三类)。

4401 医疗服务

(一)医疗诊所服务 440021,医疗按摩 440032,医院 440059,保健 440060,医疗辅助 440087,理疗 440097,牙科 440113,血库 440133,接生 440152,医疗护理 440153,医药咨询 440154,整形外科 440156,头发移植 440180,心理专家 440185,芳香疗法 440193,人工授精 440194,物质滥用病人的康复 440195,试管受精 440196,远程医学服务 440198,药剂师配药服务**440204**,治疗服务**440205**,医疗设备出租**440208**,保健站**440209**,替代疗法**440210**,语言障碍治疗服务**440211**,健康咨询**440212**,牙齿正畸服务**440214**,为残障人士提供医疗咨询**440215**

（二）疗养院**440043**,休养所**440106**,私人疗养院**440114**,济贫院**440147**

（三）※饮食营养指导**C440001**

注:**1.** 本类似群各部分之间服务不类似;
　2. 各部分与第七版及以前版本**4203**相对应的各自然段分别交叉检索;
　3. 医疗按摩与**4402**按摩类似;
　4. 第(二)部分与**4303**养老院类似。

4402 卫生、美容服务

公共卫生浴**440018**,蒸汽浴**440019**,美容院**440020**,理发店**440034**,按摩**440086**,修指甲**440151**,文身**440197**,桑拿浴服务**440200**,日光浴服务**440201**,矿泉疗养**440202**,化妆师服务**440203**,打蜡脱毛**440213**

注:**1.** 本类似群与第七版及以前版本**4204**交叉检索;
　2. 按摩与**4401**医疗按摩类似。

4403 为动物提供服务

动物养殖**440009**,兽医辅助**440111**,动物清洁**440131**,宠物清洁**440173**,水产养殖服务**440207**

※人工授精(替动物)**C440002**,试管受精(替动物)**C440003**

注:**1.** 本类似群与第七版及以前版本**4205**交叉检索;
　2. 动物养殖,水产养殖服务与**4305**类似。

4404 农业、园艺服务

庭院风景布置**440012**,花环制作**440037**,园艺学**440072**,园艺**440077**,农场设备出租

440084,植物养护**440094**,空中和地面化肥及其他农用化学品的喷洒**440115**,花卉摆放**440143**,草坪修整**440148**,树木修剪**440166**,灭害虫(为农业、园艺和林业目的)**440168**,除草**440171**,风景设计**440199**,为碳抵消目的植树**440206**

注:**1.** 本类似群与第七版及以前版本**4206**交叉检索;
　　2. 花环制作与第七版及以前版本**4226**花圈制作交叉检索。

4405 单一服务

眼镜行**440092**
卫生设备出租**440188**

注:**1.** 本类似群为单一服务,各自然段间互不类似;
　　2. 眼镜行与第七版及以前版本**4227**眼镜行交叉检索;
　　3. 卫生设备出租与第七版及以前版本**4227**卫生设备出租交叉检索。

第四十五类

法律服务;为保护财产和人身安全的服务;由他人提供的为满足个人需要的私人和社会服务。

【注释】

本类尤其包括:

——由律师、法律助理和私人律师为个人、组织、团体、企业提供的服务;

——与个人或团体的安全相关的调查和监视服务;

——为个人提供的与社会活动相关的服务,例如社交护送服务、婚姻介绍所、葬礼服务。

本类尤其不包括:

——为商业运作提供直接指导的专业服务(第三十五类);

——为处理与保险有关的金融或货币事务和服务有关的服务(第三十六类);

——护送旅客(第三十九类);

——安全运输(第三十九类);

——各种个人教育服务(第四十一类);

——歌唱演员和舞蹈演员的表演(第四十一类);

——为保护计算机软件所提供的计算机服务(第四十二类);

——由他人为人类和动物提供的医疗、卫生或美容服务(第四十四类);

——某些出租服务(查阅按字母顺序排列的服务分类表和一般性说明中有关服务分类的第2条)。

4501 安全服务

私人保镖450001,侦探公司450003,夜间护卫服务450006,寻人调查450053,护卫队服务450099,安全保卫咨询450117,安全及防盗警报系统的监控450194,为安全目的进行的行李检查450196,个人背景调查450199,工厂安全检查450202,追踪被盗财产450222

注:本类似群与第七版及以前版本4208交叉检索。

4502 提供人员服务

社交陪伴 **450002**, 社交护送 (陪伴) **450002**, 临时照看婴孩 **450195**, 临时看管房子 **450197**, 临时照料宠物 **450198**

※家务服务 **C450001**

注: 本类似群与第七版及以前版本 **4221** 中除日间托儿所 (看孩子) 外的其他服务交叉检索。

4503 提供服饰服务

晚礼服出租 **450046**, 服装出租 **450081**

注: 本类似群与第七版及以前版本 **4218** 夜礼服出租, 衣服出租, 制服出租, 服装租赁交叉检索。

4504 殡仪服务

火葬 **450047**, 丧葬 **450056**, 殡仪 **450057**, 尸体防腐服务 **450220**

注: 本类似群与第七版及以前版本 **4226** 交叉检索。

4505 单一服务

开保险锁 **450033**

交友服务 **450005**, 婚姻介绍 **450112**, 在线社交网络服务 **450218**

消防 **450179**, 火警报警器出租 **450203**, 灭火器出租 **450204**

组织宗教集会 **450184**

领养代理 **450193**

失物招领 **450200**

保险箱出租 **450215**

宗谱研究 **450216**

计划和安排婚礼服务 **450217**

为特殊场合释放鸽子 **450219**

注:1. 本类似群为单一服务,各自然段间互不类似;

    2. 本类似群各自然段与第七版及以前版本 **4227** 各单一服务交叉检索;

    3. 计划和安排婚礼服务与第九版及以前版本 **4102** 组织安排婚庆活动,婚庆主持（司仪）交叉检索;

    4. 保险箱出租与第九版及以前版本 **3602** 保险箱出租交叉检索。

4506 | 法律服务 |

调解 **450201**,仲裁 **450205**,知识产权咨询 **450206**,版权管理 **450207**,知识产权许可 **450208**,为法律咨询目的监控知识产权 **450209**,法律研究 **450210**,诉讼服务 **450211**,计算机软件许可（法律服务）**450212**,域名注册（法律服务）**450213**,替代性纠纷解决服务 **450214**,法律文件准备服务 **450221**,许可的法律管理 **450223**

注:本类似群与第八版及以前版本 **4207** 交叉检索。